Gunter Hofmann
Richard von Weizsäcker

Gunter Hofmann

Richard von Weizsäcker

Ein deutsches Leben

1920 – 2015   (S.27)

Verlag C.H.Beck

Für Ida
und Konstantin

Mit 24 Abbildungen

2. Auflage. 2010

© Verlag C.H. Beck oHG, München 2010
Gesetzt aus der Sabon bei der Janß GmbH, Pfungstadt
Druck und Bindung: CPI – Ebner & Spiegel, Ulm
Gedruckt auf säurefreiem, alterungsbeständigem Papier
(hergestellt aus chlorfrei gebleichtem Zellstoff)
Printed in Germany
ISBN 978 3 406 59809 8

www.beck.de

Inhalt

I. Vorwort

Was war er denn schon, ein Zeitungsleser, liebt Richard von Weizsäcker zu sagen, kein Regierungschef, der in großen Konflikten zu entscheiden und die Weichen für sein Land zu stellen hatte. Gut, mit Ausnahme dieser kurzen Episode im Schöneberger Rathaus als Regierender Bürgermeister Berlins, bevor er zum Bundespräsidenten gewählt wurde. Aber sonst? Morgens bei der Lektüre der Blätter unterhielt er sich gerne mit seiner Frau über das, was ihm auffiel in der Welt. Oder er zog sich mit den Kommentaren zurück und ärgerte sich und fand es doch wunderbar.

Richard von Weizsäcker und seine Welt: In täglichen Leitartikeln der *Herald Tribune* könne er mehr an konzeptionellen Gedanken finden «als in den Äußerungen unserer parteipolitischen Machtzentren», hat er einmal erfrischend offen gestanden, drei Jahre nachdem er aus dem Präsidentenamt ausgeschieden war, und brachte damit natürlich wieder mal die «Machtzentren» auf die Palme.[1] Für hochmütig hielten sie solche Kritik. Auf eine typische Vita als Berufspolitiker, so verstehe ich jedenfalls Richard von Weizsäcker, blicke er nicht zurück. Ist seine Erfahrungswelt Stoff für ein Buch?

Er war doch nicht Schmidt, sagt er! Respekt vor ihm hatte Weizsäcker bereits auch in jüngeren Jahren, aber gehütet hätte er sich, ihn derart schnörkellos als den idealtypischen deutschen Kanzler zu beschreiben wie heute, «der einfach gut zu regieren verstand». Und übrigens umgekehrt: Zugehört hat der Minister Helmut Schmidt bereits dieser frischen Stimme, dem Kirchentagspräsidenten, der 1969 hereinschneite ins Parlament, aber verborgen hat er das hinter süffisanten Kommentaren über das fromme Gerede des Freiherrn. Unvorstellbar jedenfalls, dass er ihn einmal offen als den deutschen Präsidenten par excellence betrachten würde, was bei Schmidt etwas heißen will. Jetzt aber macht er es – vorbehaltlos.

Kein Mann der Exekutive? Was uns junge Journalisten als Bonn-Neulinge, die zeitgleich mit ihm anfingen, an Weizsäckers erstem Erscheinen auf der politischen Bühne Ende 1969 gefesselt hat, war exakt diese andere Seite: Wie nämlich die Politik auch von denen beeinflusst wird, die einfach Stimme haben und Autorität, ohne über Institutionen zu gebieten und Machthebel zu bedienen. Er gehörte zur Opposition, aber er lud ein dazu, genau hinzusehen. Willy Brandts Anfangspathos war unübertrefflich. Umso bemerkenswerter, wenn jemand sich darauf gesprächsbereit einließ, obwohl er zum tief enttäuschten Lager der Christdemokraten gehörte, die sich doch seit 1949 als natürliche Staatspartei mit festem Abonnement auf das Kanzleramt in Bonn betrachteten. Unwillkürlich fing man an, denen besonderes Gewicht beizumessen, die wegen ihres autonomen Urteils jenseits von Parteischablonen herausragten. Viele waren das nicht. Richard von Weizsäcker zählte in der Regel zu ihnen.

Programmatisch für sein Denken bleibt der Titel einer Essay- und Redensammlung: *Die deutsche Geschichte geht weiter.* Es gebe kein objektiv «richtiges» Geschichtsbild, hat er gelegentlich bemerkt, und er wolle das auch nicht für sich beanspruchen. Übrigens: Auch seine Rede zum 8. Mai 1985, *die* Rede mit ihrer unvergleichlichen Wirkung weit über die Grenzen hinaus, wollte er so nicht verstanden wissen.[2] Aber: Geschichte sei nicht *ein* Schwerpunkt neben anderen. Vielmehr könne man gar nicht Prioritäten setzen ohne Bezug auf sie, ohne Lehren aus historischen Erfahrungen. «Im übrigen», fügte er hinzu, «bin ich nicht mein eigener Biograph.» Nur so viel: Gestört habe ihn, «dass manche Leute sich einer lustvollen Aufteilung der Politik in Moral einerseits und Interessen andererseits verschreiben, wobei ich dann für die Moral zuständig sein sollte.»[3]

Auf eigentümliche Weise verband sich der Name Weizsäcker aber stets mit diesem Verhältnis von Macht und Moral. Gewehrt hat er sich zwar dagegen, aber ihm ist natürlich auch klar, dass dies exakt die Gratwanderung ist, deretwegen er und seine Familie derart skrupulös unter dem Mikroskop beäugt worden sind. Ein Faszinosum für viele Beobachter der politisch-intellektuellen Landschaft steckte immer darin, wie sie das gemacht haben oder gerade machen, aber das verführte auch Zaungäste dazu, sich an «den Weizsäckers» schadlos zu halten, wenn ihr Verhalten der Projektion nicht entsprach. Einerseits wurden die Weizsäckers wahrgenommen als eine potentielle «deutsche Idee», andererseits aber auch als eine störanfällige «deutsche Verstrickung» von ihren Beobachtern, von denen es eine Menge gab.

Nur zu verständlich, dass ihm die Mutmaßung nie behagte, wie um wenige andere deutsche «Familien» ranke sich um sie ein Mythos, und auf diesem Wege lerne man, dem Land in die Seele zu schauen. Man könne nicht Lebensläufe über einen Leisten schlagen und zu einem Pauschalbild über «die Weizsäckers» zusammensetzen, findet er heute noch im Gespräch. Soweit ist das sicher auch nachvollziehbar. Dennoch: Richard und sein acht Jahre älterer Bruder Carl Friedrich von Weizsäcker haben natürlich auch eingeladen dazu, an ihren Lernprozessen als «öffentliche Personen» teilzunehmen. Sie konnten sich dem gar nicht entziehen, aber ich denke, das wollten sie auch nicht. Man könnte sagen, sie wollten an der Selbstverständigung einer bestimmten Bürgerlichkeit partizipieren, sie wollten mitmischen. Mitmischen im intellektuellen Sinne.

Bei allen individuellen Unterschieden, insgesamt hatte man dabei doch eine «Familie» vor Augen, auch wenn das unfair erscheinen mag. Mehr noch: Familiengeschichte und deutsche Geschichte flossen bei den Weizsäckers ersichtlich zusammen. In seiner Rede vom 8. Mai 1985, vierzig Jahre nach Kriegsende, verknüpfte sich das, darin steckte das Geheimnis ihrer Wirkung. Wenn er davon sprach, ob es für die Deutschen ein Tag der Befreiung war, las man automatisch mit, ob es auch für ihn ein Tag der Befreiung war; wenn er sagte, jeder wusste von den Judendeportationen, las man mit, auch er wusste; wenn er mahnte, nur ehrliches Erinnern helfe, mit der Gegenwart zurecht zu kommen, fragte man, wie weit das auch für ihn persönlich gelte. Nicht nur die Geschichte der Weizsäckers, vor allem die Geschichte der Mehrheitsdeutschen wurde von ihm thematisiert, in seiner Familie hatte sie sich dramatisch verdichtet.

Für sich jedenfalls – und das hatte gewiss auch mit der Familiengeschichte zu tun – wollten die beiden Brüder die Trennung zwischen Bürgertum und Demokratie, zwischen Privatheit und Politik nicht gelten lassen. Wenn das Bürgertum in Weimar versagt hatte, wenn der Rückzug ins Gehäuse der Innerlichkeit derart fatale Folgen zeitigte, dann exerzierten sie anderes vor. Gewiss würde Richard von Weizsäcker das Urteil Joachim Fests nicht unterschreiben, das deutsche Bürgertum habe seine große Leistung «im Privaten erbracht», und diese Welt sei mindestens so wichtig wie die politische. Denn die bürgerlichen Parteien tragen, wie er meinte, «eine große Verantwortung dafür, dass in der Weimarer Republik die Demokratie nicht funktionierte».[4]

«Wie kaum eine andere deutsche Familie hatten die von Weizsäckers nach 1945 über ihre Position im Dritten Reich reflektiert», bilanzierte der Historiker aus Fribourg Thomas Lau in einem Familienportrait. «Wie kaum eine andere hatten sie», fuhr er fort, «höchst erfolgreich und mit großer öffentlicher Resonanz, um die Deutungshoheit für ihre eigene Geschichte gerungen und damit zugleich die Debatte um die Rolle der deutschen Eliten im Nationalsozialismus wesentlich beeinflusst.»[5] Für beide gilt, dass sie sich bei aller Neigung zur Vorsicht in den Schlüsselfragen der Republik doch auch jeweils deutlich positionierten. Gerade der Bundespräsident a. D. hat wie wenige andere in der politischen Arena – und ungebrochen bis heute – den intellektuell-politischen Diskurs verfolgt. Als Lernender wollte er der Republik angehören, aber sie sollte, wenn es darauf ankommt, auch den Weizsäckers zuhören. Von dieser Wechselwirkung handelt das Buch.

Bis heute hat Weizsäcker sich eine ungebrochene Zuversicht in die Machbarkeit, die Gestaltbarkeit öffentlicher Angelegenheiten und internationaler Prozesse bewahrt. Geschichte ist menschengemacht. An zwei seiner Weggefährten erinnert mich das, an Helmut Schmidt und Marion Dönhoff, aber auch an Fritz Stern. Ja, Geschichte ist kein Fatum. Es gibt Alternativen, und es waltet kein Hegelscher Weltgeist. Dieses Grundmotiv verband die beiden ZEIT-Herausgeber in Konferenzen, die – Philemon und Baucis – die Lage der Nation erörterten. Oft hatte man unwillkürlich das Gefühl, es fehle in dem Bunde der Dritte – Richard von Weizsäcker. Marion Dönhoff hätte vermutlich hinzugefügt, man möge Egon Bahr nicht vergessen. Schmidt und Weizsäcker wiederum, stelle ich mir vor, hätten darauf hin freundlich genickt.

Eine Europäisierung Europas sei möglich, die Welt brauche eine kräftigere UN, das sei keine Schimäre – man muss es allerdings wollen, konzipieren und konsequent verfolgen, meinte Weizsäcker. Selbst jüngere Fragesteller, die ihm Zweifel an den transnationalen Institutionen entlocken wollen, beschied er heiter, aber unmissverständlich, das sei «Ausdruck einer Real-Resignation, die ich niemals geteilt habe und teilen werde».[6]

Mit diesem ewig unverdrossenen, zuversichtlichen «Zeitungsleser» wollte ich sprechen, ihm wollte ich gerne zuhören.

II. Alte Schwaben, neue Preußen

Bevor er an seine Familienwurzeln erinnert und daran, wie die Weizsäckers wurden, was sie sind, möchte er etwas erzählen. Die goldene Zeit, die einzige Zeit, in der «richtig regiert» wurde, denkt Richard von Weizsäcker laut vor sich hin, war die des Alten Fritz (1712 bis 1786). Bei einer Stipvisite ins Havelland kam ihm das jüngst wieder in den Sinn. Den Siebenjährigen Krieg hatte der Preußenkönig hinter sich. Einen «Totentanz seines Landes» nahm er dabei in Kauf, ausgerechnet dieser kluge, isolierte, absolute Monarch und philosophische Kopf, einen hohen Preis mussten viele bezahlen in seinem Reich.

Fest in der Hand hatte er Preußen, dem Bürgertum traute er nicht. Der Adel stellte deshalb Offiziere und Beamte, den Bürgern blieben Handel und Gewerbe, nicht der Staat. Zu viel elitäres Bewusstsein hatte sich, wie er meinte, angesammelt bei ihnen. Leute von außen siedelte er an, Einwanderer waren willkommen, Dörfer ließ er aus dem Boden stampfen, den Staat organisierte er, das Landvolk steckte er zum Militär, die Zeitungen verbreiteten Nachrichten, «in keiner erkennbaren Weise kümmerte er sich um die Religionen der Leute – der durfte eben sagen, dass jeder nach seiner Fasson selig werden solle, wenn es

zugleich gelingt, das Land bewohnbar zu machen». Ausgerechnet der Preußenkönig als Leitbild einer richtig verstandenen
«Bürgerlichkeit», will er das damit sagen?

Gerade ist Richard von Weizsäcker erst wieder eine kleine
Zeichnung in die Hände gekommen, «die der alte Schadow von
Friedrich II., König in Preußen, gefertigt hat». Wenn er sich das
ansehe, sagt er, und es klingt groß und dennoch unpathetisch, ge-
winne er «Zutrauen in die Berechenbarkeit der Welt». Das Politische, höre ich nicht zum ersten Mal bei ihm heraus, hat mit
Preußen zu tun, jedenfalls mit dessen aufgeklärter Seite. Mit den
preußischen Reformen, «mit Steins Demokratie- und mit Hum-
boldts Bildungsbegriff». Preußen war ein Kunstwerk, mit Sebastian Haffner gesprochen, ja, so sieht er das auch. Sein eigenes
Leben habe ihn zum «halben Preußen» gemacht, bekennt er
gerne. Preußen ist für ihn «Politik und Aufklärung», mit dem
Schwäbischen hingegen assoziiere er «Geist». Das klinge fabel-
haft arrogant, «aber was soll ich machen?».[1] Preußen und
Schwaben von ihrer besten Seite: Zum Bild einer Bürgerlichkeit
verdichtet sich das offenbar, obgleich ihm schon klar ist, dass es
sie in der Realität so nie gab. Mit neunzig hat man noch Träume.

Mit dem Geist indes fängt die Familiengeschichte nicht an.
Drei Ähren schmücken das Weizsäcker-Wappen zur Erinnerung
an die berufliche Herkunft. Müller waren die Vorfahren, später
Pfarrer, bevor sie es immer stärker in die Wissenschaften und den
Staatsdienst zog, «Bürger vom Land» – ganz ähnlich den Vorfahren der Mannheimer Familie Bassermann, deren Linie sich auch
bis Mitte des 17. Jahrhunderts zurückverfolgen lässt. In den Mittelpunkt gerückt hat sie Lothar Gall in seiner großen Untersuchung über das «Bürgertum in Deutschland», den Aufstieg der
Bassermanns, die allmähliche Verankerung im politischen Leben, die Krise Anfang des letzten Jahrhunderts sowie ihr Scheitern. Vieles von dem hat Richard von Weizsäcker darin offenbar

14

wiedergefunden, was auch die eigene Familie beschreibt: Zur Leistungselite nämlich gehörten die Weizsäckers, nicht zur Geburtselite. Vom Himmel regnete es nicht Manna.

Ursprünglich aus dem Bayrischen, ließen sich die Weizsäckers später im Fürstentum Hohelohe nieder, 1806 wurde es Württemberg zugeschlagen. Empfindet er das als «Heimat»? Nein, Heimat als festen Ort hat er nicht. Früher hätte er vielleicht erwidert, die Solitude bei Stuttgart, aber das ist lange her. Eine große Rolle jedoch spiele der kleine Soldatenfriedhof für ihn, gestand er einmal Neugierigen, die ihn nach seinen Wurzeln befragten. Auf dem Friedhof, der nach dem 1870er Krieg angelegt wurde, sind seine Eltern und der Bruder Heinrich beerdigt, daher sei das ein «sehr persönlicher Ort» für ihn.

Aber Heimat? Heimatgefühle, bekannte er, habe er mit Stuttgart nicht verbunden, so wenig wie mit anderen Orten. Zu unstet waren die Lebensumstände, der Vater arbeitete als Diplomat mal in Den Haag, mal in Bern oder Kopenhagen. Als Verlust empfinde er das, ja. Was man im Herzen als Heimat behalte, sei «einfach zu kurz gekommen» bei ihm. Wenn sich ein Bezugspunkt für ihn herausschälte, dann doch Berlin. Obwohl er unter dem Strich «quasi ein Schwabe im Exil» sei.[2] Die Familie, das ist seine Heimat geworden. Aus dieser Innenwelt, nicht von außen kamen die ethischen Maßstäbe – der Rest stammte, kurz gesagt, aus Schillers Balladen.[3]

Ihre spezifische Bürgerlichkeit bezog die Weizsäcker-Familie aus dem Hohenloheschen Land. Alle, darauf insistiert er, hätten sich ihren Platz neu erobern müssen, Titel, Höfe, Vermögen gab es nicht, die man hätte erben können. Den Aufstieg mussten sie sich erarbeiten. Autonomie anzustreben und zu bewahren, «das war ihr berufliches Lebensprinzip». Nicht Objekt, sondern Subjekt wollten sie sein, «frei zu sein und zu bleiben bedeutete aber notwendigerweise, sich aus den Angelegenheiten des Gemeinwesens nicht herauszuhalten, sondern eine bürgerliche Öffentlichkeit zu schaffen und mitverantwortlich auszufüllen».[4]

Theologe und Stiftsprediger in Öhringen war der Ururgroßvater, er rebellierte 1848 gemeinsam mit anderen am legendären Tübinger Stift, das so viel deutsche Philosophie, Idealismus, Geistesgeschichte prägte, und bekannte sich nun auch schon zu «Einheit und Republik für ganz Deutschland».

Der ältere Sohn wiederum, Carl Heinrich Weizsäcker, sein Urgroßvater, avancierte zum renommierten Kirchenhistoriker, übersetzte das Neue Testament, «was sich heute noch nicht schlecht liest», wie Richard von Weizsäcker einflicht, wurde Rektor der Universität Tübingen und Mitglied des Württembergischen Landtags. Als Vorkämpfer einer konfessionellen Ökumene, mit dem Ruf, unorthodox, selbständig, liberal und konservativ zugleich zu sein, beschreibt der Autor freilich nicht nur den Vorfahren, sondern, wie man herausspürt, auch Grundzüge von sich selber. Dessen Sohn, Karl Hugo (1853 bis 1926), wurde Jurist und stieg 1906 zum Ministerpräsidenten des Königreichs Württemberg auf, was er bis zum Ende des Ersten Weltkrieges und dem Untergang des Reiches auch blieb. Einer der beiden Söhne Karl Hugo Weizsäckers, Viktor, studierte Medizin und Neurologie, er gilt als Begründer der Psychosomatik.

Von der kurzen Blütezeit des Deutschen Reiches ist hier die Rede, zwischen 1880 und 1900, auch die Weizsäckers hatten ihren Anteil daran. Seine Mutter, sagt Richard von Weizsäcker, sei «gar keine Politikerin gewesen». Der eigentliche Politiker war sein Großvater väterlicherseits, Karl – «und dann erst wieder ich». Der Großvater hielt stets «Distanz zu Bürokratie und Parteien, seinem König blieb er lebenslang treu». Ein freundlicher, temperamentvoller Diplomat, «mit eiserner Faust im Samthandschuh».[5] Wieder fragt man sich beim Lesen, wie viel Selbstcha-

16

Die Mutter, dominierend und lebensfroh, ist der Ankerpunkt der
Familie. Ihre vier Kinder, von links: Heinrich, Richard, Adelheid,
Carl Friedrich. Im Jahr 1927.

rakterisierung darin bloß steckt. Ja, die Metapher für den Großvater gefällt ihm, das ist spürbar.

Weizsäcker: Die Zeit des politischen wachen «Bürgertums»
in dieser Phase, nach der Jahrhundertwende und endlich in der
Weimarer Republik, ging bereits wieder zu Ende, zu «Besitzbür-
gern» wurden sie, denen der Aufstieg zwar glückte, denen es
aber schwer fiel, sich auf die neuen Zeiten einzustellen. Zunehmend neigten sie dazu, das Erreichte zu verteidigen und sich ein-
zuigeln in ihrer Welt. Nicht nur die Monarchie, auch die Blüte
des bürgerlichen Zeitalters war damit vorbei, nun entwickelte
sich, wie er es formuliert, ein Bürgertum «im sozialen Sinn».

Zu diesen – verängstigten – Besitzbürgerlichen aber zählt er
die Vorfahren nicht. Seine Mutter taucht erstmals bei der Rückschau in das «aufblühende Reich der Vorkriegszeit» auf – sie ist
es, auf die er dann in beinahe jedem Gespräch zurückkommt.
Eine «starke Person» war diese Marianne von Graevenitz, 1889
geboren, ausgestattet mit «einem enormen Willen». Ein Satz,
den man aus seinem Mund so oder so ähnlich über den Vater
nicht zu hören bekommt.

Diese starke Person, das «Zentrum der Familie», habe die
Diskrepanz zwischen ständig zunehmendem Reichtum und
wachsender bitterer Armut immer stärker empfunden. Unter
dem Tisch, aber kaum wirklich verborgen, las sie Lily Brauns
«Tagebücher einer Sozialistin». Einen «scharfen Bruch mit ihrer
Welt» musste sie deshalb nicht wagen.

Anders der Vater! Zum ersten Mal, entsinne ich mich, war
Ernst von Weizsäcker in den Gesprächen aufgetaucht in einer
Seitenbemerkung. Nur weil der Vater als Botschafter beim Vatikan akkreditiert war und sich von dort nicht wegzitieren ließ, sei
er – ähnlich wie sein Freund Albrecht von Kessel, der zum Widerstand im Auswärtigen Amt zählte – nicht verhaftet worden,
flocht der Sohn irgendwann in seine Skizze der Familienge-

18

1927: In der Grundschule in Berlin-Wilmersdorf, Nachodstraße:
Richard in der Dreiergruppe hinten rechts in der Mitte.

schichte ein. Präsent, das wurde mir erst allmählich klar, war er
im Hintergrund dennoch immer. Aber als einer, der auf der Hut
sein musste, in große Konflikte verstrickt, selten zu Hause.

Als Achtzehnjähriger ging der Vater, 1882 geboren, zur
Marine, sein Leben wollte er dort als Offizier verbringen, mit der
Niederlage im Ersten Weltkrieg kam jedoch das Aus. Der weitere
Weg hier nur in Stichworten vorweggenommen: Diplomat, 1937
Politischer Direktor im Auswärtigen Amt, 1938 der Staatssekre-
tär Ribbentrops.

Kein bitteres, kritisches Wort fällt über ihn. Aber auch Anmerkungen, die große Nähe verraten, macht Richard von Weizsäcker nur sparsam über den Vater, anders als über die lebensfrohe
Mutter, die «Herausforderungen suchte». Die Geschichte, die er
über den Vater erzählt, beginnt mit dem, was diesen politisch umtrieb. Für ihn war die Marine ein «Symbol der Reichseinheit»,

dazu habe er sich bekennen können, ohne «an seinem Schwaben-
tum irre zu werden». Die Tirpitzsche Flottenpolitik, der Ausbruch
des Ersten Weltkrieges, die Skagerrak-Schlacht, an der er teil-
nahm, der uneingeschränkte U-Boot-Krieg – solche Tupfer bringt
er an, um das Leben des Vaters als junger Mann zu skizzieren.
Hindenburg habe er verantwortungsvoll gefunden, Ludendorff
mochte er nicht, von der Dolchstoßlegende hielt er wenig.

Während die Mutter, wie der Memoirenschreiber Richard
von Weizsäcker einmal festhielt, «seit langem die tiefen sozialen
Wurzeln der Revolution» gespürt habe, erfüllte den Vater «der
parvenühafte Versuch des jungen Reichs, eine Weltrolle gegen
England und ohne kontinentale Sicherung zu usurpieren, der
fatale Mangel an klügerer Bescheidung im internationalen Auftreten» mit Sorge.[6] Ihm war früh klar, dass auch seinen drei Söhnen, Carl Friedrich, Heinrich und Richard, drohte, den Krieg
«mit ausfechten zu müssen». Eine Tochter, Adelheid, zählte noch
zur Familie.

Dies ist keine Untersuchung über Ernst von Weizsäcker.
Aber der politischen Figur Richard von Weizsäcker und seiner
Bedeutung für die Budesrepublik kann man schwerlich gerecht
werden, ohne dieses Verhältnis von Vater und Sohn zu verstehen.
Das heißt: ohne Annäherungsversuch auch an den Vater und
seine Rolle als Diplomat im Dritten Reich.[7]

Welches Bild vom Vater sich durchsetzt, war für Richard
von Weizsäcker ebenso wie für seinen älteren Bruder Carl Friedrich stets von großer Bedeutung. Schon bei der Verteidigung des
Vaters in Nürnberg spielte das eine Rolle, Buchpublikationen,
die sich mit dem Staatssekretär Ribbentrops befassten, nahm Richard von Weizsäcker stets sehr ernst, und er setzte sich damit
intern und auch öffentlich auseinander. Solches Interesse daran,
wie sie gesehen werden, war ja auch naheliegend – und legitim.
Sie wollten die Deutungshoheit darüber, wie die Familie beurteilt

wird, nicht verlieren, das betraf den Vater, aber damit die Söhne auch mit.

Als seinen persönlichen Triumph sah der Vater das Münchner Abkommen, bekräftigt Richard von Weizsäcker mehrmals im Gespräch – und das sei «unabhängig davon, wie das Abkommen später bewertet wurde». 1938 jedenfalls habe er sich «am Höhepunkt seines Wirkens als Diplomat» gesehen. Hitler wollte Ende September umgehend einmarschieren in das (rohstofffreie) Sudetengebiet, die Sache jedoch bemänteln. Aber ein geschickter Schachzug seines Vaters und des italienischen Botschafters, Bernardo Attolico, mit dem er befreundet war, band den Duce in Rom ein in einen Kompromissvorschlag. Tatsächlich sah Hitler sich dadurch gehindert, die Tschechoslowakei wie geplant sofort zu zerschlagen. Seinen Unterhändler, Ernst von Weizsäcker, beschimpfte er daher wenig später als «einen regelrechten Weidensack», bis zuletzt bereute er, sich auf diesen Kompromiss eingelassen zu haben.

Die Kehrseite: Weizsäcker hatte das Abkommen durchgesetzt, indirekt damit aber auch einen Putsch hoher Militärs, Ludwig Beck, Wilhelm Canaris und Franz Halder, gegen das Regime verhindert. Mit ihnen jedoch sympathisierte er.[8] Als Kriegstreiber konnten die oppositionellen Generäle Hitler in diesem Augenblick nämlich nicht mehr verhaften lassen, sie schreckten zurück, obwohl alles bereits detailliert geplant war.

Auffällig, wie oft Ernst von Weizsäcker irgendwo zwischen den Extremen stand, nicht auf Seiten des Regimes, aber auch nicht auf Seiten einer konsequenten Opposition. Schon die Rolle, die er akzeptiert hatte als rechte Hand Ribbentrops, bedeutete, dass er an vielem partizipierte, obwohl er vielleicht andere Ziele dabei im Sinn hatte als seine Vorgesetzten. So war er beteiligt an den Vorbereitungen des Hitler-Stalin-Paktes seit dem Beginn der sowjetischen Sondierungen in der Berliner Wilhelmstraße. Und das heißt: Bessere Beziehungen zu Moskau hielt er für durchaus wünschenswert, die öffentlichen Phrasen kamen ihm nicht über die Lippen wie die, eine «Bolschewismuswelle» drohe Deutschland zu ersticken. Dem Westen hätte er allerdings gerne klar gemacht, die Deutschen könnten sich im Zweifel auch mit Stalin verbünden. Für ihn handelte es sich bei dem Abkommen freilich um einen taktischen Winkelzug, Ribbentrop und Hitler aber machten Nägel mit Köpfen: Sie schlossen den deutsch-sowjetischen Nichtangriffspakt, vereinbarten, sich nach der Zerschlagung Polens die Beute aufzuteilen, und gut vier Monate nach dem Abkommen fand der Überfall auf Polen denn auch prompt statt.

Ähnlich geirrt, fatal geirrt hat der Staatssekretär sich permanent.

Hat man damit nun jenes etablierte und wohlrespektierte Bürgertum vor Augen, das Hitler unwillentlich legitimierte, einfach weil es sich überhaupt einbinden ließ und im Corpsgeist des Amtes den neuen Herren trotzen wollte, oder eines, das die innere Kraft zur Distanz nicht wirklich besaß und auch den großen Bruch scheute? Als durchgängiges Leitmotiv Ernst von Weizsäckers zitierte Martin Wein, Autor einer gründlichen (aber nicht autorisierten) Familienbiographie, einen Grundsatz, den ihm schon die Schule vermittelt habe: «In dubio abstine.» Halte dich zurück, solltest du Zweifel haben.

In Berlin überwinterte er nach dem Ersten Weltkrieg, er musste sich einen neuen Beruf suchen. Den Versailler Vertrag vom 28. Juni 1919 erlebte Ernst von Weizsäcker in Den Haag bereits als Marineattaché an der Botschaft. Die Familie würde er also künftig wenigstens ernähren können.[9] Im März 1920 lief sein Vertrag aus. Das Auswärtige Amt hatte ihm die Übernahme in den konsularischen Dienst in Aussicht gestellt, aber Europa befand sich in Unruhe, an eine geordnete Heimkehr war nicht zu denken. Seine Frau war hochschwanger. Auf einem Rheinfrachtdampfer, «Kinderdyk», erhielten sie glücklich Plätze und schafften dennoch die Rückkehr bis Mannheim. In der Graevenitzschen Schlossmansarde in Stuttgart kam kurz darauf Richard von Weizsäcker zur Welt. Aber der Vater reiste schon bald weiter nach Berlin, er wollte die Chance nutzen und eine konsularische Laufbahn beginnen. Das Metier war ihm neu, ein Parteibuch besaß der Kaiserliche Korvettenkapitän a. D. nicht. Wenige Monate später wechselte er ans Baseler Konsulat.

Dort, in der Stadt am Oberrhein, lernte sein Vater den einflussreichen Pharmaunternehmer Robert Boehringer kennen. Dessen Vetter, Ernst Boehringer, sollte später auch dem Sohn bei seinen ersten beruflichen Schritten helfen. Um die Mentalität dieser bürgerlichen Welt zu verstehen, muss man das Milieu betrachten: Robert Boehringer, hochgebildet, für Richard von Weizsäcker neben den Eltern der für ihn «wichtigste Erwachsene», war der nächste Freund und Erbe des Dichters Stefan George. Im Alter von elf Jahren, schrieb Richard in seinen *Erinnerungen*, habe Boehringer die Weizsäcker-Kinder in Berlin einmal für eine Stunde in eine hohe Mansardenwohnung mitgenommen. Dort wurde er neben einen alten Herren gesetzt, «der seine starke Hand um meinen Nacken legte, so dass ich sie dort noch bis heute zu spüren vermeine».

In einem Brief an Robert Boehringer vom Jahr 1965 formulierte er erstaunlich ziseliert, die «Herrschaft dieser Hand, die bezwingende Freundlichkeit der Geste, die unentrinnbare Einbeziehung» seien «dem Gedächtnis unveränderlich eingeprägt» geblieben.[10] Erst viel später habe er erfahren, dass es George war, der ihm die Hand auf die Schulter gelegt hatte.[11]

Ein Georgianer wurde er darum nicht. Ohnehin ist das für ihn die Welt von gestern. Zwischen Ernst von Weizsäcker, damals ein einunddreißigjähriger Diplomat, sowie dem Historiker Carl Jacob Burckhardt, später Danziger Völkerbundkommissar, entwickelte sich während der Baseler Jahre eine freundschaftliche Beziehung.[12] Eine Freundschaft, die Folgen zeitigte: Burckhardt, der einer einflussreichen Schweizer Familie entstammte, trat beim Nürnberger Prozess gegen Ernst von Weizsäcker als Zeuge zu seinen Gunsten auf und bestätigte dessen konspirativen Versuch im Jahr 1938, den italienischen Duce für eine friedliche Lösung der Sudetenfrage zu gewinnen. Zwischen dem Historiker, Jahrgang 1891, und Marion Dönhoff, achtzehn Jahre jünger, entwickelte sich in den Schweizer Studienjahren der Gräfin ein enges Vertrauensverhältnis, das lebenslang halten sollte.[13] Jacob Burckhardt wurde der ältere, Richard von Weizsäcker der jüngere intellektuelle Weggefährte Marion Dönhoffs.

Erwähnt sei dies alles hier nur, weil es die geistig-moralische Atmosphäre beschreibt, die Richard inhalierte. Wenn Burckhardt «voller Zweifel am Zeitalter» war, so charakterisiert das sicher auch die Gemütsverfassung seines knapp zehn Jahre älteren deutschen Freundes Ernst von Weizsäcker. Untergangsahnungen plagten diese großbürgerliche Welt, in der Richard von Weizsäcker sich als Schüler vorantastete. Ein Weltkrieg war vorbei, ein neuer Krieg drohte.

Vater und Bruder mögen Leitplanken gewesen sein, aber gaben sie hinreichend Halt? Richard von Weizsäcker wuchs mit einem Vater auf, der selten zugegen war – und der daran keinen Zweifel ließ, dass er die Weimarer Republik zwar mittrug, aber voller Skepsis. Die beste Staatsform war für ihn das «monarchische Beamtenregime». Parteien blieben ihm fremd. Streng national dachte er, ob er Großdeutschland herbeisehnte, wie manche ihm später nachsagten, mag offen sein, aber «Macht und Ansehen» wünschte er jedenfalls seinem eigenen Land zurück. Sein

Credo war, dass das nicht ohne Großbritannien zu bewerkstelligen sei. Aber er wollte – zumindest zu Beginn, 1933 – «die neue Ära stützen».[14]

Ende 1936 führten Burckhardt und Ernst von Weizsäcker ein Gespräch, das den Geist der Zeit innerhalb des Diplomatischen Dienstes treffend reflektieren dürfte. «*Weizsäcker*: Die Männer guten Willens müssen alles tun, um den drohenden Zweiten Weltkrieg zu verhindern. *Burckhardt*: Alle aktiven Elemente in beiden Lagern der Welt arbeiten auf den Krieg hin, der im Übrigen in Spanien schon begonnen hat und nicht wieder zum Erlöschen kommen wird. *Weizsäcker*: Er muss gelöscht werden. Kommt der allgemeine Krieg, so werden so furchtbare Verbrechen entfesselt, dass kein Sieg jemals wiedergutmachen kann, was dann geschehen ist. Wir müssen Zeit gewinnen, dem muss man alles andere unterordnen.»[15]

So zuwider dem hohen Diplomaten die neuen Leute auch blieben, völlig fremd war ihm deren ideologische Denkwelt nicht. Von einer notwendigen «Zersplitterung des Weltjudentums» orakelte auch er. Sein Biograph suchte das damit zu erklären, die Terminologie habe nur verdecken sollen, dass er den bedrohten Juden in Deutschland zur Ausreise verhelfen wollte. Das versuchte er ja auch, Belege dafür gibt es, und das wird auch von den Kritikern nicht bestritten.[16] Bewusst wurde ihm gegenüber verborgen, dass Hitler in der Reichskanzlei am 5. November 1937 bereits in Anwesenheit des damaligen Außenministers, Constantin Freiherr von Neurath, drohte, zur Lösung der deutschen Frage könne es nur «den Weg der Gewalt» geben. Bald folgte der Wechsel zu Ribbentrop, der Ernst von Weizsäcker am 19. März 1938 zum Staatssekretär ernannte. Am 1. April wurde er in die NSDAP aufgenommen. Mit dem neuen Außenminister hatte Hitler endgültig einen militanten Vasallen und Erfüllungsgehilfen an der Seite. 1938 verkündete ein scharfmacherischer Ribbentrop, das Programm des «Führers» benötige ein «Schwert». Noch immer aber hielt Weizsäcker ihn «für beeinflussbar und für wandelbar».[17] An was klammerte er sich, woher dieser Glaube? Aus heutiger Sicht – ein Rätsel.

«Tief niedergeschlagen», schrieb Richard von Weizsäcker in seinen *Erinnerungen*, sei der Vater beim Beginn des Ostfeldzuges gewesen. Politisch war er erneut gescheitert, ein Sohn, Heinrich, war bereits am zweiten Kriegstag 1939 gefallen, und der zweite Sohn im Krieg, der ihm geblieben war, Richard, kämpfte gerade bei Bialystok an der Grenze. Noch im März hatte er ihn in Polen besucht.

Und dennoch wünschte auch er, wie schon während des Feldzuges in Frankreich, der Gegner werde für seine «Nemesis» bestraft und in kurzem Prozess niedergeworfen. Nur riet er, Hitler solle in den besetzten Gebieten als Befreier, nicht als Eroberer auftreten. Mit Hitlers Kriegserklärung Ende 1941 wurde ihm wohl endgültig klar, dass eine klassische Außenpolitik, wie er sie verstand, nicht mehr zu erhoffen war.

Noch einmal: Diese Spur ist hier nur insofern von Bedeutung, als es um die Folgen für den Sohn geht, der in den Krieg ziehen muss. Was wusste er vom Vater? Was wusste er über ihn? Wie sprachen sie miteinander? Richard, inzwischen ein junger Mann, der sich im Krieg an der Ostfront befand, dürfte sich gefragt haben, wie der Vater den Verlauf dieses Feldzugs beurteilt und wie sein Einfluss auf Ribbentrop und Hitler wirklich sei. Lange rotierte Ernst von Weizsäcker im Amt weiter so, wie er es gelernt hatte: Mit Vernunftgründen, das blieb seine Grundhaltung und daran klammerte er sich wohl, müsse man doch Resonanz finden. Es brauchte Zeit, bis er verstand, dass das für die Nationalsozialisten nicht galt. Von außen, als Nachgeborener, fragt man sich, ob er darüber mit dem Sohn je offen sprechen konnte? Gab es zwischen ihnen Momente des ausdrücklichen Zweifels, der Verzweiflung möglicherweise?

* * *

«Meine Vorfahren», gibt Richard von Weizsäcker im Gespräch zu bedenken, «sind noch 1810/11 von Napoleon gezwungen worden, mit ihm nach Moskau zu marschieren.» «Dann kam die Metternichsche Zeit. Zumindest förderte sie den Frieden. Ein Land wie Württemberg, das zeigte sich rasch, hatte Reformen nicht einmal so bitter nötig wie insbesondere Preußen und Österreich. Preußen brauchte die Hardenbergschen Reformen, und es hatte insofern Glück, als ein autoritärer Kanzler sie durchdrückte.»

Aus der Familie des aufstrebenden Bürgertums, den einstigen Müllersleuten, wurden im Kaiserreich plötzlich Adlige. Was hat ihm das bedeutet? Freiherr, was war das wert? Er sei kein richtiger «Freiherr», hat er seinen Bruder, Carl Friedrich, gelegentlich zwar angefrotzelt; der erbliche Freiherrenstand nämlich wurde den Weizsäckers in Württemberg erst 1916 zugesprochen, als der Großvater als Ministerpräsident Baden-Württembergs amtierte, der Bruder war schon vier Jahre auf der Welt. Richard hingegen, Jahrgang 1920, erbte als erster der neuen Genealogie den Titel. Bereits zwei Jahre darauf wurde das Königreich Württemberg allerdings in eine Republik verwandelt, recht friedlich, am 30. November 1918 dankte der letzte Monarch, Wilhelm II., in Stuttgart ab.

Nur Spott gegenüber dem Bruder sei das gewesen, will er sagen, in Wahrheit habe ihm die Sache mit dem «von», oder der «Freiherr», nie viel bedeutet. Dass sie anderen etwas bedeutete, in den 50er und 60er Jahren, sowohl in der Evangelischen Kirche als auch in der CDU, die sich um seine Mitarbeit bemühten, ist damit keineswegs dementiert. Am Stuttgarter Schloss, gut sicht-

[handschriftliche Randnotizen: 1912 – 2007; 15.4. 1920 – 2015 31.1.]

27

Die Familie Weizsäcker – 1920 – auf der Solitude bei Stuttgart. Von links: Vater Ernst, Schwester Adelheid, Richard, Mutter Marianne sowie die Brüder Heinrich und Carl Friedrich.

bar, ist eine Tafel angebracht, die daran erinnert, dass Richard von Weizsäcker hier am 15. April zur Welt kam.

Zurück zum Start: Das Jahr 1918 wandelte die Adligen wieder um in Bürger. Nun waren sie wieder gleich. Titel oder nicht – es kam darauf an, ob sie die neue Demokratie zu festigen und zu verteidigen gewillt waren. Welche Rolle spielte das Bürgertum in Weimar, und wo war dabei der Platz der Weizsäckers?

Er jedenfalls sei «gerade kein gutes Beispiel» für das, was man unter Bildungsbürgertum verstehe, erwidert er. Als Junge habe er «lieber Fußball gespielt als gelesen». Aber richtig – er weiß, die Weizsäckers wurden als «bürgerliche» Familie seit dem 18. Jahrhundert wahrgenommen. Eine Familie, die Reputation gewann und mitreden wollte, in Öhringen, Tübingen, Stuttgart – und über Stuttgart hinaus.

28

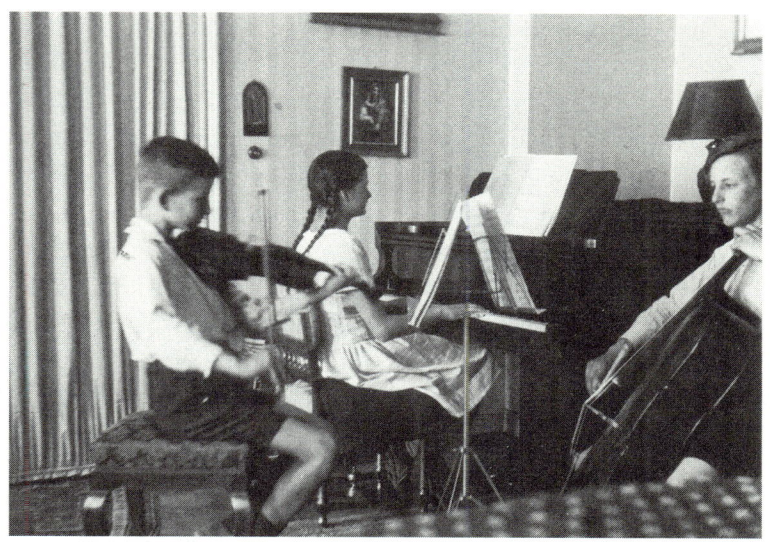

Beschützte Welt: Hausmusik im Jahr 1928 in der Berliner Fasanenstraße.
Von links: Richard, Adelheid und Heinrich.

Gesichert war inzwischen die Basis: Um Aufstieg musste die Familie zu dem Zeitpunkt längst nicht mehr ringen, sie gehörte zur bürgerlichen Elite. Gesichert waren aber nicht die Karrierewege, nichts war sicher im eigenen Land, aber es bestand auch nicht akute Absturzgefahr. Was aus der bürgerlichen Wertewelt, aus der noch einigermaßen gefestigten Ordnung zu werden drohte, zeichnete sich ab: Am 1. April 1933 hatte der Vater zum ersten Mal eingeschlagene Fensterscheiben jüdischer Geschäfte in Altona gesehen, «in tiefer Erregung» habe er das den Kindern berichtet. Notiert hatte er auch, dass in einer Kirche in Berlin-Tiergarten bei einer Feier die Hakenkreuzfahne neben den Altar aufgepflanzt worden sei. Das «Ermächtigungsgesetz» war bereits erlassen, «Reichsbischof» Müller sollte die Evangelische

Kirche leiten, die Bekennende Kirche formierte sich dagegen, Pastor Niemöller wurde verhaftet.

Dennoch: Nicht die Außenwelt hat ihn damals stark geprägt, wie er es schildert, geprägt habe ihn das, was er zu Hause zu hören bekam. Für sein gesamtes Weltbild gelte das. Ein Kind war er, von Beginn der Nazizeit an bis zum Kriegsausbruch mit Ausnahme der Militärzeit selten in Deutschland, aber immer im Familienkreis. Die Familie folgte dem Vater für drei Jahre in die Schweiz. Ein untypisches Leben, will er wohl sagen, das sich den einfachen Ableitungen irgendwie entzieht. Er findet, eine «glückliche» Jugend sei es dennoch gewesen.

Als sehr beschützt muss man sich diesen Raum wohl vorstellen, in dem er sich bis dahin bewegt hatte. Selbst Freundschaften konnten nur entstehen unter dem Einfluss und Dach der Familie, derart dominant war die Mutter – oder danach, vor allem beim Militär. Schulfreunde fehlten, dazu haben die Kinder zu oft die Schule gewechselt, Dänemark, Berlin, Norwegen, noch einmal kurz Berlin, schließlich Bern.

Das Berner Gymnasium musste er 1937 verlassen und wechselte zum Bismarck-Gymnasium in Berlin. Unterprimaner wurden angehalten, vorzeitig das Abitur abzulegen, die Wehrmacht brauchte rasch junge Männer. Er genoss das seltene Privileg, in Oxford und in Grenoble noch zwei Semester Englisch und Französisch lernen zu dürfen, ein Studium danach aber war ihm verwehrt, bevor er nicht Arbeits- und Wehrdienst abgeleistet hatte. «Also zog ich die Uniform an. Es sollte sieben Jahre dauern, bis ich sie wieder los wurde», vermerkte er lapidar.[18]

Als junges Genie galt der älteste Bruder, Carl Friedrich, heißgeliebt von den Eltern, und er spielte schon eine ganz eigene Rolle; sein «erstes ernsthaftes Gespräch» mit ihm, erinnert Richard von Weizsäcker sich, habe er erst im Alter von zweiundzwanzig Jahren geführt. Mit seinen eigenen Problemen beschäftigte der Ältere sich, vor allem mit mathematischen Fragen, die Mutter schirmte ihn ab.

Dieses Behütete ist es wohl, weshalb man auffallend wenig von dem Untergründigen, Nervösen, Bedrohlichen beim Zuhören oder auch beim Lesen der *Erinnerungen* herausspürt. Ganz anders als beispielsweise bei Sebastian Haffner, dem Journalisten und Historiker, der 1938 emigrierte – achtzehn Jahre war Richard von Weizsäcker damals alt, sein Vater feierte soeben seinen Erfolg, das Münchner Abkommen. Über England sprachen sie jetzt häufiger zu Hause, ohne England konnte nichts gutgehen, es wurde als Bündnispartner dringend benötigt, und auch, um Hitler zu bremsen. Und sie konstatierten ratlos die europäische Unordnung. Etwas geriet aus dem Lot. Als er zu begreifen begann, war vieles in Wahrheit schon unumkehrbar.

* **

Sebastian Haffner, Jahrgang 1907, zählte später zu den Autoren, deren Urteil über die deutsche Geschichte in der ersten Hälfte des zwanzigsten Jahrhunderts Richard von Weizsäcker besonders ernst nahm. Die Zugehörigkeit zu einer Partei hätte ihn nicht geschützt, um Nazi zu werden, hat dieser bewunderte Haffner in einem Bericht über seine Jugend bemerkt, «was mich davor schützte, war – meine Nase». Er besitze einen ziemlich ausgeprägten «geistigen Geruchssinn, oder, anders ausgedrückt, ein Gefühl für die ästhetischen Valeurs (und Non-Valeurs) einer menschlichen, moralischen, politischen Haltung oder Gesinnung». Gewundert hat Haffner sich selbst im Rückblick darüber, dass er als junger Mann den Anfängen der Nazi-Revolution wie von einer Theaterloge aus zusehen konnte, obwohl doch seinesgleichen «aus der Welt geschafft werden» sollten. Noch komischer sei, dass Europa später sich dieselbe amüsiert-tatenlose

Zuschauerhaltung leistete, «während die Nazis längst dabei waren, es an allen vier Enden anzuzünden».[19]

Genau und empfindsam hat Sebastian Haffner bespielsweise das «Dumme und Böse» beschrieben, was so bei Richard von Weizsäcker auch in den *Erinnerungen* nicht auftaucht. Ihn schirmten die Familie ab und das Milieu, in dem er aufwuchs. Haffner hingegen ahnte und sah 1938 manches in Berlin hochalarmiert – für ihn wurde unversehens die Luft «stickiger und schwerer zu atmen». Von der wilden Frechheit berichtete er, «die den unangenehmen kleinen Hetzapostel allmählich zum Dämon wachsen ließ», von der Begriffsstutzigkeit seiner Bändiger, die immer erst einen Augenblick zu spät erfassten, was er eigentlich gerade gesagt oder getan hatte, von dem Versprechen, das «große Kriegsspiel von 1914–18» wiederherzustellen und diesmal in einen Beutezug münden zu lassen.[20] Haffner emigrierte. Er verkörpert – ähnlich wie Willy Brandt, der in den Untergrund ging – jenes Minderheitsdeutschland, das den großen Trennstrich wagte. Ihm zollte Richard von Weizsäcker stets hohen Respekt.

Es geht hier, am Beispiel Haffner, nur darum, welche Formen der Bürgerlichkeit in Deutschland bereits existierten, wie sie sich unterschieden und später dennoch zueinander gefunden haben. Haffner verkörperte eine andere «Bürgerlichkeit», eine, die radikal auf Distanz ging zu Hitler, ein Citoyen der ersten Stunde. Haffner als Chiffre: Oft waren es gerade die kritischen Geister der Republik wie er, der so furios über den unaufhaltsamen Aufstieg Hitlers nachdachte, die Richard von Weizsäcker faszinierten und auf die er sich bereitwillig einließ.

Von vielen war zu lernen, allen war er zuzuhören bereit, wenn er sie nicht von vornherein für voreingenommen hielt, das machte er exemplarisch vor. Links oder rechts, für Richard von Weizsäcker war das nicht entscheidend, für ihn kam es vielmehr

Fritz Stern, der amerikanische Historiker, der in Breslau geboren ist, verkörpert für Weizsäcker die besten Traditionen aufgeklärten europäischen Denkens und jenes Milieus, in dem er sich zu Hause fühlt. Und beide wiederum betrachten Marion Dönhoff als ihre – im besten Sinne preußische – Erzieherin. Laudator zur Verleihung des Dönhoff-Preises 2009 an Stern: Weizsäcker.

darauf an, wie ernst die jeweilige Stimme zu nehmen sei. Zwischen Heinrich Heine und dem Alten Fritz, Jürgen Habermas und Dolf Sternberger, Heinrich August Winkler und Wolf Jobst Siedler, Fritz Stern und Sebastian Haffner kreisten die Gedanken und dort siedelte er sich auch an, mit einer unübersehbaren, wachsenden Neigung zu den liberalen, kritischen Geistern.

* * *

Politik spielte in den Familien der Weizsäckers keine große Rolle. Fast geniere er sich, das zu sagen, «untüchtig aber waren die Großväter deswegen nicht».

33

Wer Politik als Beruf wählte, machte das nicht, um «Verantwortung für das Ganze» zu übernehmen oder zu dienen. Es drängte sich auch nicht so auf wie in Preußen. Nein, es war eine Konsequenz aus dem, «was die Leute in ihrem Fach konnten». Sie sahen sich als Experten für Politik. Politik war eine Frage der Kompetenz, der Erfahrungen und der Kenntnisse auf diesem speziellen Felde. Beim eigenen Vater verhielt es sich doch auch so, nicht wahr? Zunächst schlug er den anderen Weg ein, den des Berufsoffiziers, der ihn aber schon in die Nähe des Politischen führte. Und für die spezielle Laufbahn hatte er sich auch bereits aus politischen Erwägungen entschieden: «Dass er in die Marine ging, hing damit zusammmen, dass die Württemberger reichstreuer waren als die Bayern.»

Das «Diktat von Versailles» wollte er überwinden helfen. Den Staat von Weimar betrachtete er als zu schwach, die Demokratie schwächte ihn weiter, die Flagge der Kaiserzeit – Schwarzweißrot – blieb für ihn gültig, und natürlich wollte er mitarbeiten an der Wiederauferstehung Deutschlands zu Macht, Größe und Reputation. Er war und blieb konservativ, der «Rückständigste» der Familie, wie er sich selber einmal beschrieb. Kurzum, dass er ab 1933 «die neue Ära unterstützen» wollte, lag nahe. Drei Jahre lang sah er in Hitler – nach Lektüre von «Mein Kampf» – die Lösung, nicht das Problem, erst die Besetzung des entmilitarisierten Rheinlands machte ihn stutzig.[21]

Richard von Weizsäcker: Selbst als er zum Abitur von Bern nach Berlin wechseln musste, 1937, sei ihm die Welt noch einigermaßen intakt erschienen. Anders erging es ihm als beispielsweise Marcel Reich-Ranicki, den Film über dessen Leben hat er sich angesehen. Nicht sehr weit weg von den Weizsäckers, im «bürgerlichen» Milieu Berlins, wurden die Kinder als Juden gebrandmarkt, Reich-Ranicki litt unter solcher Ausgrenzung. Bei ihm hingegen, erinnert Weizsäcker sich, waren etwa die Hälfte

34

der Mitschüler jüdisch, aber die Lehrer stellten sich schützend vor sie. Alle – bis auf einen – seien rechtzeitig aus Deutschland herausgekommen. Erst als Achtzehnjähriger erschrak er: Rund um die Gedächtniskirche erlebte er damals mit, wie der Mob wütete gegen diejenigen, die als Juden erkannt wurden. Wenig später trug er den Uniformrock.

Am 23. August 1939 schlossen Außenminister Joachim von Ribbentrop und sein Moskauer Kollege Wjatscheslaw Molotow den Nichtangriffsvertrag. Was man damals öffentlich nicht wusste, seit Gorbatschows Zeiten aber auch von russischer Seite bestätigt, ist: In einem geheimen Zusatzprotokoll verständigten sich Hitler und Stalin, Polen und das Baltikum untereinander aufzuteilen. Die Frage ist oft ventiliert worden, wie weit Ernst von Weizsäcker, immerhin der «zweite Mann» im Auswärtigen Amt, über diese skrupellose Machtpolitik in Kenntnis gesetzt war, oder wieviel davon er ahnte. Nun ging es nicht mehr um «zerbrochene Fensterscheiben», um die Pogrome vom 9. November 1938, um vereinzelte politische Morde.

In Sachen Polen dachte Ernst von Weizsäcker ähnlich wie Monate zuvor in der «tschechischen Frage»: Auch gegen eine Liquidation der Tschechoslowakei hegte er nicht grundsätzliche Einwände, nur wollte er sie friedlich erreichen, oder in seiner Sprache, auf «chemische» Weise. Entschieden wurde beide Mal zugunsten des «mechanischen» Vorgehens, also für das Anwenden von Militärgewalt.[22] Leitmotiv der *Erinnerungen* Ernst von Weizsäckers wurde das Argument, in der Politik gehe es meist nur darum, das «kleinere Übel» zu erreichen. Wie sehr überschätzte, wie oft täuschte er sich mit diesen Versuchen!

Noch einmal kommt Richard von Weizsäcker im Gespräch auf seine Familienherkunft zurück: Das fast ländliche Bürgertum Württembergs, hatte es nicht seinen eigenen Charme? Schwäbisch-Hall, Schorndorf, Öhringen, Brackendorf, aus dieser Gegend, diesem spezifischen Milieu stammten Erhard Eppler, mit dem er später eng zusammenarbeitete in der EKD, oder auch Theodor Heuss und Reinhold Maier. Zu der «nicht machtpolitisch überschäumenden, aber in sich wohlgeordneten Atmosphäre» passte dieser Liberalismus, mit seiner eigenen Bürgerschaft, offen, tolerant, bei eigenem gutem Wein. Nicht so größenwahnsinnig wie Bayern, nicht so umgetrieben wie die Badener, die schneller die Demokratie einrichteten, einfach eine kleine Insel für sich.

Kein Wunder, sagt er, «dass das, was ich unter ‹liberal› verstehe, seine Heimat in Baden-Württemberg hat». In Württemberg insbesondere, um es genauer zu sagen. Und blieb das nicht so? Um es mit ein paar Namen zu illustrieren: Tübingen mit Eberhard Jüngel, dem Theologen, der jetzt dem Stift vorsteht wie einst sein Urgroßvater Carl Weizsäcker (1822 bis 1899), der wiederum Vorkämpfer für den konfessionellen Frieden gewesen sei, oder das Literatur-Ehepaar Inge und Walter Jens, und Hans Küng als Brückenbauer zwischen den Religionen, der stets fand, er hätte Papst werden sollen. Aber selbst Heidelberg, intellektuelles Zentrum in den Weimarer Jahren mit Max und Alfred Weber, auch mit seinem Onkel Viktor von Weizsäcker (1886 bis 1957), der Freud und einen ganzheitlichen Naturbegriff einführte in die Neurologie – als besondere Beiträge zu einer spezifischen deutschen Bürgerlichkeit in ihrer Blütezeit betrachtet er das. Das Grundprinzip eines «vernünftigen Liberalismus als angemessener Regierungsform» war eher im protestantischen Schwaben und nicht in den stark katholischen Regionen beheimatet.

Richard von Weizsäcker, ungewohnt schwärmerisch: Der Stuttgarter Robert Bosch, der eine Weltfirma aufbaut aus dem Nichts, das ist auch so eine «schwäbische Erscheinung». Kein Zufall, dass er im Widerstand gegen Hitler beinahe ums Leben kam. Sehr politisch dachten diese rührigen Unternehmer- und Erfindergeister sicher nicht, aber Maßstäbe besaßen sie. Fast nostalgisch klingt es, wie der Schwabe im Exil das alles noch einmal Revue passieren lässt, bevor er plötzlich rezitiert: «Der Schiller und der Hegel, / das ist bei uns die Regel. / Der Uhland und der Hauff, / die fallen garnicht auf.»

Plötzlich wird klar: Neben dem Alten Fritz und jenem Preußen, das er in ihm verkörpert sieht, hält Weizsäcker sich auch an einem anderen Fixstern fest. Beschreiben ließe der sich mit – sagen wir, dem Tübinger Stift und dessen besonderer Aura, mit dem jungen Hegel und Hölderlin, und, ja, auch mit Namen aus der eigenen Familie.

Preußisches und Schwäbisches, richtig verstanden, stehen auf seinem Privataltar harmonisch nebeneinander. Zum Bild einer Bürgerlichkeit ließe sich das verdichten, das es in der Realität Deutschlands nie gab.

* * *

Marion Dönhoff kommt dabei in den Sinn, der er sich so geistesverwandt fühlte und die ihn so schätzte, und man fragt unwillkürlich, wo die Quellen dafür zu finden sind. Kein in letzter Sekunde vor dem Ende des Kaiserreichs ernannter Adel, sondern eine alteingesessene, wohlhabende ostpreußische Familie waren die Dönhoffs. Statt des schmalen Neckartals und des Tübinger Stifts-Turms hat man beim Lesen ihrer Texte ein bukolisches, idyllisches, seltsam leuchtendes Bild herbstlicher ostpreußischer Wälder vor Augen, ihre Heimat in der Nähe Königsbergs, und ihre Freundschaften mit den Nachbarn, den von Hentigs und Lehndorffs und zahlreichen anderen Adelsfamilien.

Konserviert wurde in ihrem Ostpreußen, wie sie schrieb, eine «längst vergangene Epoche», und manchmal setzten sie die Gespräche, die ihr so viel bedeuteten, am «Kamin in Berlin» im trauten Kreis einfach fort. Als eine Zeit erschien ihr das rückblickend, «in der alle Ordnung zerfiel und alle gewachsenen Begriffe sich auflösten».[23] «An die turbulente Zeit draußen in diesem so fremd gewordenen Deutschland» habe sie in Ostpreußen oft gedacht, «an die Regierungen und Systeme, die da kommen und gehen». Eine Insel, die von der «Unrast der Zeiten und Menschen hinweggespült» werden könne, Gesetzlosigkeit und Anmaßung drohten «diese letzte Zuflucht der Besonnenheit und Stille» zu vernichten.[25] So «existenziell» sei nie wieder gelebt worden, resümierte sie. Wenn man sie in Konferenzen der *ZEIT* erlebte, gegenwartsnah, ohne Nostalgie, vollkommen engagiert, hätte man nicht glauben mögen, wie sie an diesem Vergangenen hing.

Derart weit weg, so sehr aus der Zeit waren die Weizsäckers sicher nicht, wenn er seine Familienherkunft damit vergleicht. Stuttgart ist nicht Königsberg. Auch ihr schwäbisches Reich lag nicht vor den Toren Berlins, aber – es war von dieser Welt. Involvierter waren die Weizsäckers, weniger eingesponnen in einen Kokon, der sich in der Randlage herausbildet, wenn man das richtig versteht.

Das Zerfallen der «Ordnung» allerdings fürchtete auch sein Vater. Und, ja, einen Hauch von Idylle, wie sie Marion Dönhoff mit ihrer Heimat verknüpfte, genossen die Weizsäckers vermutlich ebenso. Aber es war nicht Öhringen oder Tübingen oder das Stuttgarter Schloss, ihre Idylle hatten sie wohl eher nach innen verlagert und aufbewahrt in der eigenen Familie. Sie war der Kern, der intakt blieb. So wird man sich aber auch – von allen anderen Motiven einmal abgesehen – erklären müssen, mit welcher Unbeirrbarkeit und manchmal sicher Härte der Sohn über Jahrzehnte den Vater in Schutz nahm.

Getroffen hat ihn spürbar, was Gustav Seibt mutmaßte über «eine deutsche Familie in ihrem Jahrhundert: die Weizsäckers», und das auch noch in der geschätzten, liberalen *Süd-*

deutschen Zeitung. «Wege in der Gefahr» war der Text des renommierten Journalisten betitelt.

Spekulationen darüber stellte er an, was gewesen wäre wenn. Als unwahrscheinlicher denn je lasse es die Zeitgeschichtsforschung erscheinen, dass die deutschen Atomforscher Hitler den Zugriff auf die Waffentechnik hätten verwehren können, wenn er seinen Krieg später begonnen hätte. Das einjährige Moratorium, das er in München erreichte, habe den Krieg ohnehin weit verheerender gemacht, als er zu früherem Zeitpunkt gewesen wäre. Hätte aber der Vater Erfolg gehabt und Hitler einige Jahre länger vom Krieg abgehalten, dann hätte Hitler nicht zuletzt dank der Arbeit des Weizsäcker-Sohnes Carl Friedrich wenige Jahre später über die Atombombe verfügen können. Und wer hätte Hitler daran gehindert?

Alles Hypothesen, die Seibt auf eine einzige Vermutung zuspitzte: Die Weizsäckers hätten einen solchen Atomkrieg wohl in jedem Fall «überstanden». Sohn Richard aber, fügte er noch hinzu, hätte über den Vater nichts anderes schreiben müssen als das, was in den *Erinnerungen* wirklich steht; kurzum, Familien seien «dauerhafter als Regime und Verfassungen». Bei den Wagners, den Manns und den Weizsäckers jedenfalls ließen sich die Wechselfälle der Geschichte des Großbürgertums und Adels exemplarisch auf Erfahrungen zurückführen. Die Wagners hätten Hitler groß gemacht, die Manns hätten ihn konsequent bekämpft, die Weizsäckers waren «verstrickt». Das beschreibe eine «beunruhigende Ambivalenz von Leistung, Versagen und Schuld». Von Generation zu Generation sei ein Ethos weitergereicht worden, im Ton zeige sich eine erstaunliche Übereinstimmung, Ruhe, ernste Gefasstheit, zarte Weltfrömmigkeit, die deutscheste Form der Vornehmheit. Was dieser Version fehle, seien «Wagemut und Ritterlichkeit». Während Richard von Weizsäckers Amtszeit sei das Schlagwort vom «geschichtslosen

Land» in Umlauf gekommen, aber seine ganze Amtsführung lasse sich als Versuch verstehen, «die merkwürdige Blindheit seines geliebten Vaters durch eine Politik des angemessenen Wortes zu verstehen».

Das Fazit: Ein abgründiges Stück Historiographie erkannte Gustav Seibt in dem Urteil Richard von Weizsäckers über den Vater, nichts sei klarer gewesen als dessen «Wesen», verständlicher als manche seiner «Handlungen». Carl Friedrichs publizistische Tätigkeit nach dem Krieg verrate wiederum die Unruhe eines verstörten Gewissens.[26]

Sie hätten in jedem Fall «überstanden»? Das ist eine Bemerkung, über die man tatsächlich nicht so leicht hinwegsehen kann, schon gar nicht als Betroffener. Spontan hätte man zurückfragen wollen, ob Richard von Weizsäckers Charakterisierungen des Vaters, so schonungsvoll sie auf den ersten Blick klangen, nicht doch zugleich seltsam ungeschminkt auch das wahre Unvermögen offenbarten? Mir kam es beim Lesen der *Erinnerungen* so vor, als habe der Sohn einen Vater kennengelernt, erlebt und akzeptiert, so wie er «im Innersten» war – ohne wirklich nachvollziehen zu können, wie er agierte. Das «Wesen» war nicht zu ändern, das «Handeln» verstand er nicht, schon gar nicht durchweg.

Verunglimpfend fand Weizsäcker insbesondere die Vermutung, «überstanden» hätten sie allemal. Wie denn auch anders? Drei Brüder, zählte er in einem Leserbrief an die *SZ* auf, hatten die Eltern im Ersten Weltkrieg verloren. Im Zweiten Weltkrieg fielen sein Bruder Heinrich, der Mann seiner Schwester und die beiden einzigen Vettern. Zwei Mal wurde er an der Ostfront verwundet. Fehlender Wagemut? «Dazu hatten wir keine Gelegenheit und wir suchten sie auch nicht.» Verstrickung? Verallgemeinernde «Familiensagas» und menschlich gerechte Urteile seien nicht dasselbe. Jeder der Erwachsenen in diesem Jahrhundert aus vier Generationen Weizsäcker führe sein eigenes Leben, mehr als einer von ihnen habe sich für «Wege aus der Gefahr» eingesetzt. Ob er sich dabei jeweils «bewährt oder versagt, liegt an ihm, nicht am angeborenen Namen». Jeder zähle sich zur Familie, aber auch für Familien gebe es «weder Kollektivleistung noch Kollektivschuld, weder Bonus noch Stigmatisierung».[27]

Familienmythen? Auch im Gespräch kommt Weizsäcker darauf noch einmal zurück. Wie kann man «die Weizsäckers» mit «den Manns» oder «den Wagners» vergleichen? Allein schon über Thomas und Heinrich Mann fällt er ganz unterschiedliche Urteile, der «politische» Heinrich ist ihm weit näher als der «unpolitische» Thomas der frühen Jahre. *Ein Zeitalter wird besichtigt, Henri IV, Professor Unrat*, alles wunderbar. Vor dem Ersten Weltkrieg hätte es «manchem deutschen Politiker genutzt, den ‹Untertan› von Heinrich Mann sorgfältig zu lesen», hat er als Präsident gesagt. Dringend hätte man in der Weimarer Republik «prophetische Warnungen vor dem herannahenden Ungeist ernster nehmen müssen».[28]

Gerecht werden müsse man dennoch natürlich auch Thomas, vor dem er großen Respekt hat. Mit «Familie Mann» habe man ein Schlagwort, findet er, aber noch nichts begriffen. Und wird man mit dem Etikett «Verstrickung» der «Familie Weizsäcker», den disparaten Lebenswegen der Weizsäckers gerecht? Doch wohl kaum.

«Ich wünschte, ein Bürger zu sein», verteidigte der Publizist und Heidelberger Hochschullehrer Dolf Sternberger den Begriff «Bürger» gegen seine Verächter Ende der 60er Jahre. Einen repräsentativen Parlamentarismus wünschte Sternberger sich, mit emanzipierten Bürgern, Citoyens, eine Agora der Erwachsenen, die die öffentlichen Angelegenheiten als ihre Sache betrachten. Auf eine solche funktionierende Bürgerlichkeit war auch sein Wort vom Verfassungspatriotismus zugeschnitten.[29] Diesem Au-

tor, Dolf Sternberger, und seiner Idee, was eine Gesellschaft zusammenhält, brachte Weizsäcker großen Respekt entgegen. Ein
solcher «Bürger» zu sein, das wünschte er auch.

Davon hatte es ja zu wenige gegeben.

III. Extreme

Noch am Tag der Kriegserklärung, erinnert
Richard von Weizsäcker sich, habe sein Vater ihm gesagt –
«nein, nicht was bevorsteht, das wusste auch er nicht, wohl aber,
der liebe Gott habe offenbar vorgesehen, von diesen Deutschen
solle nichts übrig bleiben». Drei Gründe führte er dazu an: Krieg
sei «in sich falsch», falsch sei der Überfall auf Polen, und dass
die eigenen Söhne mitmachen müssten, komme noch zu allem
Übel hinzu. Damit verabschiedete sich Ernst von Weizsäcker von
seinen Söhnen Heinrich und Richard, die zu den Truppen gehörten, die am 1. September 1939 in Polen einmarschieren sollten.
Heinrich, nur wenig älter, bereits Leutnant und Zugführer, hatte
seinem Bruder geraten, sich beim renommierten Infanterieregiment 9 anzumelden, bei dem er als Berufsoffizier schon länger
diente.

Großes Glück habe er damit gehabt, sagt Richard von
Weizsäcker heute noch, vergleichsweise jedenfalls, auch wenn es
streng zuging. In einem einzigen Satz komprimiert er seine Gemütsverfassung und den Wissensstand: «Wir jungen Soldaten
verstanden das wenigste und glaubten das meiste».[1] Ein Urteil,
das wahrhaft schonungslos ist und in welches auch er sich einbe-

zieht: Es heißt doch, sie hätten als junge Leute den Parolen getraut, und sie teilten die Ressentiments mit der Mehrheit.

Es handelt sich nicht um den einzigen Satz dieser Art, aber es ist einer von denen, die mir klar gemacht haben, dass er Wahrheiten auf seine Weise formuliert, auch wenn sie eher im Parlando einherkommen. Es ist eine hohe Kunst, Einblicke zu gewähren und zu verwehren im selben Moment.

Fünf Jahre darauf, 1944, wussten jedenfalls die Freunde im Regiment, dass der Krieg verloren ist, man sei nicht mehr einfach «engagier- und okkupierbar» für naive, einseitige politische Ideen gewesen. Längst hatte der Rückzug eingesetzt. Zunehmend mehr Offiziere dachten darüber nach, wie man sich von dem Regime befreien könne. Sie suchten einen Ausweg. Vierzehn der aktiven Widerständler, die nach dem 20. Juli ermordet wurden, kamen aus diesem Kreis, mehr als aus irgendeinem anderen Regiment. Und Axel von dem Bussche, der Freund, der überlebte. Jetzt verstanden sie das meiste und glaubten das wenigste.

Der älteste der Brüder, Carl Friedrich, begann zur gleichen Zeit, Anfang September 1939, als Richard und Heinrich mit ihrem Regiment Polens Grenze überquerten, in einem kleinen Team deutscher Atomphysiker an der Seite Werner Heisenbergs die Erforschung der «Uranmaschine». In die Geschichte sollte ihre Arbeit eingehen als Versuch, eine «Atombombe für Hitler» zu bauen.

Wie weit der Vater in alle Details des Vernichtungskriegs und der Mordmaschinerie hinter der Front eingeweiht war oder nicht: Vom ersten Tag an wurde offenbar, dass ein Eroberungsfeldzug gegen die Nachbarn geplant war, der Polen ausrotten sollte. Hitler betrachtete sie als «Untermenschen», das Land durfte nicht weiterexistieren, die Elite sollte vernichtet werden. Und trotz der Annäherung zwischen Moskau und Berlin, um die

44

Am 1. September 1939 marschieren die deutschen Truppen in Polen ein, um das Nachbarland zu zerschlagen. Richard von Weizsäcker und sein älterer Bruder Heinrich gehören zum legendären Potsdamer Infanterieregiment 9. Bereits am zweiten Kriegstag fällt der Bruder in unmittelbarer Nähe Richards, der wenig später zur Beerdigung in Stuttgart Heimaturlaub erhält.

sich auch der Vater bemüht hatte, dieser «Blitzkrieg» war nur die Ouvertüre. Folgen sollte ihm die Eroberung der Sowjetunion. Dem Vater muss es klar gewesen sein, aber wusste es auch der Sohn Richard, der aus der «Republik der freien Grenadiere», wie sie sich in Potsdam gern nannten, in einen sechsjährigen Weltkrieg ausrückte?

Für ihn hätte es kaum tragischer beginnen können: Am frühen Abend des 2. September kam sein Bruder Heinrich nur wenige hundert Meter von ihm entfernt ums Leben. Ein Schuss in den Hals traf ihn, als er an der Spitze seines Bataillons bei einem Bahnübergang westlich von Klonowo eine Handgranate werfen wollte. Richard musste ihn vorläufig beerdigen, das

Grab wurde mit einem Holzkreuz versehen. Heinrich wurde zwei Wochen später nach Stuttgart überführt und im Soldatenfriedhof auf der Solitude bei Stuttgart endgültig zur Ruhe getragen, unter dem Holzkreuz aus der Tucheler Heide. Carl Friedrich hielt die Totenrede.

Der Neunzehnjährige musste weitermarschierten, am 8. September erreichte sein Regiment bereits Ostpreußen. «Das alles ging sehr schnell», hat Weizsäcker seinem polnischen Interviewer Adam Krzeminski gelegentlich erläutert, der wissen wollte, was ihnen damals durch den Kopf ging, «wir haben nicht darüber nachgedacht, was aus Polen werden wird.»[2] Wie sagte er? Sie glaubten viel. 1941 marschierte das Regiment von Warschau in Richtung sowjetischer Grenze, am 22. Juni begann der Angriff auf die UdSSR. Über Minsk und Mogilev kämpfte sich das Regiment in Eilmärschen in die Nähe Moskaus vor. Nur noch 39 Kilometer trennten am Ende die Elitetruppe, zu der Weizsäcker zählte, von der Hauptstadt.

Sooft er auch irrte, in seinem grundsätzlichen Urteil behielt Ernst von Weizsäcker ganz gewiss Recht: Ein allgemeiner Krieg, hatte er prophezeit, würde in einer Katastrophe münden, die den Ersten Weltkrieg noch in den Schatten stellte, und den Deutschen würden die Verbrechen nie vergessen. Mit einer kurzen Unterbrechung blieb der Sohn bis zum Ende dieses «allgemeinen Krieges», der daraus geworden war, an der Ostfront. Spärlich nur gab er über seine Empfindungen Auskunft in den *Erinnerungen*, spärlicher noch als ohnehin, wenn es um private Gefühle und Empfindungen geht.

Komplett ist das Bild damit aber noch nicht. Zu den Personen, zwischen denen der Neunzehnjährige sich fortan orientieren musste, gehörte neben dem Vater (und am Rande gewiss auch: dem Bruder) bald Axel von dem Bussche, zwei Jahre älter als Richard, ursprünglich mit dessen Bruder Heinrich befreundet, und gleichfalls einer dieser stolzen «freien Grenadiere» des Infanterieregiments 9.

Blendend haben sich die beiden offenbar von der ersten Stunde an verstanden. Er wurde Weizsäckers engster Freund beim Militär, eine Freundschaft fürs Leben. Nach knapp drei Kriegsjahren gewann Axel von dem Bussche die Überzeugung, Hitlers Verbrechen seien nur dadurch zu stoppen, dass man den Diktator umbringe – per Selbstmordattentat. Eher zufällig war er 1942 Zeuge eines Verbrechens im Rücken der Wehrmacht geworden, das er nie mehr vergaß.[3]

Im gleichen Jahr übrigens scheint Ernst von Weizsäcker sich endgültig klar geworden zu sein, er könne nicht mehr «Schlimmeres verhindern» im Hause Ribbentrop. Noch nachdrücklicher drängte er weg, er wollte als Botschafter zum Vatikan. Carl Friedrich von Weizsäcker, bereits eine akademische Berühmtheit, wurde Professor an der Universität Straßburg im besetzten Frankreich, das Atomforschungsprogramm war kurz zuvor eingestellt worden mit dem Argument, es sei im nötigen Umfang nicht mehr zu finanzieren.

Vater und Bruder sah Richard von Weizsäcker jetzt nur noch selten, den Offiziersfreund permanent. Und dennoch: Über die schwierigen Fragen zum Verlauf des Krieges, aber auch zum Geschehen hinter den Kulissen haben sie, wenn man Richard von Weizsäcker richtig versteht, bei den seltenen Gelegenheiten untereinander durchaus gesprochen, wenn sie sich sahen. Aber auch darüber sind die Auskünfte spärlich. Hätte der Vater wirklich ganz offen reden können? Reden können gegenüber einem Sohn an der Front?

Sie marschierten Tag und Nacht, heißt es spartanisch in Richard von Weizsäckers *Erinnerungen*.

Zwar prägten solche Erfahrungen das ganze Leben, hat Richard von Weizsäcker einmal bemerkt, wobei er sicher nicht nur die Märsche bei der Infanterie meinte. Man solle aber erst gar nicht versuchen, fügte er resignativ hinzu, sie den Nachgeborenen zu vermitteln. Er wisse inzwischen, dass das ohnehin nicht gelinge.

* * *

In den Sinn kommt dabei unwillkürlich Helmut Schmidt, der einmal bemerkt hat, für ihn seien die acht Kanzlerjahre gar nicht so entscheidend wie seine Jahre im Krieg, und die Erfahrungen, die er damals gesammelt habe. Entscheidende Lehrjahre seien das für ihn gewesen. Wie viel von seiner späteren politischen Haltung sich bei Schmidt tatsächlich ableiten lässt aus dieser Kriegszeit, hat sein einfühlsamer Biograph Hartmut Soell überzeugend erklärt. Eine «Teilidentifikation» des jungen Soldaten mit der Obrigkeit habe sicher stattgefunden. Die Erziehung zur Pflichterfüllung gegenüber der Obrigkeit sei erfolgreicher gewesen als die Erziehung zu einem eigenen Urteil. Und schließlich fügte Soell noch hinzu, den Vorwurf habe Schmidt sich gefallen lassen müssen, ohne die tüchtigen Offiziere hätte der Hitlersche Wahnsinn sich nicht entfalten können.[4]

Diesen Vorwurf, das ist Weizsäcker klar, mussten auch er und seine Offiziersfreunde sich gefallen lassen. Aber – schützte ihn sein Regiment vor solchen «Teilidentifikationen»? Erzog sie «Graf 9» eher zum eigenen Urteil und nicht bloß zur Pflichterfüllung? Wie auch immer – für ihn gilt wie für Schmidt, dass viel von der späteren politischen Haltung in dieser Erfahrung begründet liegt. Oft zogen sie beide die gleichen Lehren, aber nicht immer.

Für einen Moment könnte man denken, Richard von Weizsäcker heroisiere die sieben Jahre in Uniform oder die Tatsache, wie nahe er als Soldat Moskaus kam. Aber davon war er stets weit entfernt. Keinen Moment, in keinem Satz klingt das an, keine Stahlgewitter-Prosa, kein Hauch Ernst Jünger, nirgends, so wenig wie bei Schmidt.

Was konnte Helmut Schmidt denn lernen? Eine größere Chance dazu habe er als junger Mann deswegen gehabt, will Weizsäcker sagen, weil sein Regiment – politisch sicher national-konservativ – vor allem preußisch in der Gesinnung war. «Glück» hatte er, denkt Richard von Weizsäcker laut. «Nahe am Widerstand» habe sein Regiment sich befunden. Viele waren ähnlich aufgewachsen wie er, und viele brachten Maßstäbe mit. Darin lag das «Glück» für ihn. Mit dem spezifisch Preußischen hing es zusammen. In dem Rahmen fühlte er sich geborgen.

Wenig wusste er, viel musste er begreifen. Ob er lange überzeugt glaubte an das Regime, wie Schmidt das von sich gelegentlich bekannte, ob ihn die Zweifel des Vaters an der Person Hitler erfassten, ob er den Einmarschbefehl für den Beginn einer Katastrophe hielt – zu alledem hat Weizsäcker sich nicht explizit geäußert. Ein Lehrling war er.

Dieses Motiv kehrt bei ihm wieder bis heute: «Viel zu wenig gewusst» habe er über Polen, auch von Danzig oder Ostpreußen, hat er auch im Gespräch mit dem *Spiegel* über den 70. Jahrestag des Überfalls auf Polen vom 1. September noch einmal beteuert.[5] Angedeutet allerdings hat er durchaus in den *Erinnerungen*, dass sie als «einfache Soldaten» die Hintergründe der politischen Entwicklung vor Kriegsaubruch zwar nicht durchschauten. Vom geheimen Protokoll zwischen Stalin und Hitler wussten sie ohnedies nichts. Aber – die deutschen Zeitungen seien voll von Berichten polnischer Provokationen und Übergriffe gegen Minderheiten gewesen. Der fingierte Überfall auf den Rundfunksender in Gleiwitz am Vorabend des Kriegsbeginns gehörte beispielsweise dazu. «Wer wußte, ob die Berichte stimmten? Geglaubt wurde das meiste.» Getrost darf man herauslesen, dass auch er sich zu denen zählt, die «das meiste» glaubten. Wollte er sich wirklich exkulpie-

2009

ren mit diesen Worten, zu wenig gewusst zu haben? Man entlastet sich nicht, wenn man sagt, vieles so wenig durchschaut zu haben wie andere.

Vermuten darf man, dass in einem gewissen Sinne Richard von Weizsäcker, seine Schwester und die beiden Brüder privilegiert waren, weil ihnen dank des Elternhauses vieles zu Ohren kam, was andere nicht wussten. Und dennoch: Auch sie bewegten sich innerhalb eines Rahmens, den keiner sprengte.

Wir sind nicht Herren der Geschichte, ließ er einmal einfließen im Gespräch, wie ich mir notierte. Sie ereignet sich, hieß das, und wir müssen umgehen damit. «Verliebt» habe er sich in diesen Satz.

Für das, was er wusste, hatte er eine Quelle – er habe «unter dem Einfluss dessen gestanden, was mein Vater erwartete». Zu denen, die gläubig Hitler folgten und gar mit einem «Sieg» rechneten, zählt er den Vater und auch sich gewiss nicht. Aber beide hatten sie umzugehen mit der «Geschichte», der Soldat und der Staatssekretär. Krieg war nicht nur der «grausame Zerstörer des Lebens», er war das Ende von Politik, für ihn an der Front wie für den Vater am Schreibtisch.

* * *

Nie mehr verlor der Krieg seinen Schrecken, immer blieb er Ausdruck des Versagens von Politik. Was grundsätzlich gelten sollte, blieb speziell eine Faustregel für die Deutschen: Sie hätten allen Grund, mit Einsätzen *out of area* noch tausendmal vorsichtiger zu sein als andere. Die Lehre hieß auch: Keine Sekunde akzeptierte Weizsäcker – ganz wie Schmidt – den Vorwurf, der bereits im ersten Golf-Krieg 1991 sowie im Balkan-Konflikt der 90er Jahre erhoben wurde, die Deutschen spielten große Schweiz und kauften sich mit ihrer Mark krämerselig aus den Weltkonflikten heraus.

Ihn deswegen für einen Pazifisten zu halten, wäre gleichwohl falsch. Im großen Konflikt um die «Nachrüstung» stand er auf Seiten des damaligen Kanzlers gegen die Friedensbewegung (die selbst nicht durchweg pazifistisch war). Gegen Militäroperationen unter Beteiligung deutscher Soldaten wandte er sich nicht grundsätzlich, auch wenn er stets zu Zurückhaltung riet. Und sein später Freund Schmidt war nicht zufällig Verteidigungsminister im Kabinett Brandt.

Nein, «ohne Waffen» lautete für Weizsäcker wie für Schmidt nicht die Lehre. Aber – der Krieg war kein normales Instrument, das stand für beide unverbrüchlich fest. Und – in Abenteuer dürften gerade die Deutschen sich nie mehr in ihrer Geschichte stürzen. Nie. Schmidt ging dabei noch einen Schritt weiter als Weizsäcker: Auch am Hindukusch wird nicht die deutsche Sicherheit verteidigt, selbst diese Intervention hielt er für einen gewaltigen Fehler.

Noch ein weiteres Lebensthema ließ Richard von Weizsäcker seitdem nie mehr Ruhe, Polen, und auch das übrigens hat er mit Helmut Schmidt gemein. Polen, wiederholte er oft, sei der Grund, weshalb er überhaupt in die Politik ging. Auch so ein Satz, der lakonisch klingt, der es aber in sich hat, denn was schwingt da nicht alles mit an verspäteten Einsichten.

Spürbar bebend reagierte ja noch der Neunundachtzigjährige auf die Frage von *Spiegel*-Journalisten nach einer Meldung, die sich unter dem Datum vom 28. Juni 1941 in den Unterlagen seines Infanterieregiments 9 fand. Wie daraus hervorgeht, fand seine Division an diesem Tag beim Vorrücken die Überreste deutscher Soldaten, denen Gewalt angetan worden war. Die Reaktion auf diese Entdeckung beschreibt der abendliche Regimentsbericht folgendermaßen: «Gefangene wurden nicht gemacht, da die Soldaten des Regiments sich, nachdem sie die bestialischen Verstümmelungen an ihren Kameraden gesehen hatten, hierzu nicht in der Lage sahen.»

Einen solchen Verstoß gegen die Regeln erwähnt auch Mainhardt Graf von Nayhauß in seinem Buch über das Infanterieregiment 9, zu dem er selbst gehörte. Zugetragen habe sich das Drama bei Bialystok an der sowjetischen Grenze: Nach der Entdeckung von Kameraden mit ausgestochenen Augen und durchgeschnittenen Kehlen, einer Greueltat, die sich «wie ein Lauffeuer in der ganzen Division herumsprach», sei «der nächste gefangengenommene politische Kommissar ohne Skrupel den Feldjägern übergeben und erschossen» worden. Der berüchtigte Kommissarbefehl verlangte das ausdrücklich so. «Krieg schürt Rachegelüste», fügte Nayhauß hinzu.[6]

Ist es diese Begebenheit, die am Abend im Regimentsbericht erwähnt und vielleicht ein wenig zugespitzt wurde und die der *Spiegel* Weizsäcker im Jahr 2009 als Aktennotiz vor Augen hält? Unplausibel klingt die Annahme nicht. Weder widerspricht sie Weizsäckers Darstellung, er habe keine Kenntnis gehabt von diesen Vorkommnissen und sei zum fraglichen Zeitpunkt auch nicht dort gewesen, noch wird seine These grundsätzlich in Frage gestellt, es sei ein Ausnahmeregiment gewesen, bei dem er diente. Dass die «dumpfen Gerüchte» auch von Übergriffen aus den eigenen Reihen heraus handelten und unschuldig wohl keine Einheit aus diesem Krieg herauskam, hat er selbst festgehalten.

Was Weizsäcker offensichtlich verletzt und empört, hängt aber gar nicht mit konkreten Geschehnissen zusammen. In keinem Moment des ganzen «Zeitzeugenjahres 2009» hat er etwas derart irritierend gefunden wie dies: Dass ernsthaft Leute aus einer jüngeren Generation ihn befragen wollen, wie das wirklich war im Jahr 1939 nach dem Einmarsch in Polen und an der Grenze nach Russland, sich seine Antwort anhören, ihm dann aber zu verstehen geben, es sei alles ganz anders gewesen, und wie, das wissen sie selber.

Für «Moraljournalismus» hält er das, der nicht wirklich an der Wahrheit interessiert sei, sondern vorab Bescheid zu wissen glaube und verurteile. Sein Leben lang ringt er mit diesen Fragen. Wird das denn nicht anerkannt? Warum sind die Generationen untereinander bloß nicht fähig, sich über die Probleme der eigenen oder der jeweils anderen Generation fair zu verständigen?

Auch in seinen *Erinnerungen* ging Weizsäcker detailliert darauf ein, und schon dort nicht zum ersten Mal. Eine «wahrheitsgemäße Kenntnis» über den militärischen Verlauf der Feldzüge hätten sie nie gehabt, schrieb er, und es habe «kaum je verbürgte Nachrichten über Gewalttaten gegen wehrlose Menschen im rückwärtigen Heeresgebiet» gegeben. Dumpfe Gerüchte kursierten, «denen wir zu lange nicht konsequent genug nachgingen». In ganz seltenen «einzelnen Fällen» seien verwundete deutsche Soldaten, die bei bewegter Frontlinie vorübergehend in Feindeshand geraten waren, verstümmelt wieder aufgefunden worden. Furcht und Schrecken habe bei ihnen im Regiment geherrscht im Gedanken an eine sowjetische Gefangenschaft.

Eine «Ungeheuerlichkeit» sei das so oder so, entfuhr es Weizsäcker, als ihm vom *Spiegel* nun der Regimentsbericht vorgetragen wurde, «auch nicht im Entferntesten» habe er je von einer solchen Meldung gehört, oder davon, dass innerhalb seines Regiments je so gehandelt worden sei. Er weise das zurück. Ob er verärgert sei über die Frage, wollten die Journalisten wissen. Darauf Weizsäcker: «‹Verärgert?› Nein, sondern verstört.» Natürlich sei der Krieg grausam geführt worden, fuhr er dann fort, er sei menschlich grauenhaft gewesen. Aber bei seinem Regiment habe es sich um einen alten Traditionstruppenteil gehandelt, wo es «auch im Krieg um persönliches Verhalten und Disziplin ging». Fragen und Forschungen der heute Aktiven nehme er ernst, den Alten sei das damals «bei weitem nicht alles schon bewusst» gewesen. Ein «Gefühl für Anstand» aber, fügte ein empfindlich berührter Weizsäcker noch hinzu, müsse man sich wechselseitig doch zutrauen.[7] Ein Gefühl für Anstand: Das war wohl der Kern dessen, was Weizsäcker für sich in Anspruch nehmen wollte, darauf hat er zeitlebens konsequent beharrt.

Unbestritten ist auch unter den Zeithistorikern, dass sich bei den Grenadieren aus Potsdam die Skepsis des Anfangs allmählich in offene Ablehnung Hitlers verwandelte. Darüber herrschte irgendwann Konsens und konnte auch offen gesprochen werden, wie Weizsäcker und andere das später schilderten. Vielfach wiedergegeben wurde eine kleine Episode in diesem Zusammenhang, die aber tatsächlich eine Menge verrät: Als im Jahr 1944 einer der Offiziere abends auf ein Hitler-Bild feuerte, ordnete Richard von Weizsäcker demzufolge an, dass nun alle darauf schießen, damit nicht etwa einer von ihnen herausgepickt werden könne als Schuldiger.

Zumal im konservativen Milieu, und gerade auch beim rechten Flügel innerhalb seiner eigenen Partei, der CDU, hielt sich hartnäckig das Bedürfnis, Richard von Weizsäcker «Doppelmoral» mit intimen Details aus dem Infanterieregiment 9 nachweisen zu können. Manche fühlten sich von ihm auf die Anklagebank versetzt, wegen seines Umgangs mit der Geschichte, aber auch weil er die aktuelle Politik als Konsequenz aus vergangenen Fehlern betrachtete, und sie wollten so schrecklich gerne einmal zurückschlagen.[8]

Neben der preußisch-konservativen Distanz im Offizierskorps der «Potsdamer» dürfte es vor allem die Freundschaft zu Axel von dem Bussche gewesen sein, die ihn imprägnierte gegen das verordnete Denken. Nicht die Frage steht daher für ihn im Vordergrund, ob im Regiment etwas geschehen konnte, was er als «Ungeheuerlichkeit» empfand, sondern umgekehrt: Was ihm, der nichts «wusste», dort allmählich an Einsichten und Maßstäben vermittelt worden ist. Er hat ja den Eindruck, er sei

Axel von dem Bussche, gleichfalls im Infanterieregiment 9, entschließt sich 1942, Hitler in einem Selbstmordattentat umzubringen. Er war Weizsäckers engster Freund, «in jeder Hinsicht ein Vorbild».

ahnungslos gewesen, habe gelernt von anderen und die Augen gingen ihm auf.

Man muss sich das vergegenwärtigen: Ab einem bestimmten Moment enthüllt ihm der Freund, den er bewundert, jetzt helfe nur noch, Hitler zu beseitigen. Für den «Führer», der Morde an Zivilisten hinter der Front zulässt, ja anordnet, konnte der Eid, den sie in Potsdam geleistet hatten, nicht mehr gelten. Als Wendepunkt markiert es Richard von Weizsäcker zwar nicht ausdrücklich, aber der Herbst 1942 muss eine Zäsur gewesen sein, als nämlich Axel von dem Bussche, zu dem Zeitpunkt abkommandiert nach Dubno in der Ukraine, den Massenmord beobachtet. Sowohl Juden wurden hingerichtet als auch nichtjüdische Zivilisten, Polen, Männer, Frauen und Kinder. 3000 Menschen, so erlebte der Freund das, mussten sich aufreihen vor einer riesigen Grube an einem Flugfeld, die die Bewohner der Gegend hatten ausheben müssen. Der Reihe nach mussten sie sich hineinlegen, auf die Toten, SS-Angehörige erschossen sie dann.

Von diesem Erlebnis habe Axel «äußerst beschränkten Gebrauch» gemacht, erinnerte Weizsäcker sich, zu ihm aber kam er und berichtete freimütig. Wobei er später einmal hinzufügte, das Einzige, was er zu tun versäumt habe in diesem Moment, sei, sich zu den Opfern in die Grube zu legen.

Sehr wortkarg sei Axel von dem Bussche gewesen, so beschreibt er den Freund, aber «er war wirklich ein Vorbild in allem». Seinem Zug ging er stets voran. Sechsmal wurde er dabei verwundet. Als nach dem Drama in Dubno sein Entschluss reifte, das eigene Leben in einem Attentat auf Hitler zu opfern, weihten er und Weizsäcker den erheblich älteren Freund, Fritz-Dietlof Graf von der Schulenburg («Fritzi»), in ihr Geheimnis ein. 1932 war Schulenburg in die NSDAP eingetreten, avancierte zum Polizeivizepräsidenten Berlins, plädierte für eine strikte parteiliche Besetzung des Beamtenapparates, erschrak aber bald über die systematischen Rechtsbrüche seiner neuen Parteifreunde und wandelte sich zum führenden Kopf des Widerstands. Weizsäcker beeindruckte er stark mit seiner Entschlossenheit. Am 10. August 1944 ließ das Regime den «roten Grafen» in Plötzensee hinrichten.

Zwischen Stauffenberg und Bussche vermittelte Schulenburg. Ihm kam auch das Gespräch mit Bussche in den Sinn, als die Widerständler im Jahr 1943 einen Frontoffizier suchten, der bei einer Uniformvorführung Hitler in die Luft sprengen könne. Realisierbar erschien die ganze Idee Schulenburg und Stauffenberg nur, so erinnert Weizsäcker sich, wenn sie jemanden fänden, der «phänotypisch junger Volksheld und couragierter Offizier» war. Axel mit seinen zwei Metern, Ritterkreuzträger, «einen größeren Helden kann man gar nicht malen». Sofort willigte er ein, als Stauffenberg fragte.

In einem Fernschreiben an Division und Regiment zitierte er bald darauf den Major an der Front, Axel von dem Bussche, nach Berlin. Erstmals hat Weizsäcker das in seinen *Erinnerungen* geschildert, und detailliert hat er alles im Gedächtnis präsent. Es sind wahrlich keine Nebensachen in seinem Leben, man spürt es. Aber die Sache erwies sich als kompliziert, die Division wollte ihren Bataillonskommandeur nicht gleich gehen lassen. Weizsäcker organisierte Papiere, machte im Regimentsstab die Reise möglich und meldete dies Stauffenberg. Aber das Attentat misslang, weil die Uniformen, die Hitler vorgeführt werden sollten, bei einem alliierten Fliegerangriff vernichtet wurden. Unverrichteter Dinge kehrte Bussche zurück an die Front und verlor im Gefecht wenige Wochen später ein Bein.

Graf Schulenburg hatte Weizsäcker gefragt, ob er «zur Verfügung stünde», falls die Pläne, die er hege, sich erfüllten. Gemeint war das Attentat vom 20. Juli, gesprochen wurde darüber nicht. Die Unterredung fand in Berlin Ende Mai 1944 statt, Richard von Weizsäcker war inzwischen zum Hauptmann befördert worden, hatte seine Eltern in Rom besucht und meldete sich in Potsdam bei seinem Truppenteil. Der ältere Schulenburg, der ihn zum Bahnhof brachte, betrachtete ihn als Vertrauten. Er wusste, weshalb er Weizsäcker fragte. Und ihm war bekannt, dass Axel von dem Bussche zu den engsten Freunden gehörte. Schulenburg konnte sich bestätigt fühlen, dass mit Weizsäcker zu rechnen sei, wenn er gebraucht werde.

Weizsäcker: Unmittelbar nach dem Scheitern des Attentats, das bei einer nächsten Gelegenheit Claus von Stauffenberg selbst in die Tat umsetzen wollte, sei ein «NSFO» (nationalsozialistischer Führungsoffizier) bei ihm erschienen. Er war zuständig für die ideologische Grundhaltung. Ob er sich an dieses Fernschreiben mit der Unterschrift Stauffenbergs erinnern könne, wollte er wissen. Wenn es zu einem Prozess komme, werde er sicher danach erneut gefragt, habe er sich gedacht. Freund Axel lag zu dem Zeitpunkt schwerverwundet im Lazarett. Zur Anklage kam es nie.

Wer war dieses «Vorbild»? Axel von dem Bussche befand sich in unmittelbarer Nähe, als Heinrich von Weizsäcker im Dämmerlicht von polnischen Schützen getroffen wurde. Die Scharfschützen hatten sich in den Wipfeln der Bäume festgebunden, um die Hände frei zu haben. Auf seinem Schoß ruhte wenig später auch der Kopf des «jungen Quandt», aus der großen Textildynastie. Seinem Trostspender Axel flüsterte der Schwerverwundete zu, die Nazis, die er für Verbrecher hielt, sollten alle draufgehen, je später, umso furchtbarer wäre ihr Ende.

Eindringlicher könnte das Bild von ihm kaum ausfallen als jenes, das die polnische Schriftstellerin Hanna Krall nach Gesprächen mit Bussche von ihm zeichnete. Ein Denkmal hat sie ihm gesetzt in ihrer Erzählung, die sie mit *Phantomschmerz* überschrieb. Auch Richard von Weizsäcker spielte darin eine prominente Rolle.[9] Mir scheint, über beide, über die Lehrjahre im Regiment, aber auch über das moralische Dilemma, also über die wahre Wahrheit, kann man bei Hanna Krall mehr lernen als in vielen Dokumenten.

Am Beispiel Bussches schilderte sie nämlich, wie einer erwacht und begreift. Zufällig schnappten er und seine Freunde auf, dass Juden «umgesiedelt» werden nur mit Handgepäck.

War das wirklich deutsche Politik? Am 22. Juni 1941, früh um drei Uhr fünfzehn, berichtete sie akribisch, überschritt Axel von dem Bussche (und auch Weizsäcker) die sowjetische Grenze. Hanna Krall: «Er wusste, dass in Russland die Bolschewisten herrschten. Er wusste, dass es dort Lager gab und dass Stalin ein Mörder war. Kurz – er wusste, dass er gegen den Kommunismus kämpfte und somit alles in Ordnung war. (Mit Polen war auch alles in Ordnung gewesen, vor allem nach Gleiwitz. Die Polen hatten die Nerven verloren – sie hatten angefangen, es musste geantwortet werden; alles war in Ordnung.) Die Russen begrüßten sie mit Brot und Blumen. Auch sie glaubten, die Deutschen würden die Befreiung bringen. Schnell sollten sie sich enttäuscht sehen: Der fremde Hurensohn erwies sich als noch schlimmer als der einheimische Hurensohn.»

Im Herbst 1942 kam er nach Dubno, so zeichnete sie den Hergang auf, der zu einem mentalen Wendepunkt nicht nur im Leben Bussches geworden sein muss. Als Soldaten sollten sie sich an «irgendeiner Aktion» am Flughafen beteiligen. Sie weigerten sich. Um was es ging, war dunkel und rätselhaft, aber geahnt müssen sie etwas haben. Tage später stieg Axel auf sein Pferd, um sich den Ort anzuschauen. Und sah, was er sah. In den Worten Hanna Kralls: «Sie standen hintereinander, in einer ganz normalen Schlange, in der man nach Milch oder Brot ansteht. Die Schlange war an die sechshundert Meter lang. Am Rande der Grube saß ein SS-Mann. Er ließ die Beine herabhängen und hielt eine Maschinenpistole in den Händen. Er gab ein Zeichen, und die Schlange rückte vor.»

«Zwischen den Schüssen herrschte vollkommene Stille. Es waren acht SS-Männer.»

So machen sie es von Stadt zu Stadt, wird Axel von dem Bussche bald darauf wenigen Freunden berichten.

Demnächst solle nicht mehr geschossen werden, bekommt

er auch noch zu hören, mit Abgasen auf Lastwagen werde die Methode «menschlicher» gemacht.

Menschlicher für wen, für die SS-Männer oder für die Juden, fragte er. «Drei Monate später beschloss Axel von dem B., Adolf Hitler zu töten.»

«Sein Gedankengang war schlicht und kühl. Hitler ist die Verkörperung eines Mythos. Der Mythos muss zerstört werden, damit das Verbrechen besiegt werden kann.»

Der erste Freund, den er informierte, war Fritz von der Schulenburg.[10] Hanna Krall rapportierte weiter: «Richard, der Adjutant des Regiments, stellte ihm einen Marschbefehl für die Fahrt nach Berlin aus. (Fünfzig Jahre später sagte Richard von Weizsäcker, die Entscheidung Axel von dem B. sei auch für ihn getroffen worden.) Nach der Aktion auf dem Flugplatz konnte keiner von ihnen, den deutschen Offizieren in dem Städtchen Dubno, mehr sagen, er habe von nichts gewusst. Sie wussten es nun. Und sie gaben die Befehle der Führung nach wie vor an ihre Untergebenen weiter. Sie waren somit selbst an dem Verbrechen beteiligt und zogen ihre Soldaten mit hinein. Jeden Tag hätten sie sich von neuem die Frage gestellt, wie es weitergehen solle, sagte Richard von Weizsäcker fünfzig Jahre später. Axel habe ihnen die Antwort gegeben.»

Bussche war nicht der Einzige, der umdachte in dem Regiment. 1944, nach dem Attentatsversuch Stauffenbergs, sind viele seiner Regimentskameraden hingerichtet worden oder wählten den Freitod.

Das Bein, berichtete Hanna Krall, das Axel von dem Bussche kurz nach dem fehlgeschlagenen Attentatsversuch auf Hitler im Kampf verlor, habe ihm fortan einen unerträglichen Schmerz bereitet.

Nach dem Krieg studierte er Jura, gemeinsam mit Richard von Weizsäcker. Mit ihm fuhr er 1945 nach Nürnberg. Für fünfunddreißig Jahre verließ er dann Deutschland. Seine Depressionen aber wurde er nicht mehr los. «Manchmal ruft Richard an. Sie reden über das Leben. Oder über Thomas Mann. Oder über Ereignisse, die außer ihnen niemand mehr für lustig oder wichtig hält.» Soweit Hanna Krall.

Sie «wussten» es nun, hat Hanna Krall zu der Lektion geschrieben, die Bussche und die Freunde des Infanterieregiments 9 in Dubno erteilt worden war. Sie glaubten nicht mehr.

Sicher gehörte Richard von Weizsäcker nicht zu dem aktiven Kreis, und so hat er es auch nicht dargestellt. Aber aus jemandem, der «wenig wusste und viel glaubte», wurde einer, der vieles zu bezweifeln lernte. Später als Marion Gräfin Dönhoff suchte der junge Offizier Distanz. Die ältere Weggefährtin, die früh in eindeutiger Opposition zum Nazi-Regime stand, setzte bereits gegen Kriegsende den «Freunden», die sie aus dem ostpreußischen Alltag kannte und denen sie sich näher gefühlt habe als allen, ein eindrucksvolles schriftliches Denkmal.[11] Aber er zählte zu den Wenigen, denen nicht nur enge Freunde wie Axel von dem Bussche vertrauten.

Auch diesen Freund zählt Weizsäcker übrigens nicht expressis verbis zum «Widerstand» im engeren Sinne, obgleich er ihm nachrühmt, einen entschlosseneren, mutigeren Oppositionellen vermöge man sich kaum vorzustellen. Ja, Axel von dem Bussche selbst hat sich nicht dazu gezählt. Bezeichnend für ihn, denn er hielt sich wohl für nicht konsequent genug: «Wir hätten uns stellen müssen, direkt», blickte er in späteren Nachtgedanken einmal auf sein Leben zurück.

In einer wenig beachteten Passage seiner *Erinnerungen* berichtete Richard von Weizsäcker von nächtlichen Debatten wenige Wochen vor dem 20. Juli 1944, an dem Stauffenberg sein Attentat wagte. Sein Bruder Carl Friedrich nahm teil an diesem Gespräch, Freunde, darunter auch Hellmut Becker, der seinen

Vater später in Nürnberg verteidigte. Noch immer seien sie sich in diesem Kreis unschlüssig gewesen, was geschehen solle. Im Frühsommer 1944! Manche fürchteten weiterhin, ein Attentat käme zu früh, keinesfalls dürfe eine «zweite Dolchstoß-Legende» entstehen, denn der Krieg sei noch nicht offensichtlich verloren. «Schwer erträglich» sei es im Nachhinein, gestand der Autor, Richard von Weizsäcker, aus der historischen Distanz, sich an diese Bedenken zu erinnern. Kluge und tapfere Leute seien versammelt gewesen, und doch hätten sie nicht erkannt, dass es längst nicht mehr um Legenden, sondern um die Menschenleben eines jeden Tages ging. Die Zahl der Opfer in den Vernichtungslagern, an der Front, bei Luftangriffen oder auf der Flucht nach dem fehlgeschlagenen Attentat war, wie er hinzufügte, größer als in der ganzen Kriegszeit zuvor zusammengenommen.

Nicht umsonst hat Weizsäcker seiner Textsammlung mit Reden und Aufsätzen von 1983 einen Beitrag zum Widerstand vom 20. Juli vorangestellt. Bekenntnis und Programm zugleich kann man darin sehen. Ja, zur verspäteten Anerkennung des Widerstandes in der Bundesrepublik wollte er beitragen, und gemeinsam mit Marion Gräfin Dönhoff (ihr vor allem) ist das wohl auch geglückt. Wie differenziert gleichwohl sein Urteil ausfiel, geht aus einer Rede hervor, die er 1964 in Ostberlin hielt und nun wieder aufnahm in diese neue Edition knapp zwanzig Jahre darauf.

Einen kritischen und selbstkritischen Blick warf er zunächst auf die katholische und protestantische Kirche im Dritten Reich. «Ein gutes Stück Hilfe» habe Hitler von den evangelischen Christen erfahren. Auch die protestantische Kirche trug, wie er formulierte, ein «bürgerlich-konservatives» Gesicht. Bewundernswerten Widerstand hätten einzelne Personen geleistet, aber sogar in der Bekennenden Kirche war vermutlich nur die Minderheit zu klarsehenden politischen Gegnern der Nazis zu zählen. Zum Glück, hieß es in dieser ersten Bilanz, habe es aber eine Abwendung vom Kultur-Protestantismus gegeben, um auch die Politik «der Kritik des Wortes Gottes auszusetzen».

Kritisch fiel sein Fazit aus: Die Kirche habe «eines nicht getan», alle Christen aufzurufen, «sich gegen die elementare Verletzung der einfachsten Gebote zu erheben». Primär sei es ihr um die «Kirche als Kirche» gegangen, das blieb der Mittelpunkt des Kampfes, «soweit er überhaupt geführt wurde».[12]

KPD, SPD, Gewerkschaften, Dietrich Bonhoeffer, die Weiße Rose, Ludwig Beck und der militärische Widerstand 1938, schließlich Tresckow und Stauffenberg – nahezu alles ließ er Revue passieren, soweit damals möglich. James Graf von Moltke, der sogar noch aus dem Gefängnis heraus bekannte, gegen das Attentat zu sein aus religiöser Überzeugung, aber mit Adam von Trott zu Solz ein Europa ohne Grenzen skizzierte, versöhnt zwischen Ost und West, der nachdachte über Erziehungsfragen und Religion und, wie das «rechte Verhältnis zwischen Verantwortung und Anspruch» in die Köpfe der Menschen zu bringen sei; überhaupt das Eigene des Kreisauer Kreises, Konservative und Sozialisten, Gutsbesitzer und Gewerkschaftler, Protestanten und Katholiken, die nicht den Staatsstreich planten, «sondern die Zeit danach vorbereiten» wollten; ohne die geistige Wirkung und Zielsetzung aus Kreisau wäre das Attentat des 20. Juli «nicht möglich gewesen», erwies er dem Kreis besondere Reverenz; Stieff, Schulenburg oder Tresckow, genau wollte er Motive eruieren, und ernst nehmen wollte er alles. Neben den Kreisauern, das war zu spüren, galt ein besonderer Respekt dem frühen militärischen Widerstand um Beck, den der Vater gut kannte.[13]

Konsequent lautete daher sein Resumée: Der 20. Juli 1944 sei «kein mildernder Umstand für Deutschland geworden».

Lücken hätten die Widerständler hinterlassen, aber auch ein Vermächtnis, ihr Charakter, ihr Gewissen und ihre Tat wirkten fort. Stellvertretend für andere waren sie «zum eigenen Handeln mit allen Folgen» entschlossen und «traten ein für andere, deren Zuständigkeit es gewesen wäre einzugreifen». Kurzum, Vorbilder seien sie gewesen.[14]

Bei allem Respekt, er beschrieb damit zugleich auch die Geschichte einer Vergeblichkeit, das Versagen von vielen. «Wir haben es nicht geschafft», heißt es darum am Ende der Passagen in seinen *Erinnerungen*, in denen er dreißig Jahre darauf noch einmal auf die Opposition gegen Hitler zurückkam.[15]

«Wir»: Das heißt, in dem Sinne bezog er sich in den Kreis derjenigen mit ein, die nur noch darin eine Lösung sahen, dass Deutschland von Hitler befreit werde. Sorgfältig schließt er aber im Gespräch jedes Missverständnis aus. «Einen Kriegsdienst zum Widerstand zu machen, geht nicht», sagt er. Notiert habe ich mir weiter: «Den Weg der Desertion haben wir nie in Erwägung gezogen.» «Wir wussten das Meiste nicht.» «Wir hatten miterlebt, dass der Weg zum aktiven Widerstand, nachdem er 1938 – wegen des Erfolges von München – eingestellt worden war, auch chancenlos wurde durch die Entwicklung in Frankreich.» «Das, was man tut, musste begreiflich gemacht werden – und das selbstverständlich *nicht* im Wissen, dass es Auschwitz gibt, wo Millionen Juden vergast wurden.» «Kennengelernt habe ich Stauffenberg im Jahr 1942, aber damals plante auch er noch nicht das Attentat. Im Gespräch, als er meinen Namen hörte, fing er sofort mit Stefan George an, er war ja ein wirklicher Jünger.»

Von der soldatischen «Pflicht» hatte er sich auf dem langen Marsch durch Polen und die Sowjetunion nicht distanziert. Aber die moralische Haltung dazu, das war eine andere Sache. Ließ sie sich abspalten? Führten sie innerlich zwei Leben zugleich, das des Offiziers, der weitermarschiert, und das des Regimekritikers, dem die Augen aufgegangen waren und der nun hoffte, die Verantwortlichen könnten gestoppt werden? Wie das Eine mit dem Anderen zu verbinden sei, hatte «Axel» schlicht vorgelebt, auch wenn der Versuch gescheitert war.

Glück hatte er in den Lehrjahren mit seinem Postdamer Regiment, Glück, dass Axel von dem Bussche zum Freund wurde? Einen Wermutstropfen fügte dem ausgerechnet Helmut Schmidt hinzu, der Altersfreund und derjenige, von dem Weizsäcker sagt, er habe als Soldat solche (preußischen) Lehrmeister leider wohl nicht gehabt.

Eigentümlich angespannt nämlich, entsinne ich mich, verlief ein Gespräch zwischen Richard von Weizsäcker, Helmut Schmidt und Marion Gräfin Dönhoff über den Widerstand, das sie 1994 anlässlich des 50. Jahrestages des Attentats auf Hitler führten. Neun Jahre nach der Rede Weizsäckers zum Kriegsende fand dieses Gespräch statt – jene Rede, in welcher der Präsident formulierte, niemandem habe entgehen können, dass Deportationszüge rollten, wenn er es wissen wollte.

Schon damals, 1985, hatte der Kanzler a. D. diese Passage beim amtierenden Präsidenten moniert, man könnte auch sagen, seine Entrüstung in Worte gekleidet. Jetzt kam er darauf zurück. «Jemand, der der gesellschaftlichen Oberschicht angehörte», wandte Schmidt fast verletzt ein, «konnte sehr viel mehr wissen als jemand, der ein einfacher kleiner Muschkote war wie ich.» Ein Jahr lang sei er Mannschaftsdienstgrad gewesen, nach seiner Einberufung 1937 zur Flakartillerie nach Bremen. Auf der Rekrutenstube, erinnerte er sich, saßen neun Abiturienten und ein Gefreiter, der Stubenälteste. Allesamt seien sie der naiven Meinung gewesen: «Gott sei Dank, jetzt sind wir endlich im einzigen anständigen Verein im Dritten Reich gelandet, wo kein Versuch der Indoktrination gemacht wurde. Wir fühlten uns sozusagen in einer Schutzzone. Wir hatten keine Ahnung von den Deportationszügen. Wir haben in der Kaserne nicht einmal die ‹Reichs-kristallnacht› mitgekriegt.»

Daraufhin Weizsäcker: «Na ja.»

Schmidt: «Das glauben Sie nicht, aber so war es.»

Weizsäcker: «Natürlich glaube ich es Ihnen, da Sie es so schildern.»

Allerdings, fügte er nach einem Moment hinzu, der Juden-stern sei sichtbar getragen worden, auf Befehl. Den 9. November 1938 habe er rings um die Gedächtniskirche in Berlin erlebt, in voller Öffentlichkeit.

Schmidt: «Ich insistiere hier noch einen Augenblick, weil ich besorgt bin, dass das Bild entsteht, als ob alle anständigen Deut-schen hätten wissen können, was passierte. Mein Vater war nach den Nürnberger Gesetzen ein Halbjude. Er hat das durch Mani-pulation seiner Abstammung verheimlichen können. Er war Leh-rer. Seine Angst war nur, dass er aus dem Dienst entfernt würde. Seine Angst ging nicht irgendwie weiter. Er wusste auch nichts von der Vernichtung der Juden, bis zum Kriegsende nicht.»

Aber nicht nur über diesen wunden Punkt, oder sollte man sagen: die Achillesferse, aus Helmut Schmidts jungen Jahren wurde in dem Gespräch zwischen dem Muschkoten und dem Freiherrn aus der gesellschaftlichen Oberschicht sichtlich nervös verhandelt. Zur Sprache kam damit auch eine Schmerzstelle Weizsäckers, als er über Busches Attentatspläne gegen Hitler berichtete.

Schmidts «ja, aber» lautete: Viele derer, die sich später zur Beseitigung Hitlers entschlossen haben, hätten zunächst «an der Befestigung seiner Macht mitgewirkt».

Das wiederum ging Weizsäcker zu weit: «Na ja, sie haben sich an der Befestigung der Situation Deutschlands beteiligt.»

Schmidt, unnachgiebig: «Sie haben sich auch am Aufbau der damaligen Wehrmacht beteiligt.»

66

Weizsäcker: «Ja, sicher.»

Schmidt: «Und haben schnelle Karriere gemacht.»

Weizsäcker: «Ja, sicher.»

Schmidt: «Wurden in sehr jugendlichem Alter Obersten im Generalstab.»

Weizsäcker: «Ja, gut. Aber sie haben es nicht mit dem Ziel gemacht, die Macht Hitlers zu stärken. Sondern sie haben sich daran beteiligt zu sagen: Na ja, wenn es mit Deutschland wieder aufwärts geht, dann sind wir dabei.»

ZEIT: «Und dafür haben sie Hitler in Kauf genommen.»

Weizsäcker: «Ja.»

Eröffnet hatte Schmidt diese denkwürdige Kontroverse mit der Bemerkung, es habe nicht nur den «aktiven» Widerstand vom 20. Juli gegeben, sondern auch einen «passiven» von Leuten, die sich dem Befehl widersetzten, die jungen Leute mit Nazi-Ideologie zu indoktrinieren. Beendet hat er das Gespräch mit den Worten, man dürfe nicht nur vom Aufstand des Gewissens vom 20. Juli reden, hüten müsse man sich, jemanden totzuschweigen, der beispielsweise auch Widerstand geleistet habe, bloß «weil er Kommunist war».[16]

Jeder von ihnen habe ein Buch im Tornister gehabt als Soldat, hat Weizsäcker einmal registriert, bei Schmidt war es Marc Aurel, der Prediger der Gelassenheit, einer Tugend, die schwer zu verwirklichen ist; bei ihm Tolstojs *Krieg und Frieden*. Chiffren für das mag man darin erkennen, was sie trennt und verbindet.

Dauerhaft auseinandergebracht hat sie der Streit über das nicht, was man wissen konnte, oder ob der Widerstand am Ende nicht Hitler in Kauf nahm; im Gegenteil, angenähert haben sie sich erst danach wirklich, als Kanzler a. D. und Ex-Präsident. Vielleicht hatte die Aussprache sogar eine klärende Rolle? Verbunden hat den Muschkoten und den Freiherrn gewiss, dass sie nicht «angelesene Urteile für die eigenen Maßstäbe» zugrunde legten, wie Weizsäcker es gern sagt, sondern ihre eigene Erfahrung. Da das später nicht mehr so interessiert habe, sei ihre Generation «nicht sehr mitteilsam».[17]

Und hatten sie, bei aller Unterschiedlichkeit der Lebenswege, nicht doch auch manches, was sie verband? Jeder brauchte seinen Moment des Erschreckens und Erwachens. Bei Weizsäcker muss das Axel von dem Bussche gewesen sein, der ihm die Augen geöffnet hat. Helmut Schmidts Moment des Erschreckens war, wenn ich seinen Biographen Hartmut Soell richtig verstehe, der 7. September 1944, der Tag, an dem er zu pädagogischen Zwecken abkommandiert wurde zu einem Schauprozess vor dem Volksgerichtshof gegen Carl Goerdeler, Ulrich von Hassell, Joseph Wirmer, Wilhelm Leuschner und Paul Lejeune-Jung. Das war «das Abscheulichste», was er je gesehen hatte, aber die Angeklagten – besonders Hassell – lösten bei ihm auch unendlichen Respekt aus.[18]

Den Satz übrigens, dass es ein richtiges Leben im falschen gab, würde im Rückblick auf diese Lehrjahre wohl nicht nur Richard von Weizsäcker unterschreiben, sondern auch Helmut Schmidt, und Marion Gräfin Dönhoff ohnehin, wenn sie noch lebte.

IV. Nürnberg

Keine Ruhe ließ ihnen der Nürnberger Kriegsverbrecherprozess. Marion Gräfin Dönhoff, Axel von dem Bussche und Richard von Weizsäcker beschlossen im Herbst 1945 in Göttingen, sich «ein eigenes Bild vom gerichtlichen Umgang mit der Nazizeit zu machen».

Kennengelernt hatten sie sich, wie sie in einem handschriftlichen Brief zum 75. Geburtstag an Richard von Weizsäcker berichtete, erst kurz zuvor, nach Kriegsende. Treffpunkt war das Gut des Grafen Görtz in Brunkensen (Niedersachsen), wo sich nach und nach die Reste der Familie einfanden. Marion Dönhoff freimütig: Dort habe Axel von dem Bussche sie auf seinen Freund Weizsäcker hingewiesen und ihn als so einzigartige Persönlichkeit geschildert, «dass ich, als dieser junge Offizier dann wirklich eintraf, eher enttäuscht war: Sehr intelligent, dachte ich, besonders nett – aber einzigartig?»

Diese Einschätzung scheint sich rasch geändert zu haben. Nach ihrer Erinnerung, fährt der Brief nämlich fort, haben die drei noch in Brunkensen den Plan gefasst, in dem alten DKW von dem Bussches die Reise durch die Viermächtezonen nach Nürnberg anzureten, um zu beobachten, wie die Alliierten über

Göring, Kaltenbrunner, Streicher und Genossen zu Gericht sitzen. Beeindruckt habe sie immer, fügte sie in dem Gratulationsbrief schließlich noch hinzu, wie er «Macht und Moral» stets verbunden habe und glaubhaft geblieben sei in einer Welt, in der den großen Worten selten Taten folgen.[1]

Er wusste, dass sie eng vertraut, ja von Haus aus befreundet war mit vielen jener Offiziere, die zum Widerstand gehörten, und damit auch mit manchen, denen er während der letzten Kriegsjahre begegnete. Ob er viel über ihr Leben wusste? Wohl kaum. Über vieles schwieg sie, beispielsweise darüber, dass zwei ihrer Brüder in der NSDAP waren.[2] Sie gewährte keinen Einblick in ihr Privatleben, niemandem.

Weizsäcker, Dönhoff, Bussche: Ein ungewöhnliches deutsches Trio hat man mit ihnen vor Augen. Die beiden etwa gleichaltrigen Freunde, die im Potsdamer Infanterieregiment unzertrennlich wurden, und die zehn Jahre ältere «rote» Gräfin aus Ostpreußen, die bei Edgar Salin in der Schweiz studierte und promovierte, später das Familiengut bei Königsberg verwaltete und zu Pferd vor der Roten Armee nach Westen flüchtete.

Wenn von dem Bussche sein «Vorbild» war, so wurde sie von beiden, wie Weizsäcker es schildert, von vornherein als natürliche Autorität akzeptiert. Eine «Erzieherin oder doch so etwas Ähnliches» sei sie gewesen, ja, eine moralisch-intellektuelle Orientierung strahlte von ihr aus. «Marion», wie Weizsäcker sie nennt, wohnte in einem Dorf nahe Göttingen, Axel und er hatten ein Jurastudium begonnen. «Wir wollten reden miteinander: Was ist unsere Aufgabe?» Um die Gegenwart sei es ihnen gegangen, nicht um Kaiser Friedrich II.!

Entfernt waren die Familien Weizsäcker und Dönhoff miteinander verwandt. Richard von Weizsäckers Schwester hatte in Ostpreußen eingeheiratet in die Familie Eulenburg, aber untereinander kannte man sich wenig. Für die Besten hätten sich die

Dönhoffs gerne gehalten, spöttelt Weizsäcker gelegentlich, obwohl – waren die Eulenburgs im 19. Jahrhundert nicht weit einflussreicher? Noch heute amüsiert ihn der Gedanke, wie «Marion» damit kokettierte, ihr Großvater habe gefrühstückt mit dem Alten Fritz, während man ausrechnen könne, warum das rein altersmäßig schlecht sein kann. Aber egal: Eine andere Lebensfreundschaft entwickelte sich Ende des Krieges aus dieser Begegnung mit Marion Dönhoff, neben jener zu von dem Bussche, die bis zu ihrem Tode anhielt.

Selbsterziehung kann man es nennen, was in diesen Wochen begann. Von Anbeginn an verlangte er, die katholische Kirche solle ihre Mitverantwortung für das Geschehene eingestehen, und auch das Stuttgarter Schuldbekenntnis des Rats der EKD vom 19. Oktober 1945 erschien ihm längst nicht radikal ehrlich genug.[3] Bei dem Älteren, Martin Niemöller, zu dem sie den kurzen Abstecher auf dem Weg zum Kriegsverbrecherprozess machten, scheinen die drei neuanfangssüchtigen Besucher aber auch aus anderen Gründen auf einen Geistesverwandten gestoßen zu sein. Er wünschte sich temperamentvoll nicht «alliierte Kommandos», sondern «deutsche Impulse für einen moralischen Neubeginn». Noch waren sie nicht angekommen in Nürnberg, aber schon lag der Streit um den juristischen Umgang der Sieger mit den deutschen Verantwortlichen in der Luft.

«Die raus und wir rein!», entrüsteten sich die beiden Ex-Offiziere des Infanterieregiments im Anblick zweier US-Panzer, die den Justizpalast in Nürnberg bewachten. Was heißen sollte: die Entnazifizierung dürfe nicht Sache der Siegermächte bleiben. «Ihr seid wohl verrückt geworden!», herrschte die Erzieherin sie an, die glaubte, die Jungen redeten sich in Rage, tatsächlich brachte sie sie rasch wieder zur Raison. Im Prinzip aber stimmten sie ohnehin alle darin überein – sie vermissten deutsche Richter, die über die Angeklagten zu Gericht sitzen. Ernst von Weizsäcker saß zu dem frühen Zeitpunkt noch nicht auf der Anklagebank.

Erst im Jahr 1947 wurde er zunächst erneut als Zeuge nach Nürnberg geladen, dann aber wider Erwarten verhaftet. Für eineinhalb Jahre war er der Mittelpunkt des «Wilhelmstraßenprozesses», bei dem hohe Diplomaten aus dem Auswärtigen Amt Berlins vor Gericht standen. Neben Margret Boveri, die als Journalistin über den Nürnberger Prozess berichtete, war es insbesondere die «Gräfin», die bald als die verlässlichste Mitstreiterin im Kampf um die öffentliche Meinung über den Vater Weizsäcker vor Gericht galt.[4] Anfang 1948 fuhr sie gemeinsam mit Hartmut von Hentig erneut nach Nürnberg, wo Richard von Weizsäcker bereits als Hilfsverteidiger tätig war, sprach mit Robert Kempner ebenso wie mit Hellmut Becker, und ließ – vorsichtiger und einfühlsamer als Margret Boveri – erkennen, dass sie insbesondere den Prozess gegen den Diplomaten für einen Fehler halte, zumal er vor einem alliierten Gericht geführt wurde. Anders als für Weizsäcker mag für sie dabei fast noch schwerer gewogen haben, dass die Alliierten nicht sofort die Rolle des «anderen Deutschland» anerkannten, ja, mehr noch, sie verübelte den Westmächten bitter, das Attentat der Widerständler als ein Stück «ehrgeiziger Offiziere» aus eigennützigen Zwecken zu denunzieren. Auch mit Hilfe Carl Jakob Burckhardts hatte sie ihnen bereits eine andere Sicht nahezulegen versucht.[5]

Permanent, schrieb sie, habe Ernst von Weizsäcker sein Leben gefährdet im Kampf gegen die wahrhaft willfährigen Beamten des Nazi-Regimes. Gewiss war es nicht Indoktrination durch Becker, die sie zu der Ansicht brachte, es habe einen «Widerstand in der Mitwirkung» gegeben. Aus Überzeugung hielt sie die These Robert Kempners für zutiefst falsch, die wahren Schuldigen seien die hohen Beamten im «Dritten Reich» gewesen. Richard von Weizsäckers Vater allerdings gebührte in ihren Augen eine Sonderstellung, ja sie nahm ihn in den Kreis ihres «heimlichen oder geheimen» Deutschland auf, jener Aufrechten, die sich nicht hatten verführen lassen. Ihr Urteil wog viel, schon in der frühen Bundesrepublik. *Donloff*

* *
*

1912–2007
Carl Friedrich von Weizsäcker, seit 1942 Professor in Straßburg, wurde nach dem 8. Mai 1945 gemeinsam mit seinen Atomphysik-Kollegen kurze Zeit von den Briten interniert. Danach folgte er einem Ruf nach Göttingen. Seit der Verhaftung des Vaters, 1947, organisierte er dessen Verteidigung. Seinem Freund Hellmuth Becker trug er die Verteidigung an. Er war es auch, der seinen jüngeren Bruder Richard ersuchte, sich als Hilfsverteidiger in Nürnberg zur Verfügung zu stellen.

Die Geschichte des Bruders ist vielfach bis in ihre Winkel ausgeleuchtet und erzählt worden, obwohl die große Biographie fehlt. Über die Beziehung zwischen den Brüdern kursierten immer wieder Ankedoten. Carl Friedrich räumte selber ein, Richard sei für ihn lange ein «Kind» gewesen, und obgleich sie im Krieg – 1944 – gemeinsam mit Freunden ernsthaft debattierten, ob man sich Hitlers entledigen dürfe, als Erwachsenen angesehen habe er ihn tatsächlich erst seit Nürnberg.

Kritisch resümierte der Zeithistoriker Thomas Lau, Carl Friedrichs Darstellung der Handlungsweise deutscher Physiker im «Dritten Reich» habe in «bemerkenswerter Weise dem Bild des eigenen Vaters» geähnelt. Auch hier trete dem Publikum «die missbrauchte und unverstandene, letztlich jedoch moralisch unbefleckte Elite entgegen».[6] Tatsächlich vollzog Richard den Schritt Carl Friedrichs nicht mit, der die Rolle der Leistungseliten im «Dritten Reich» prinzipiell verteidigte, im Ge-

73

genteil, deren Versagen machte er auch zum Thema seiner 8. Mai-Rede sowie der *Erinnerungen*.

An der Reputation des älteren Bruders änderte weder sein Weg als Atomphysiker und dessen Fortsetzung in Straßburg noch seine Argumentation seit 1945 wirklich etwas: In der jungen Bundesrepublik galt er nahezu von vornherein als anerkannte moralisch-politische Autorität und unabhängiger Kopf. In dieser Logik lag es, dass ihn die Sozialdemokraten 1979 nach einem langen Verwirrspiel zur Bundespräsidentenwahl nominieren wollten, er winkte allerdings nach einer kurzen Bedenkpause ab, wohl weil er keine Chancen für sich sah.

Walter Scheel hatte angekündigt, er werde nicht mehr antreten, nachdem die sozialliberale Fraktion in der Bundesversammlung ihre Mehrheit einbüsste, die CDU/CSU nominierte Karl Carstens. Für diese Wahl stand Richard von Weizsäcker nicht zur Debatte, er war zu dem Zeitpunkt von Kohl nach Berlin komplimentiert worden und fand die Nominierung von Karl Carstens auch richtig.[7] So kam es nicht zu einer Gipfel-Konkurrenz der Weizsäcker-Brüder, gleichwohl brachten sie in den Augen der Volksparteien beide etwas «Präsidentielles» mit, was sie für diese Rolle besonders qualifizierte.

Als Stimme der Vernunft inmitten aller Irrationalität, des moralisch Abgehobenen, des Verstricktseins und doch Reinbleibens galt Carl Friedrich von Weizsäcker, wie Lau es beobachtete. Diese Kritik, die später in milderer Form auch Richard von Weizsäcker traf, hatte aber letztlich der Bruder auf sich gezogen. Er, nicht Richard wurde wahrgenommen als «deutsche Kassandra» oder «unschuldig Schuldiger», der vor «vermeidbaren Katastrophen» warnte. Dieses spezifische Pauschalbild der Weizsäckers, das Lau nachzeichnet, hat er wohl erheblich stärker geprägt als der jüngere Bruder.

Im Rückblick fragt man sich, inwiefern neben dem Vater

74

auch der Bruder den jungen Offizier an der Ostfront in ein Dilemma stürzte, wie offen sie damit überhaupt umgingen, oder wie weit er an der Front von ganz existenziellen Fragen okkupiert war. Was wollten die Atomphysiker wirklich? Zahllose Bücher sind recherchiert, Theaterstücke verfasst worden allein über das Treffen bei Niels Bohr im Jahr 1941 in Kopenhagen. Der dänische Wissenschaftler misstraute längst seinen deutschen Kollegen und warf ihnen vor, sich Hitler zur Verfügung zu stellen. Sehr tief ging der Bruch, und er war irreparabel. Auch Carl Friedrich von Weizsäcker und Werner Heisenberg waren nicht blind, sie wussten ja, dass der jüdische Teil ihrer Kollegen in die USA emigrierte und dort fortan an der Entwicklung der Atombombe arbeitete, sie aber, der arische Teil, forschten in Deutschland.

Wie der Vater glaubte auch Carl Friedrich, den Gang der Dinge beeinflussen oder gar steuern zu können. Auch er wollte den Krieg verhindern. Den Sohn mahnte Ernst von Weizsäcker, auf diesen Hitler nicht hereinzufallen. War es Macht- und Einflusshunger, war es Opportunismus eines genial Begabten, der Carl Friedrich beseelte?

Als er der Wissenschaftler-Elite zu Adenauers Zeiten vorwarf, sich zu ihrem Konformismus nicht bekannt zu haben, richtete sich diese Kritik unmissverständlich auch an ihn selber. Ja, er exerzierte Lernen öffentlich vor. Man konnte nicht einfach so weitermachen! So, wie der Vater den großen Krieg verhindern wollte, wollte er in den 50er Jahren den Atomkrieg unmöglich machen. Bekanntlich fiel die Atombombe dennoch, auch wenn es zum nuklaren Krieg nicht kam.

Als sie begannen, Physik zu studieren, so erinnerte sich Carl Friedrich gelegentlich, hätten die Freunde und er einen «Einblick in die Geheimnisse der Natur» erstrebt. «Heute kann unser Stand vielleicht mit mehr Recht als der Stand des Soldaten beanspruchen, den bisher größten Krieg der Weltgeschichte entschieden zu haben. Er ist ein Faktor in der Weltpolitik geworden und teilt damit die Verantwortung für Krieg und Frieden, die früher in den Händen des Politikers und des Soldaten lag ... Heute tragen wir, und zwar jeder von uns, der geholfen hat, die Kenntnis des Atomkerns zu fördern, mit an der Schuld am Tode von 90 000 Männern, Frauen und Kindern ... Wir haben wie Kinder mit dem Feuer gespielt, und es ist emporgeschlagen.»[8]

Über die Frage, wie ernst sie nach der «Atombombe für Hitler» geforscht hatten und wie nahe sie dem Ziel kamen, klaffen die Versionen aueinander. Zum wirklich großen, grundsätzlichen Umdenken, argumentieren manche Historiker, sei es in Wahrheit erst gekommen, als sie am 6. August 1945 von der Tragödie Hiroshimas erfuhren, das sei der ultimative Schock gewesen. Moralisch, aber auch, weil ihnen spätestens jetzt klar wurde, was die Atombombe in Hitlers Händen bedeutet hätte? Carl Friedrich von Weizsäcker zählte zu den zehn namhaften deutschen Naturwissenschaftlern, die nach Ende des Zweiten Weltkrieges vom britischen Militär interniert und in Farm Hall nahe Cambridge einvernommen wurden. Dort wurden die Gespräche der Deutschen untereinander abgehört (und später publiziert).

Zumindest missverständlich war die Reaktion Carl Friedrich von Weizsäckers: Keineswegs habe er in Farm Hall die Legende erfinden wollen, die Physiker hätten sich gegen den Bau einer Atombombe verschworen.[9] Immerhin: Schon im Dezember 1938 hatte Carl Friedrich von Weizsäcker von seinem Chef am Kaiser-Wilhelm-Institut, Otto Hahn, gehört, ihm sei die Kernspaltung von Uran gelungen. Seinem Freund Georg Picht vertraute er noch am selben Tag an, was das bedeuten könne – den Bau einer Bombe, um ganz London zu zerstören. Als Albert Einstein, von Deutschland in die USA emigriert, wenige Monate später den amerikanischen Präsidenten Franklin D. Roosevelt bedrängte, die Forschungen voranzutreiben, bezog er sich ausdrücklich auch auf Weizsäcker.

Weder trat Carl Friedrich von Weizsäcker der NSDAP bei, noch empfand er Sympathie für das Regime, zumal nach dem Pogrom vom 9. November ein enger Freund nach Palästina ausgewandert war. Fasziniert aber war er von den Möglichkeiten der Atomphysik. Das überwog. Er war es, der den zögernden Heisenberg überzeugte, bei dem Projekt mitzumachen, und der auch – allerdings vergeblich – sondieren wollte, wie vorteilhaft die Zusammenarbeit mit dem Militär sei.

Noch Ende September 1939, knapp vier Wochen nach dem Überfall auf die Nachbarn, startete das Team seine Arbeit. Zu einem wirklichen Wettlauf zwischen amerikanischen und deutschen Physikern darum, wer zuerst die Waffe in Händen halte, kam es nicht, den materiellen und politischen Willen, das Forschungsprogramm zu realisieren, brachten nur die Vereinigten Staaten auf. Carl Friedrich von Weizsäcker glaubte zeitweise, den amerikanischen Kollegen die Arbeit ausreden zu können, indem er ihnen versicherte, auch sie hätten die Idee aufgegeben. Da aber hatte Hitler Russland längst angegriffen und Amerika den Krieg erklärt.

Liest man, wie er sich dazu in vielerlei verschiedenen Anläufen einließ, und wie seine Biographen das interpretieren, bleibt ein Gesamtbild: Er wollte mitreden, als «Fachmann», der den Dilettanten und Ideologen überlegen ist. Als Wissenschaftler lenkte er nicht ein – die Relativitätstheorie des «Juden Einstein», die die Nazis zum Hirngespinst erklären wollten, verlor für ihn nicht etwa an Gültigkeit. Er glaubte, einen Fuß in die Tür zu bekommen. Jedenfalls aber muss er seltsam machtfern und machtnah gewesen sein, geradlinig und zugleich verwirrend inkonsequent.

In einem Interview mit Bernd W. Kubbig hat Carl Friedrich von Weizsäcker seine Überlegungen zum Forschungsprojekt folgendermaßen wiedergegeben: «Ich selbst empfand: Wenn ich mir die weiße Weste bewahren kann, indem ich nicht an diesem Problem arbeite, tue ich nichts, um zur Überwindung des Krieges beizutragen. Naiv dachte ich: Wenn ich einer bin, der weiß, wie man solche Waffen macht, muss meine Regierung mit mir vertraulich sprechen. Könnte ich nicht Hitler dann zu einer friedfertigeren Politik bewegen? Das war mein ganzer Irrtum. Mein Lernprozess zwischen 1940 und 1945 war, dass ich etwa 1941/42 zu der Überzeugung kam, dass wir in Deutschland keine reale Bombe machen konnten. Ich glaube auch heute, dass das faktisch richtig war.»[10]

Aus U 238 lasse sich Energie gewinnen, aber auch «Sprengstoff», berichtete im Juli 1940 Carl Friedrich von Weizsäcker an das Heereswaffenamt. «Ob das nun eine Sache ist, die ich nachträglich bereuen muss, das ist eine wichtige Frage. Ich habe später gesagt, ein solches Risiko, wie das, das ich damals gelaufen bin, dürfte ich nicht noch einmal in meinem Leben laufen.»[11]

Er selbst fand solche Überlegungen später schwer zu erklären – vermutlich sogar schwerer als sein Interviewer, der von solcher Offenheit fast überrascht schien.

Etwas rumorte bei Carl Friedrich Weizsäcker, die Fragen, denen er als junger Wissenschaftler konfrontiert war, ließen ihn nicht mehr los. Manifest wurde das 1957 mit der Erklärung der «Göttinger Achtzehn», einem Manifest gegen die (deutsche) Atombombe und die Nukleargefahr generell, aber von dort zog sich eine Linie bis zur Gründung des Max-Planck-Instituts zur Erforschung der Lebensbedingungen der wissenschaftlich-technischen Welt in Starnberg im Jahr 1970. Als Ko-Direktor gewann er Jürgen Habermas. Nukleare Kriege, die sozialen Probleme der Dritten Welt, die Zerstörung der Natur durch die

Technik, solchen Fragen sollte sich das Institut widmen. Sein Lebensthema dahinter jedoch, um das auch Starnberg letztlich kreise, blieb die Bombe und die Verantwortung der Wissenschaft.

* * *

Die raus und wir rein? Die Nachkriegsgeschichte verlief bekanntlich anders: Die Westalliierten saßen im Nürnberger Justizpalast zu Gericht über die Verbrecher, nicht die Deutschen. Schließlich hatten es die Deutschen auch nicht geschafft, sich aus eigener Kraft zu befreien. Das Land lernte langsam. Es herrschte keine revolutionäre Stimmung, und es sollte noch lange brauchen, bis die deutsche Justizmaschinerie in Gang kam. Viele Verjährungsdebatten mussten im Parlament geführt werden seit den 50er Jahren gegen jene, die sehr früh einen Schlussstrich ziehen und nach vorn blicken wollten, weil die moralischen Energien im Kampf gegen den Kommunismus gebraucht würden, wie es bereits in den ersten Jahren der Adenauer-Regierung hieß. Viel Ballast aus der Vergangenheit schleppte das Land noch mit, heimliche Kontinuitäten, statt der einen revolutionären «Stunde Null» gab es viele kleine Lernschritte, an denen Richard und Carl Friedrich von Weizsäcker intensiv beteiligt waren.

Woher aber bezogen die Nürnberg-Besucher 1945 ihr stupendes Selbstvertrauen, diesen Übermut, den Anfang aus eigener Kraft bewältigen zu können, und zwar sofort? Ihren Impuls hatte Marion Dönhoff verständnisvoll folgendermaßen beschrieben, obwohl sie «entsetzt» gewesen sei und sich (eher wohlwollend) fragte, ob es «atavistische Regungen ehemaliger Offiziere» seien – «wir wollen und wir müssen mit zu Gericht sitzen über diese Verbrecher; die haben sich auch an uns versündigt, und darum müssten sie sich auch vor uns verantworten».[12] Ich denke, es hing damit zusammen, dass sie ihre engen Freunde in den Kreisen der Opposition und des preußisch geerdeten Widerstands hatten. Eine «Insel des Anstands» im Geiste von Kleist und Kant glaubten beide zu erkennen – in Deutschland. Allein schon dieser Gedanke dürfte Richard von Weizsäcker und Marion Dönhoff Halt gegeben haben, und darin haben sie sich wechselseitig bestärkt. Und hatten nicht beide jeweils auch persönliche Beispiele vor Augen, die geradezu einem Idealbild nahekamen? Einer, Axel von dem Bussche, saß doch im DKW neben ihnen.

Richard von Weizsäcker hatte ihn im Potsdamer Regiment kennengelernt, Marion Dönhoff hingegen befreundete sich mit ihm bereits bei seinen Besuchen auf Quittainen, dem Familienbesitz, den sie verwaltete. Zu ihr wiederum brachte er Freunde wie Major Kuhn mit, die in enger Verbindung zu Henning von Tresckow standen, dem Stabschef der Armeegruppe Mitte.[13] Tresckow erschoss sich nach dem Scheitern des Attentats, Kuhn setzte sich zu den russischen Truppen ab. Überhaupt wird man den Eindruck nicht los, dieser «selbstsichere, in sich ruhende» (Marion Dönhoff) Offizier aus dem IR 9, Axel von dem Bussche, sei in gewisser Weise das *missing link*, das sie untereinander verband.

Ohne Blick auf diesen eigenen Mikrokosmos der Freunde im Widerstand, denen sie alle drei in dieser und jener Form verbunden waren, ist der Glaube an einen moralischen Neuanfang wohl kaum zu verstehen, den die Deutschen selbst zu leisten hätten, wie sie es mit Niemöller auf dem Weg nach Nürnberg besprachen. Es geht hier nicht im Detail um die Kontroverse, ob und warum Marion Dönhoff den Widerstand mythisiert habe, oder ob gar Stefan Georges «geheimes Deutschland» in die ostpreußischen Junker projiziert worden sei.[14] Ganz unabhängig davon: Wenn der «Aufstand des Gewissens» als eine Art Gründungsmotiv der westlich verankerten Nachkriegsrepublik dienen sollte, als Beweis der Regenerationsfähigkeit und Kraft zur Selbsterziehung, dann musste man von ihm ein besonders reines Bild hochhalten. Zumindest Richard von Weizsäcker und Marion Dönhoff aber stimmten darin überein, ohne dass es vieler Worte bedurft hätte.

Es geht hier nicht darum, Testate zu verteilen, wer zum militärischen Widerstand zählte und wer nicht. Es gab sicher viele Formen der Kritik, der Opposition und des widerständigen Handelns, und die Grenzen waren fließend. Auch das Zensurieren im Nachhinein bekommt rasch einen peinlichen Beigeschmack. Schwer ausmalen kann man sich ganz gewiss ohnehin, welche Bedeutung selbst kleine Akte von Widerstand für die Beteiligten hatten. Um alles oder nichts ging es oft.

Am Beispiel des Infanterieregiments 9 hat diesen Aspekt Hermann Priebe beleuchtet. Priebe, später Professor an der Universität Frankfurt am Main, war Führer der 1. Kompanie, Weizsäcker Regimentsadjutant. An eine Episode aus dem Januar 1945 erinnerte er sich, die große russische Schlussoffensive in Ostpreußen hatte begonnen.

Wegen persönlicher Verbindungen zu den Verschwörern des 20. Juli war Priebe unmittelbar nach dem Attentat von der Gestapo in Potsdam verhaftet und einige Monate im Zuchthaus Lehrter Straße inhaftiert worden, bevor er seine «Schande» bei einem Fronteinsatz wiedergutmachen sollte. Er wurde der 23. Grenadierdivision auf der Halbinsel Sworbe im Finnischen Meerbusen zugeteilt, da die Kämpfe aber schon beendet waren, kam er zum Infanterieregiment 9 nach Ostpreußen. Überraschend forderte die Gestapo ihn zur sofortigen Rückkehr nach Berlin auf. Beim Kampf um Wartenburg verwundete ihn eine Granate schwer. Der Regimentsadjutant, Weizsäcker, vernichtete den Rückrufbefehl, der an Priebe ergangen war, er kam in russische Gefangenschaft und überlebte.

Es musste nicht immer aktiver Widerstand sein, der sie verbunden habe, urteilte er, «es ging auch darum, im geistigen Gegenstrom moralischer Kräfte gegen das Regime zu wirken, sich dem Bösen zu verweigern, Widerstand durch das zu leisten, was man nicht tat». Genauer: Um die heimliche Gemeinde sei es gegangen, deren Mitglieder «aus den geistigen Kräften eines anderen Deutschland lebten, von dem sie hofften, etwas in die Zeit nach der Katastrophe übertragen zu können». In diesem Sinne sei das Infanterieregiment 9 für viele ein «Refugium» gewesen. Oft seien die Träger des Widerstandes wegen der preußischen Tradition als Reaktionäre herabgewürdigt worden, aber das sei ein Missverständnis.

«Gewiss liebten wir unser Vaterland», erwiderte er auf diese Kritik, «aber da war ein anderes Deutschland, war unsere Heimat im Sinne von Hölderlin als das ‹Land des hohen ernsteren Genius›». Dieses Land – und den Mythos Preußen, den Rechtsstaat, das Land des Humanismus und der Toleranz – habe Hitler in seinem innersten Wesen beinahe zerstört. Richard von Weizsäcker müsse bewusst gewesen sein, was es damals für ihn hätte bedeuten können, fügte Priebe noch hinzu, einen Befehl der Gestapo nicht auszuführen, aber «die moralische Position war stärker». Damit war er für Priebe, wie er am eigenen Beispiel belegen wollte, Teil dieser «heimlichen Gemeinde».[15]

Vom innersten Wesen, vom Land des hohen Genius hätte Weizsäcker gewiss nicht gesprochen. Gut vorstellen kann man sich dennoch, dass er sein Regiment als Gegenentwurf gegen die Außenwelt betrachtet hat, dass er ein «anderes Deutschland» am ehesten noch bei den Freunden und Gleichgesinnten entdeckte.

Ausblenden allerdings lässt sich deswegen nicht, dass Rückfragen auch an diejenigen gestellt werden müssen, die gerade den preußischen Widerstand ohne Vorbehalt verklärten. War Hitler ein «Phänomen, mit dem die preußischen Tugenden nicht gerechnet hatten?» Wenn es sich so verhielt, argumentierte einer der Zweifler, dann sei es unausweichlich gewesen, dass in ihrem Namen dem Bösen gedient wurde. Letztendlich, vermutete er, hätten die preußischen Tugenden «für Hitler funktioniert».[16]

Folgt man der These, dass die preußischen Tugenden mit dem Phänomen Hitler nicht zurechtkamen, hätte man auch eine Erklärung dafür, was mit dem Infanterieregiment 9 passierte: Sie verteidigten etwas, was mit und an Hitler bereits gescheitert war. Sie wollten das «Ungeheuerliche» nicht zulassen, das aber gerade das Regime im Innersten antrieb. Was sie wagten, wird damit nicht relativiert.

Die Ambivalenz Preußens war Weizsäcker stets bewusst, keine Rede des Bundespräsidenten unterschlug die andere Seite. Auch nicht die andere Seite des Alten Fritz. Sicher, anders als er hat allerdings seine «Erzieherin» Marion Gräfin Dönhoff die Adligen selber häufig, fast einer griechischen Tragödie gleich, als Größen dargestellt, die einer einmaligen Schicksalsherausforderung trotzten und ihr Scheitern grandios in Kauf nahmen. Aber war es nicht auch ein Gedankenexperiment, das ihr und wohl auch Weizsäcker zeitlebens Maßstäbe lieferte für den Weg der Bundesrepublik? Maßstäbe und Schubkraft?

«Was wäre wohl geschehen», schrieb sie einmal, «wenn die Männer und Frauen des 20. Juli es gewesen wären, die nach dem Krieg das neue Deutschland aufgebaut und die Prioritäten für unsere Gesellschaft gesetzt hätten?»[17]

Was wäre gewesen, wenn? Eine erlaubte Frage war das. So zum Mythos überhöht hat Weizsäcker den Widerstand gewiss nicht, und so zugespitzt hat er diese Frage auch nicht gestellt. Überhaupt wirkt er, wenn man seine Texte liest, im Nachhinein geradezu pragmatisch, gemessen an ihrer Pathosfähigkeit und dem Impuls, die Politik mit moralischen Ansprüchen zu konfrontieren. Vorbehaltlos einverstanden aber war er damit, dass sie derart entschlossen den Klischees widersprach, es habe sich ja nur um nationalistische Reaktionäre gehandelt, um einen regimeinternen Machtkampf (wie die britische Deutung lautete); einverstanden war er auch, wie sie sich den versteckten Ressentiments widersetzte, es sei «undeutsch», gegen den eigenen Staat zu putschen und gegen den Mann, auf den man schließlich vereidigt war. Diesem Argument hatte ihr gemeinsamer Freund Bussche für ein- und allemal entgegengehalten, kein Eid könne an jemanden binden, der selbst tausendfach den Eid gebrochen habe.

Für den ehemaligen Offizier Richard von Weizsäcker, vermute ich, hatte auch im Nachhinein der Widerstand ein anderes Gesicht als für Marion Dönhoff. Er bewunderte ihren Mut, er begleitete, was sie taten, mit Sympathie. Dahin zu gelangen, war sicher nicht einfach für jemanden, dessen Vater – aus welchen Gründen auch immer – Staatssekretär Ribbentrops war und solange blieb, bis kein Geheimnis mehr offen war. Gleichsam über Raum und Zeit hinweg hat dagegen Marion Dönhoff, wie der polnische Germanist Leszek Zyliński aus Thorn (Toruń) vermutet, insbesondere den Normenkatalog bewahren wollen, in dem preußisches Ethos des Dienens, geistige Offenheit der Bürgerschaft, Absage an das rein materialistische Denken und moralische Integrität Grundlage allen Zusammenlebens sind. Eine «erstaunlich unpolitische und mythenbildende Geschichtsreflexion» habe mit dazu beigetragen, dass die historische Forschung ihrer Widerstandspublizistik bescheinigte, das negative Bild Preußens insgesamt korrigieren zu wollen.[18]

Ein klein wenig von diesem Bewahrenwollen allerdings, von der Neubegründung aus der eigenen Vergangenheit, schwingt wohl auch bei Richard von Weizsäcker mit. Aber eben nur – ein klein wenig. Aus Überzeugung verteidigt hat er den Widerstand. Einen «Mythos» jedoch musste er daraus nicht machen. Schon seine Ostberliner Rede zur deutschen Opposition gegen Hitler aus dem Jahr 1963 offenbarte, wie differenziert vor allem sein Widerstandsbild seinerzeit bereits war.

Grundsätzlich jedoch, das ist sicher richtig, hat er die Emphase, die Gustav Heinemann in die Republik-Tradition des Hambacher Festes investierte oder auch in die Paulskirche von 1848, ins Preußische verlegt, mehr als in den militärischen Widerstand. Einen spontanen, enthusiastischen Brief von ihm erhielt deshalb Rudolf von Thadden, der in einer Rede in Kaliningrad (Königsberg) über den «europäischen Charakter Preußens» reflektiert hatte. Das gehöre zum «Besten, was mir je über Preußen begegnet» ist, attestierte Richard von Weizsäcker dem Göttinger Historiker begeistert.

Alles, was andere Europäer gern an Negativem über Preußen loswerden, hatte Thadden argumentiert, stimme gerade nicht mit dem überein, was die wachsende Bedeutung Preußens ausgemacht habe. Preußen habe eine «europäische Farbe» erkennen lassen. Was nur deutsch war, fuhr Thadden fort, konnte Preußens Geltungsdrang nicht befriedigen. Mit der Hinwendung zum Calvinismus wurde «westeuropäischem Geist die Tür geöffnet und der Staat aus der provinziellen Enge des deutschen Luthertums herausgeführt». Ein weltoffenes, unkonfessionalistisches Denken fand seinen Ort in Königsberg und bei Kant. Dass ausgerechnet dieser Staat zu einem Hort nationalistischen Denkens wurde, was ihm auch zum Verhängnis geriet, mache seine Tragödie aus. Thadden: Erst der Kreisauer Widerstand habe Europa wiederentdeckt und an diese Tradition angeknüpft.[19]

Dies, die europäische Farbe Preußens, macht offensichtlich auch für Weizsäcker die Idee Preußen heute noch so verlockend und aktuell.

* *
*

85

Richard von Weizsäcker bleibt dabei, unverändert empfindet er das, was geschah, fast als Chuzpe: Bei allem Respekt vor dem historisch-moralischen Impuls der Amerikaner, «man kann nicht in ein besiegtes Land gehen, den Sünden der Vergangenheit nachspüren und gleichzeitig sagen, das Volk, aus dem die Täter kommen, können wir nicht beteiligen, wenn das selbe Volk bald danach auch noch eingeladen wird mitzumachen bei der Verteidigung der westlichen Welt».

Den Deutschen wiederum war es – weithin – auch so herum recht, er weiß das, «denn es relativierte doch beträchtlich die eigene Schuld». Damit aber war die «Entnazifizierung» praktisch beendet, rafft Weizsäcker dieses Kapitel deutscher Nachkriegsgeschichte zusammen, denn «man konnte ja schwerlich Millionen neuer Freunde misstrauisch auf ihre Vergangenheit hin durchleuchten».

Angeklagt waren die deutschen Nazi-Größen wegen des Angriffskrieges, der Kriegsverbrechen und der Verbrechen gegen die Menschlichkeit. Laut und öffentlich hat Weizsäcker auch später nie zurückgefragt, ob man dies alles zusammenwerfen und nur den Deutschen vorhalten könne. Den Rassen- und Völkermord in diesem industriellen Ausmaß, das hatten nur sie gemacht. Aber konnten die Alliierten, die Dresden zerstört, vor allem aber Atombomben auf Hiroshima und Nagasaki abgeworfen hatten, den Angeklagten von einem moralisch hohen Podest aus die Zerstörung und Verwüstung von Städten vorhalten? Nein, er ließ sich darauf nicht öffentlich ein. Aber die Vermutung liegt nahe, dass solche Einwände auch bei ihm mitschwangen, wenn er haderte mit der Justiz der Sieger.

Die Frage, ob ein Verfahren in deutscher Regie nicht mehr Selbstbesinnung ausgelöst hätte, lässt ihn auf merkwürdige Weise nicht los. Aber woher hätten die Deutschen den Mut, die Kraft und die Souveränität nehmen sollen, mit der Vergangen-

Keine selbstverständliche Entscheidung: 1947 wird der Sohn, Göttinger Jurastudent im fünften Semester, «Hilfsverteidiger» seines Vaters vor dem Nürnberger Kriegsverbrechertribunal. Ernst von Weizsäcker gilt als der prominenteste Angeklagte und die Schlüsselfigur im «Wilhelmstraßenprozess» gegen hohe Diplomaten des Dritten Reiches. Er wird zu sieben Jahren verurteilt, aber bald freigelassen.

heit konsequent umzugehen, sich Fragen nicht zu ersparen, nicht zu verdrängen? Woher wären die Richter gekommen? Er kennt solche Einwände. Das Lernen begann ja erst. Vier Jahrzehnte später, 1985, hielt er seine klärende Rede.

Durchtränkt sei die ganze Debatte von Einsichten, argumentiert er selbst, die wir erst im Laufe der letzten sechzig Jahre gesammelt haben. Damals, nach dem Kriegsende, stand für Amerikaner wie für Deutsche im Vordergrund, für das laufende Weiterleben zu sorgen. Im Interesse der Deutschen lag es, «einen Stein auf den anderen zu setzen» und die Familien zu ernähren.

Davon konnten sie sich auch von den Fragen nicht abhalten lassen, die vor der Justiz zu verhandeln waren. Vollauf beschäftigt wiederum waren die Amerikaner bald mit den wachsenden Differenzen zwischen den Siegermächten. Der Kalte Krieg begann. Diese Herausforderung, der neue Feind, schob die Erinnerung an die böse Vergangenheit rasch in den Hintergrund. Und es verloren sich die anfangs akribischen amerikanischen Ansätze aus dem Nürnberger Justizpalast, während die gründlichere und permanente deutsche juristische Aufarbeitung mit großer Verzögerung einsetzte, «aber sie kam immerhin».

Noch einmal zurück zu diesem deutschen Anfang, 1945: Einen tief gezeichneten Mann fand der Fünfundzwanzigjährige in Nürnberg vor. So verschlossen der Vater ansonsten war, nun überwältigten ihn die Empfindungen beim Wiedersehen, «in Gedanken an das Inferno, an den Sohn und den Schwiegersohn, die nicht wiedergekommen waren, an die allein gebliebene Tochter, an die Trümmer in den Herzen der Menschen».[20]

Für kurze Zeit kehrte Ernst von Weizsäcker zum Vatikan zurück, Anfang 1947 zog auch er aus Rom zur Familie in der Nähe von Lindau, nachdem die Amerikaner und Franzosen ihm freien Aufenthalt zugesichert hatten. Im gleichen Jahr aber wurde der Diplomat a. D. erneut nach Nürnberg gebeten. Eineinhalb Jahre lang saß er auf der Anklagebank, oft schweigend.

Der Jurastudent Richard von Weizsäcker, gerade erst im fünften Semester, der beseligt den Neuanfangsgeist an der Universität inhalierte, zögerte nicht und meldete sich bei der amerikanischen Justiz als Assistent der Verteidigung. Er wurde auch zugelassen, obwohl das in jeder Hinsicht ungewöhnlich war – der Sohn als offizieller Verteidiger des eigenen Vaters. Bis zum Urteilsspruch 1949 blieb er in Nürnberg. Neben den Hauptverteidigern, Warren E. Magee und Becker, dem Freund seines Bruders, machten sich Diplomaten wie Sigismund von Braun und Albrecht von Kessel für Ernst von Weizsäcker stark.

The Ministries Case hieß offiziell dieses Verfahren: Einundzwanzig Diplomaten wurden angeklagt wegen ihrer Funktion im Dritten Reich (Case 11). «I am not guilty», antwortete Weizsäcker auf die Frage «guilty or not guilty» des amtierenden Richters Christianson. Sein Verteidiger Magee eröffnete mit der Bemerkung, in einem normalen Kriminalfall werde gefragt, wer angestiftet und wer ausgeführt habe. Das scheine außer Kraft gesetzt in Nürnberg, jetzt heiße es: «Who knew of a crime and did not oppose it?»[21] Bei Hellmut Becker und Richard von Weizsäcker rannte er mit der Argumentation offene Türen ein.

Zwischen Extremen bewegte Richard von Weizsäcker sich schon, als er noch Soldat war – und nun war er erneut einer Extremsituation konfrontiert. Vor den Augen der Weltöffentlichkeit wurde über den eigenen Vater verhandelt, mit dem Sohn zur Seite – und es kamen Wahrheiten über die Dimension von Verbrechen zur Sprache, die jenseits des Vorstellbaren lagen.

Blättert man sechzig Jahre danach in diesen Protokollen aus Nürnberg, kommt die Sache selber – die Verbrechen gegen die Menschlichkeit, wie es hieß, und gegen den Frieden – in ihrer Einmaligkeit auf beinahe jeder Seite noch einmal vor Augen: Sehr weit weg, ganz unbegreifbar. Den Atem verschlägt es noch heute darüber, was in Deutschland geschah, was deutsche Politiker befahlen und dachten und in Europa in Gang setzten.

Die Lektüre von Ernst von Weizsäckers Einlassungen hinterlässt, ganz unabhängig von allen Fragen nach Schuld oder Unschuld, ein bedrückendes Bild: Das Bild eines Diplomaten, der involviert war, der sehr viel wusste und noch mehr geahnt haben muss, wenn auch nicht die gesamte Dimension der Untaten; der in vielen einzelnen Fällen half, in anderen nicht helfen konnte; der sich selber als Gescheiterten ansah; der wusste, dass keiner «unschuldig» bleiben konnte, der dazugehörte und ausharrte und andere zum Ausharren animierte. Er war einer, der den Beweis selber jedoch nicht antreten wollte, dass dieser Satz seines Anwalts zutraf, «the man himself is the key to the documents, and not the documents to the man».[22] Geschwiegen hätte er nämlich am liebsten über diesen «man himself».

Fragen, Fragen. Wen verteidigte der junge Student? Wusste er das? Lernte er ihn kennen in diesem Moment? Um einen Angeklagten ging es, der durchaus selbstkritisch am 20. April 1949 an seine Frau Marianne schrieb: «Ich habe mir eine Funktion zugetraut, die im entscheidenden Augenblick über meine Kräfte ging. Das zeigte der tatsächliche Ablauf. War der politische Ablauf schicksalhaft, so kam es nur noch auf das Beispiel richtigen persönlichen Verhaltens an. Ich kritisiere nicht den von mir im Frühjahr 1938 getroffenen Entscheid, den Kampf aufzunehmen. In meinem schließlichen Verhalten habe ich aber zu sehr die Kunst des Möglichen anwenden wollen und habe die Kraft des Irrationalen unterschätzt. Mit mehr Herz und vielleicht mit mehr Fanatismus hätte ich es auf eine persönliche Katastrophe ankommen lassen, ja sie im richtigen Moment bewusst hervorrufen müssen. Konkret gesagt: Ich hätte unmittelbar vor Kriegsausbruch eine Kraftprobe auf Biegen und Brechen – in dieser Lage also Brechen – machen sollen. Das wäre heute ein viel besseres Beispiel als mein nunmehriges. Mein Verhalten ab Herbst 1939 ist unrühmlich. Ich scheue darum die Fortsetzung einer Märtyrerrolle, die meinem Gewissen nicht entspricht.»[23]

Aber verteidigen wollte Richard von Weizsäcker auch einen Diplomaten, der bei aller Selbstkritik nicht ins Detail ging – denn er fand ja, er stehe vor dem «falschen Gericht». Der Historiker Daniel Koerfer hielt dem Autor einer Familienbiographie, Ulrich Völklein, sogar vor, einerseits kaum zu erwähnen, wie die Diplomaten im Auswärtigen Amt allmählich vollkommen kaltgestellt wurden, andererseits aber viele Fakten auszusparen, die Ernst von Weizsäckers Verstrickungen klarmachten. So habe er den Menschenschacher zwischen Polen und Deutschland im Herbst 1938 führen müssen, als beide Länder Juden ausbürgerten und dem jeweils anderen Land zuschieben wollten. Unerwähnt bleibe beispielsweise auch, dass er in Paris die Totenrede auf den ermordeten Diplomaten Ernst vom Rath hielt – Verwandte des Attentäters Herschel Grynszpan sind Opfer dieses Menschenhandels – und erstmals im Ausland als hochrangiger Vertreter des «Dritten Reiches» in Erscheinung trete. Einsatzgruppenberichte mit den Ortsangaben «judenfrei» habe er natürlich gekannt. Und schließlich: Auf den Tisch gekommen seien ihm auch die Protokolle der Folgekonferenzen zur «Endlösung der Judenfrage», die vor allem jüdische «Mischlinge» zu definieren suchten. Aus der Sicht des Auswärtigen Amtes, so wird Ernst von Weizsäcker referiert, verdiene «die jeweils mildere der zur Diskussion stehenden Lösungen vom außenpolitischen Standpunkt aus den Vorzug».[24]

Einen expliziten, wirklich intimen Einblick in das gab Ernst von Weizsäcker nicht, was er wusste, erfuhr, duldete, erduldete, wo er sich irrte und wo nicht, oder wo er widersprach und mit welchem Resultat.

In Ernst von Weizsäckers *Erinnerungen* blättere ich, die 1952 erschienen, in den *Briefen an seine Enkel*. Nur um zu verstehen, nur um erfassen zu können, weshalb dieser Lernort Nürnberg eine solche Schlüsselrolle spielte. Auffällig der eigentümliche Tonfall, in dem vieles gehalten ist, nicht Rechtfertigung, aber auch nicht Erschrecken schlägt mir entgegen über die Dimension eines Zivilisationsbruches, die ja auch ihm mit Gewissheit bis dahin unvertraut war und ihn geplagt haben muss. Wer war er? Ganz bei sich, denkt man beim Lesen, scheint er nur als Offizier der Marine gewesen zu sein, bis zum Kriegsende

1918. Beim «Ausziehen der blauen Uniform» sei es ihm am schmerzlichsten vorgekommen, hieß es in seinen *Erinnerungen*, «den alten Zusammenhang vermissen zu sollen». Und weiter: «Der Gegner hatte die Flotte zerschlagen, unsere Kameradschaft hatte nicht gelitten.»[25]

Bevor er 1936 in Berlin «in die Zone der allgemeinen Politik aufrückt», gestand er einem Freund vor der Abreise, «nachher werde es so aussehen, als sei man dabei gewesen und als habe man mitgemacht, aber dieses Odium müsse man auf sich nehmen um des einen Zieles willen, vielleicht den Frieden zu retten».[26] 1938 fragte er sich erstmals, ob er, kaum angekommen, schon wieder den Dienst quittieren solle. Aber in Diktaturen sei «das Kommen leichter als das Gehen». Natürlich hätte er seinen Abschied «erzwingen» können, aber das habe er nicht gewollt. «Je mehr man in die Hitler-Küche hineinroch, umso stärker fühlte man die Pflicht, dazubleiben und die Giftmischerei zu verhindern.» Im Sommer 1938, setzte er an der Stelle hinzu, habe er die Hoffnung aufgegeben, dass mit Hitler und seiner Clique an der Spitze die Vernunft wieder einziehen werde.[27] Und blieb.

Merkwürdig die Überlegungen, die um seine Lebenserfahrungen während der Kriege kreisten: Nach einem großen Brand forsche man zuerst danach, was ihn verursacht habe, nicht nach der missglückten Löscharbeit. Er finde «die ersten fünfzehn Jahre nach dem Weltkrieg 1914–1918 für den Politiker aufregender, mindestens lehrreicher und einer echten Fachkritik zugänglicher als die Ära Hitler, die doch kaum noch etwas anderes war als ein schauerlicher Totentanz um den Weltfrieden».[28]

Was war gemeint mit «Fachkritik»? Warum sollte die Hitler-Ära weniger aufregend gewesen sein als der «Totentanz» in Weimar?

Mit dem deutschen Botschafter in Warschau, Hans Adolf von Moltke, einem couragierten Hitler-Gegner und – wohlgemerkt – Freund, beriet er «einen ganzen Abend» darüber, den Dienst zu verlassen, wieder lautete jedoch das Ergebnis, «dass Abseitsstehen sinnlos wäre». Nahezu alle im Diplomatischen Dienst dachten ähnlich, Corpsgeist, Alltag, alles wird hineingespielt haben, nicht zuletzt aber der Glaube, «der Fachmann dürfe dem gefährlichen Dilettanten seinen Platz nicht räumen»?[29] Eine «Fachfrage» waren die Weltkriege?

Nicht Wut über jene liest man heraus, an denen er scheiterte, nicht Trauer über die Opfer der Politik oder eigene Schwächen. Nicht außer sich ist er, denkt man beim Lesen, und nicht bei sich. Etwas ist zerbrochen, das nicht reparabel ist.

Oder gibt es dafür eine andere, trivialere Erklärung, die in den Büchern des Vaters nicht steht und die der Sohn nicht aussprechen kann, war es neben guten Absichten und Gewohnheit vielleicht auch ein «affirmatives Verhältnis zur Macht», das Ernst von Weizsäcker festhielt? Auf diesen Begriff bringt es der Historiker Rudolf von Thadden, Sohn Reinhold von Thadden-Trieglaffs, der Richard von Weizsäcker zu seinem Nachfolger beim Evangelischen Kirchentag machte. Ja, mutmaßt er, die Weizsäckers wollten etwas, und das sei ja nur zu verständlich. Das Neckartal wurde ihnen zu eng, und es war auch eng. Ins Zentrum der Macht zog es sie wie manche andere auch. Für die Reichseinheit engagierten sie sich, und mitreden wollten sie. Alles legitim. Schauen Sie, Hegel wurde es auch zu klein und er ließ sich anlocken von Berlin!

Soweit ist das alles verständlich. Auch die Verlockungen der Macht – nichts Verbotenes ist darin. Aber die Frage, die einen nicht loslässt, und die auch der Sohn vielfach ventiliert hat, läuft am Ende darauf hinaus, wann Mitwissende Mittäter werden.

Das Fremde daran, auch das Befremdliche und Verstörende für uns heute, ist etwas, was sich juristischen Kategorien von Schuld und Unschuld, Verantwortlichkeit und Strafe entzieht.

Richard von Weizsäcker hat Recht, wenn er sagt, für Nachgeborene sei es schwer nachzuvollziehen, was damals geschah. Was soll man schon sagen dazu? Es bleibt unter dem Strich beim Lesen doch immer neu – Erschrecken.

*
* *

Aus freundlicher Distanz spricht Richard von Weizsäcker heute über den stellvertretenden Hauptankläger Robert W. Kempner. Seinerzeit betrachtete er ihn als harten Widersacher. Akzeptieren wollte er nicht, dass die Prozessmethoden amerikanischer Ankläger sinnvollerweise auf das Verfahren in Nürnberg gegen die Beamten übertragbar werden könnten. Und wieso wollte Kempner die Beamten zu Hauptverantwortlichen erklären? Trotz des Schuldspruchs, den er erreichte, tauschten beide sich später respektvoll über ihre Erfahrungen aus.

Kempner, der Ernst von Weizsäcker für «eine der tragischsten Figuren des ganzen Wilhelmstraßenprozesses» hielt, fügte hinzu: «In diesem historischen Laboratorium lernte Richard von Weizsäcker, dass das Hitler-Regime ein Verbrecherstaat war. Er brauchte sich nicht wie viele Historiker auf Angaben aus zweiter Hand zu verlassen. Welches Schaudern muss ihn erfasst haben, als er die Dokumentation des Holocaust und zum ersten Mal das Wannsee-Protokoll über die Endlösung der Judenfrage mit eigenen Augen las.»[30]

Ein «erschütterndes Ausmaß von Verbrechen» habe diese Material- und Zeugenschlacht ans Licht gebracht, bilanzierte Weizsäcker seine eineinhalb Jahre als Hilfsverteidiger ganz im Sinne von Kempner, sie seien für ihn sowohl im menschlichen Sinne «meinem Vater gegenüber wie auch im zeitgeschichtlichen Sinne vielleicht die größte und intensivste Lehrzeit, die ich im Leben überhaupt erlebt habe».[31]

In seinem ganzen Weltbild habe es an der Vorstellungskraft

gefehlt, «die Dämonie des Bösen zu begreifen, wie sie bereits am Werk war», versuchte der Sohn später den Vater verständlich zu machen.[32]

Ab einem bestimmten Moment habe Richard von Weizsäcker zu denen gehört, die «wussten», hat Hanna Krall geschrieben. Carl Friedrich selber hatte den Vater 1941 informiert, vom Mord an Zehntausenden Juden in Kiew gehört zu haben. Auf den Tisch ins Amt kam ihm der Tätigkeits- und Lagebericht Reinhard Heydrichs, Chef der Sicherheitspolizei, wonach Exekutionskommandos der SS allein im Oktober 1941 46 000 «Nichtarier» ermordet haben. Das «Judenproblem», notierte Ernst von Weizsäcker in seinen *Erinnerungen*, sei für ihn in dem größeren allgemeinen Problem aufgegangen, wie man am schnellsten zu einem «Frieden ohne Hitler» komme.[33]

Zu sieben Jahren Haft wurde der Vater am 13. April 1949 verurteilt, einer der drei Richter gab eine *dissenting vote* zu seinen Gunsten zu Protokoll. Wenig später wurde das Urteil in fünf Jahre umgewandelt, nach einem Jahr bereits, im Herbst 1950, ordnete der Hohe Kommissar John D. McCloy die sofortige Freilassung an. Einen «tödlichen Irrtum» nannte Churchill das Urteil, eine Formulierung, die Richard von Weizsäcker nicht müde wurde zu wiederholen. Ein knappes Jahr später, am 4. August 1951, starb der Vater in Lindau.

«Politik zu machen», denkt Richard von Weizsäcker laut über den Vater und die Demokratie im Jahre 2009 nach, «war immer notwendig.» In Zeiten der Aufklärung habe das in den Händen von Ludwig XIV. gelegen, beispielsweise, heute etwa bei Nicolas Sarkozy. «Aber Politik ist dann Parteipolitik geworden, und die gab es für meinen Vater nicht.» Geradezu behindert fühlte er sich von ihr. Für vernünftig habe er Gustav Stresemann gehalten, aber gefragt habe selbst er sich beständig, welche machtpolitischen Auswirkungen es bei den nächsten Reichstagswahlen haben werde, wenn er diese oder jene Entscheidung treffe ...

Noch 1951, von der *ZEIT* publiziert, warb Ernst von Weizsäcker seltsam unbeirrt für das diplomatische Expertentum, immer noch predigte er, Außenpolitik dürfe man nicht Dilettanten überlassen. Was geschehen war, ließ sich das wirklich erklären mit Dilettantismus? Und hätte man sich auf das Urteil der «Experten» tatsächlich verlassen können? Wer benannte sie? Was zeichnete sie aus? Was hatten sie erreicht? Woran waren sie gescheitert?

Den Gedanken wird man danach jedenfalls schwer wieder los, von Nürnberg führe für Richard von Weizsäcker eine gerade Linie zu seiner großen Rede vom 8. Mai 1985, vierzig Jahre nach Kriegsende. Ja, man kann sagen, seine Haltung im Streit um die Ostverträge, besonders um die Anerkennung der polnischen Westgrenze und den Warschauer Vertrag, sein konsequentes Nein zu jedem Versuch, aus dem Schatten der Geschichte herauszutreten, einen Schlussstrich zu ziehen oder die Vergangenheit zu relativieren, auch zur strikten Europäisierung Deutschlands oder zur Beteiligung deutscher Soldaten an Auslandseinsätzen – dies alles beginne an diesem Lernort.

Exemplarische Bedeutung für das Verstehen «einer so unbegreiflichen Zeit», hat Weizsäcker im Rückblick geurteilt, habe im Prozess gegen seinen Vater vor allem eine Frage erhalten: «War es möglich, war es überhaupt denkbar, den Charakter und die Verbrechen des Regimes zu verabscheuen, ja zu bekämpfen, und ihm dennoch zur Verfügung zu stehen? Konnte dies unter bestimmten Voraussetzungen geradezu geboten sein? Oder war es schlechthin nicht zu rechtfertigen? Welchen Preis musste einer bezahlen, der im Amt blieb, also mitwirkte, um auf die Entwicklung in seinem Sinne verändernd einzuwirken oder um wenigstens Schlimmeres zu verhüten? Was konnte es überhaupt heißen,

Schlimmeres verhüten zu wollen, da doch das undenkbar Schlimmste geschah?»

Für die Ankläger war die Antwort klar: Einer, der vorgab, das geringere Übel gesucht zu haben, habe in Wahrheit nur für sich selbst das geringere Übel gewollt.

Weizsäcker: Es hat in der Weimarer Zeit «nicht zu früh zu viele Nazis gegeben, aber zu lange zu wenige Demokraten».[34] Bis heute ließ ihn das Thema nicht los.

Waren bei solchen Voraussetzungen, fragte er mit Haffner, nicht Beamte, Offiziere, Konservative an wichtigen Schaltstellen des Staates ein schwierigeres Problem für Hitler, weil er zunächst auf sie angewiesen war? Machten sie, «die mit ihren eigenen, herkömmlichen Vorstellungen im Amt blieben, ihm etwa mehr zu schaffen»? Oder haben gerade sie den Anschein der Seriosität des Regimes nach innen und außen beglaubigt?[35]

Es blieben aber auch die Rückfragen an den Sohn, welche Motive ihn anleiteten in Nürnberg und wie sein eigenes Urteil zu rechtfertigen sei. Noch heute werden sie ihm gestellt, und er antwortet darauf bis heute. In immer neuen Anläufen kreisen sie um das Thema, dem Rudolf Augstein mit einer öffentlichen Kritik im *Spiegel* (1986) am Bundespräsidenten Richard von Weizsäcker Nachdruck verlieh. Akzeptieren, so Augstein, könne er eine solche Verteidigung aus Gründen der «Sohnesliebe», nicht aber, wenn es aus «Überzeugung» geschehen sei.

In einer sorgfältigen Erwiderung bestand der Attackierte entschieden darauf, diesem Vater stets mit gutem Gewissen beigestanden zu haben. «Seit dem Einmarsch in die Tschechoslowakei im Frühjahr 1939 habe ich meinen Vater auch ganz privat nur noch in Sorge und Verzweiflung erlebt ... Ich habe immer empfunden, dass ich Ihnen und mir und allen anderen Menschen, unserer Generation und der jüngeren, nur wünschen kann, niemals in eine Lage zu kommen, in der er war; wenn aber, dann in ihr in derjenigen Tiefe des eigenen Gewissens zu leben und zu handeln, in der ich es bei ihm durch die Jahre hindurch miterlebt habe. Deshalb habe ich meinen Vater aus tiefer innerer Überzeugung verteidigt und werde es auch weiter tun.»[36] Er blieb dabei.

So entschieden wie in dem Schreiben an Augstein verteidigte er 23 Jahre später gegenüber dem *Spiegel* diese Linie. Vor dem «falschen Gericht» habe sein Vater gestanden, griff er erneut sein eigenes Wort und das des Vaters auf. Die Arbeit, auf die er wirklich mit seinen Freunden Einwirkung hatte, die Außenpolitik, habe später das «Reichssicherheitshauptamt» veranlasst, Anklage gegen den Vater vor dem Volksgerichtshof wegen Hoch- und Landesverrats zu fordern. Den zentralen innerstaatlichen Verbrechen gegen die Menschlichkeit gegenüber sei er nach gewissenhafter Prüfung «machtlos» gewesen. Weder historisch noch moralisch-menschlich war das Urteil gerecht.[37]

Das heißt, er argumentiert wie damals, er verteidigt, als stehe der Vater weiter als Angeklagter noch immer vor Richtern, die nicht wirklich zuständig sind. Das vergeht nicht.

Die wahnsinnige Untat, die mit dem Namen Auschwitz bezeichnet wird, lasse sich in Wahrheit gar nicht verstehen, sondern nur berichten, hat Dolf Sternberger einmal notiert. Von «Grund auf verfehlt» erscheine es ihm, fuhr er fort, sich dennoch um Verständnis zu bemühen. Wer aber Zweck und Ausführung dennoch verstehen wollte, müsse darüber den Verstand verlieren – «und wer den Verstand nicht zu verlieren imstande ist, der hat dieses Phänomen ‹Auschwitz› noch gar nicht eigentlich wahrgenommen», fügte er als paradoxe Erkenntnis hinzu.

Sieht Weizsäcker es ähnlich? Ja, wie Dolf Sternberger hält er den Versuch, die Frage nach «Auschwitz» zu beantworten, für vergeblich. Aber, erwidert er auch, damit gehe man von Voraussetzungen aus, «wie sie im Bewusstsein bei mir und auch bei mei-

98

nem Vater nicht vorhanden waren, um zu diesem richtigen Schluss zu kommen, die Untat sei unverstehbar».

Unversehens ist Richard von Weizsäcker dabei, das zusammenzudenken, was im Nürnberger Strafprozess getrennt worden ist: Ohne den zeithistorischen Hintergrund ist nichts zu begreifen. Nicht mit Auschwitz, sondern mit außenpolitischen Erfolgen habe Hitler begonnen. Und damit, die große soziale Not schrittweise zu lindern. Rasch entstand bei ihm die fixe Idee, er könne durchsetzen, was er wolle, ohne auf Widerstand zu stoßen, ohne die Kriegsgegner aus dem Ersten Weltkrieg fürchten zu müssen, da sie nicht hinreichend gerüstet waren. Fest entschlossen war er, militärische Mittel bereitzustellen und rüstete wieder auf, keiner fiel ihm in den Arm, was seine Überzeugung noch stärkte. In der Lage kam es – mit Hilfe seines Vaters – zum Münchner Abkommen. «Peace in our time», hieß die Überschrift über dem Werk.

Der innenpolitische Prozess der Zersetzung schon in der Weimarer Republik, wie ihn Sebastian Haffner in seinen *Anmerkungen zu Hitler* analysierte, das hätte in Nürnberg den Hintergrund bilden müssen, weil ohne ihn das Verhalten der Einzelnen nicht einfach zu begreifen sei. «Für die Generation meines Vaters und seiner Freunde bedeutete das Jahr 1939 die unausweichlich wachsende Einsicht, dass ihre Bemühungen ergebnislos werden würden. Dennoch blieb er im Amt.»

Einen Kriegsausbruch wollten sie verhindern, vergebens, damit war das, worum er und seine Freunde sich bemüht hatten, gescheitert. Im Gespräch bilanziert er nur: «Das war es, was sein Lebensweg bedeutet hat.»

Richtig sei aber, vergisst Richard von Weizsäcker nicht noch einmal zu betonen, was Dolf Sternberger über Auschwitz gesagt habe, und das ändere sich auch nicht dadurch, «dass mein Vater diesen Begriff von Auschwitz nicht hatte, den wir heute haben». Im «Großen und Ganzen» habe er zwar gewusst, wohin die Entwicklung gehe. Mit Bewusstsein habe er aber «niemals einen kausalen Beitrag zur Juden-Vernichtung geleistet».

Immer wieder dieselben Fragen, seit nunmehr sechzig Jahren! Hat er mit dem Vater darüber gesprochen, was geschehen wäre, wenn er Bedenken angemeldet hätte gegenüber Eichmanns Anforderung aus Paris, der Deportation von 6000 Juden nach Auschwitz zuzustimmen, fragten im Jahr 2009 zwei *Spiegel*-Journalisten? «Natürlich», erwiderte er spürbar enerviert, habe er «diese illusorische Frage» mit ihm erörtert. Das sei keine illusorische, sondern eine moralische Frage, hielten sie ihm entgegen. Wollten sie ihn belehren, was eine moralische Frage sei? Hätte es keinen Unterschied gemacht, wenn der Vater die Einwilligung verweigert hätte? «Ich will die Gespräche nicht wiedergeben, aber selbstverständlich hat ihn und uns diese Frage zutiefst beschäftigt, was denn sonst?»

Auch hierbei vermutlich erging es ihm wie so oft, der Eindruck stellte sich ein, die Frager hätten gar nicht mehr wissen wollen, wie das war am 1. September 1939 und was dann geschah, sie hätten schon vor dem Gespräch alles gewusst.

Aber interessiert das, wie man es selbst erlebt hat, wirklich? Die Prozessführung, erinnert Richard von Weizsäcker sich noch heute, habe der Vater schwer gemacht für seine Verteidiger. Im Bewusstsein, gescheitert zu sein, und gleichzeitig überzeugt, sich nicht verständlich machen zu können, habe er «weitgehend geschwiegen». Bedrängt hätten sie ihn, zu reden, «damit er erkennbar wird». Nicht vor diesem, nur vor dem jüngsten Gericht! Die Angebote, ihn zu entlasten, habe er nicht aufgreifen wollen. Richard von Weizsäcker, sparsam mit Worten: «Das war schwer.»

Eine kleine Bibliothek füllt all das. Ihm ist nicht verborgen geblieben, wie groß die Vorbehalte gegenüber dem deutschen

Verteidiger Hellmut Becker sind. In die Rolle des «Widerständ-
lers» habe er den Vater hineingetrieben, heißt es inzwischen. Tatsächlich hat Becker selbst berichtet, der Angeklagte habe sich in
Nürnberg nach seinem Plädoyer kurz bedankt und dann gesagt:
«Wissen Sie, die Leute werden maßlos enttäuscht sein, wenn sie
nach Ihrem Plädoyer meine Memoiren lesen.»[38] Was für den Angeklagten spricht: Ernst von Weizsäcker war sich offenkundig
voll bewusst, dass Becker das Bild eines Diplomaten im Widerstand gezeichnet hatte, das er nach eigenem Empfinden nicht
war.

Hellmut Becker, mit Carl Friedrich und Richard von Weizsäcker befreundet, spielte in der jungen Bundesrepublik eine große
Rolle als Reformpädagoge, Bildungsforscher und linksliberale
Stimme. Seine eigene Vergangenheit spießte kritisch Ulrich Raulff
in seiner Untersuchung *Kreis ohne Meister* über das Nachleben
Stefan Georges in der Bundesrepublik auf, einschließlich der Mit-
gliedsnummer in der NSDAP, die er wiedergab.[39]

Ob damit zu belegen ist, dass die ganze Reformpädagogik
der 6oer Jahre auf «Metastasen» des Geistes von Stefan George
zurückgeht, ob die Bildungsreform ein durch und durch elitäres
Projekt war, das sendungsbewusste Eliten betrieben? Das steht
auf einem ganz anderen Blatt, und man möchte es ernsthaft bezweifeln. Am Beispiel Richard und Carl Friedrich von Weizsäckers: Dass sich «Eliten» aus Stefan Georges Denkwelt die
Massen nach ihren dünkelhaften Ideen hätten zurechtformen
wollen, lässt sich aus ihrem Verständnis der bundesrepublikani-
schen Selbsterziehung gewiss nicht ableiten. Wo und wie anders
als auf diskursiver Ebene, in kleinen Gesprächszirkeln jener
Eliten, die unbeschädigt waren oder aus den Beschädigungen
Konsequenzen ziehen wollten, hätte sich diese Abfolge, Selbsterziehung und Erziehung, also der allmähliche Lernprozess der
Nachkriegsrepublik denn entfalten lassen?

«Eher eine tragische als eine gescheiterte Figur» sah Becker rückblickend nach eigenem Bekunden in Ernst von Weizsäcker, fast gleichlautend wie Robert Kempner. Im Nachhinein könne man leicht sagen, er habe etwas versucht, von dem «er hätte wissen müssen, dass das nicht geht». «Andererseits, woher weiß man eigentlich, was geht – vorher?»

Manchmal hat Richard von Weizsäcker abwehrend reagiert, wenn er mutmaßte, dem Vater – oder insgeheim sogar ihm – solle von Ahnungslosen noch einmal der Prozess gemacht oder zumindest sollten moralische Bewertungsnoten verteilt werden. Tatsächlich kamen ja auch manche der Fragen von einem seltsam hohen Podest, als ginge es nur darum, sich mit Hilfe der Weizsäckers selber zu illuminieren. Was aber Richard von Weizsäcker angeht – abwehrend hat er sich in aller Regel gerade nicht verhalten, er ließ sich ein auf kritische Fragen, er akzeptierte diesen öffentlichen Disput, in dem «die Weizsäckers» immer neu auf die Bühne gezerrt wurden. Ja, gerade Kritikern wollte er entgegenkommen, er hatte ein hohes Bedürfnis, sich dort verständlich zu machen, wo Verständnis nicht gleich zu erwarten war.

Heute fragt er selber: «Warum ist er nicht 1933 oder 1934 oder zuletzt 1939 aus dem Amt geschieden? Die Frage ist ja auch legitim.» Punkt. Schweigen. Weizsäcker fährt nicht fort mit «1941, 1942», nein, bei 1939 macht er halt.

Gibt auch ihm das Verbleiben, als der Vater sich bereits für «gescheitert» hielt, Rätsel auf? Kam der Staatssekretär im Auswärtigen Amt vom Rücken des Tigers, den er reiten wollte, einfach nicht mehr herunter? Und legitimierte sich das – auch in seinen eigenen Augen – dadurch, dass er die schützende Hand ja wirklich über Bedrängte hielt, beispielsweise auch über die deutsche Botschaft in Warschau, in der sich so auffallend viele ihren Anstand bewahrten und mit dem Tode dafür bezahlten? Nicht die schlechtesten Kronzeugen traten schließlich beim Wilhem-straßenprozess zugunsten Weizsäckers auf.

Ja, Richard von Weizsäckers Antwort fällt ganz eindeutig aus: Die Diplomaten-Brüder Theo und Erich Kordt, Adam von Trott, der nach dem 20. Juli hingerichtet wurde, sie zählt er zu denen, die unter dem Schutz des Vaters – so lange es ging – und auf seine Anweisungen hin arbeiteten. Oder auch Carl J. Burckhardt, den Hohen Kommissar des Völkerbundes, sowie den norwegischen Bischof Eivind Berggrav, den der Vater bedrängte, in England Hilfe zu suchen, um auf Hitler-Deutschland dämpfend einzuwirken.

Berggrav war eng mit dem Vater befreundet und zählte zum Herz des Widerstands gegen die deutschen Besatzer. Wichtiger aber ist Richard von Weizsäcker: Hunderte Zuschriften brachte der Bischof später zur Verteidigung Ernst von Weizsäckers bei. «Jede einzelne bezeugte, dass die persönliche Intervention meines Vaters ihr Leben gerettet hat». Nichts wäre schrecklicher gewesen, darin stimmten sie überein, wenn er sich vorher aus dem Amt zurückgezogen hätte. Dass er keine Macht hatte, um den Krieg oder das große Morden zu verhindern, das stand für ihn auf einem anderen Blatt.

Was aber die Idee angeht, den Krieg zu verhindern, war es vom Vater naiv an Einfluss zu glauben und etwas im Kern Grundfalsches korrigieren zu können? Er war «so tief überzeugt, im Zentrum seiner Aufgabe gescheitert zu sein, dass ich es schlecht in Verbindung bringen kann mit ‹Naivität›», erwidert Richard von Weizsäcker im Gespräch.

Aber: Wirklich kennengelernt, fügt er noch hinzu, habe er seinen Vater erst während des Prozesses. Als er klein war, war der Vater fast nie da. Sein Bruder Heinrich habe einmal, als er zu Besuch kommen sollte, gefragt, ob das der Herr sei, der vor vierzehn Tagen schon einmal bei ihnen zu Hause auftauchte.

«Für die Hohlräume in der eigenen konservativen Denkweise» habe es im gebildeten Bürgertum kaum Gespür gegeben, bedauerte er gelegentlich rückblickend. «Seltsam waffenlos» seien viele der Ahnungsvollen gewesen.[40] Sensible, bittere Urteile sind das. Hat er sich manchmal gefragt, ob er mehr Distanz zum Vater hätte halten sollen? Er antwortet: «Ich habe meinen Vater erstens eindrucksvoll, zweitens schweigsam, drittens abwesend erlebt. Von mir aus habe ich im Jahr 1947 die Frage nach einer Beteiligung an der Verteidigung vorgebracht und ihn währenddessen im Gewühl der Nachrichten, Anklagen, Zuneigungsbekundungen kennengelernt.» «Ja, die Frage ist legitim, ob ich zuwenig Distanz hielt. Ich habe es erstens nicht anders erlebt, als dass das, worum es ihm ging, zu glauben einige Mühe kostete, aber nicht, wenn man es aus der Nähe miterlebte. Und zweitens, dass er empfand, das was er gesucht hat, sei fehlgeschlagen, ob er es aber versuchen durfte, darüber werde er jedes Gottesurteil annehmen.» «Aber sich verständlich zu machen für das Urteil von Menschen», fügt er hinzu, «das konnte und wollte er nicht.» «Und das habe ich mitgelebt und ihm geglaubt. So habe ich es empfunden. Deswegen habe ich meine zentrale Aufgabe, mit offenen Augen zurückzublicken und daraus Konsequenzen zu ziehen, nie als Widerspruch empfunden gegenüber dem, wie ich es mit meinem Vater erlebt habe.»

Hat auch er diesen Mann nicht verstanden, der sich in Nürnberg «nicht mehr verständlich machen wollte»?

Wenn ich es richtig sehe, hat Richard von Weizsäcker die unbeantworteten Fragen dieses Lebens so stehen lassen. Welches komplizierte, verwirrende, deutsche Puzzle man da vor Augen hat! Die Unklarheit akzeptierte der Sohn als Wahrheit. Daraus, aus den Unklarheiten, die blieben, hat er für sich abgeleitet, in einigen gegenwärtigen Fragen für mehr Klarheit sorgen zu müssen. So sah er seine Rolle in der Bundesrepublik.

Vielleicht, ergänzt er sich selber, sei der Vater nicht zutiefst fromm gewesen. «Das war er in seiner Stille auch.» «Aber er fühlte sich auf seinen Weg unauflöslich eingewiesen und verbannt.» Pause. «Ob er das so hätte machen dürfen oder nicht, darüber hätte er sich jedem Urteil vom lieben Gott widerspruchslos anheimgegeben.» Wieder macht Weizsäcker eine Pause. «Nein, einen inneren Konflikt mit der Haltung meines Vaters, mit dem ich früher beschäftigt war als kaum jemand anderes, habe ich nicht gehabt.»

Der Vater war gescheitert. Und er? Nach dem Schock der ersten Kriegsjahre hatte er sich innerlich entschieden. Er hatte das Falsche geglaubt. Auch der Widerstand war gescheitert. Wie hat er gesagt? Wir haben es nicht geschafft![41] Einen solchen Satz finde ich in den *Erinnerungen* des Vaters nicht.

«Wider die Selbstgerechtigkeit der Nachgeborenen» war ein Artikel überschrieben, in dem Marion Gräfin Dönhoff und er gemeinsam Stellung bezogen zur Frage, ob Männer des 20. Juli auch direkt oder indirekt an Wehrmachtsverbrechen beteiligt waren. Empört wiesen sie den Vorwurf zurück, Henning von Tresckow und Freunde hätten «tiefsinnige Gespräche über Moralfragen» geführt, während Juden und Kommissare erschossen wurden. Dass Einzelne von ihnen Kenntnis hatten von Verbrechen, sei nicht gleichzusetzen mit der Beteiligung an Verbrechen. Hitlers Erlass vom 13. Mai 1941, Freischärler ohne Verfahren zu erschießen, hätten sie für verbrecherisch gehalten. Richard von Weizsäcker, Regimentsadjutant, fügte für sich zum gemeinsamen Text noch hinzu, ein Mal sei ein Befehl von hinten eingetroffen, keine Gefangenen zu machen. Soweit sein Überblick als Adjutant reiche, sei dieser Befehl nie angewandt worden. Dasselbe gelte für den Kommissarbefehl, wonach die Politkommissare sowjetischer Einheiten bei Gefangennahme erschossen werden sollten. Von einer «insgesamt integren Wehrmacht» aber, räumte er ein, könne man nicht sprechen, «die sich inmitten böser Mächte allein als heile Zufluchtsburg des Anstandes bewahrt hätte».[42]

Gerade Erfahrungen mit dem Unrecht seien es gewesen, hat Weizsäcker argumentiert, die in seinem Regiment die Einsicht reifen ließen, man müsse Widerstand leisten. Und so leuchtet es auch ein.[43]

An den Weizsäckers konnte man sich reiben, man konnte ihnen Zensuren erteilen, man konnte ihnen auch applaudieren, sie luden zu Fragen geradezu ein. Eine ideale Projektionsfläche boten sie dazu an. Und sie verweigerten sich dieser Debatte nicht. Die Fragen müssen auch gestellt werden. Dennoch stört etwas, auch an den eigenen Fragen, die man hat. Sie klingen unvermeidlich so, als könne man das Leben der Anderen rezensieren. Man kann es nicht.

Nach dem Studium dachte Richard von Weizsäcker daran, als Mitarbeiter zum Institut für Zeitgeschichte nach München zu gehen. Der Frage wollte er nachspüren, wie alles geschehen konnte. Vor dieser «theoretischen» Aufarbeitung der eigenen Vergangenheit aber zuckte er in letzter Sekunde zurück, ein Entschluss, den er nie bereute.

V. Umwege

Die Stunde Null, den «moralischen Neuanfang» ohne Kommando, den sich der Fünfundzwanzigjährige 1945 erhofft haben mag, hat es nicht gegeben. Zum Glück für die Bundesrepublik, könnte man sagen. Eine Revolution fand nicht statt, es wurde keiner an den Laternenpfählen gehenkt. Die Republik musste sich selber lernen. Als einen Suchenden sah er sich, der sich daran beteiligte, aber sich selbst noch nicht sicher war. Beruflich führte bei ihm eher der Zufall Regie, wie Richard von Weizsäcker meint, weder die Laufbahn des Zeithistorikers noch die eines Diplomaten im Auswärtigen Amt nach dem Muster des Vaters schlug er am Ende ein, obgleich er beides erwogen hatte.

Nahe hätte es gelegen, dass nach den existenziellen Erfahrungen, zwischen Behütetsein, mit dem «Stolz Preußens» (Marion Dönhoff) IR 9 vor Moskau, dem Vater in Nürnberg, jedes Interesse an der Politik erloschen wäre. Viele reagierten so, das ist Weizsäcker bewusst, wenn er zurückblickt auf die Gründerjahre der Republik. «Zwei Optionen», so empfand er es, habe es nach dem Krieg gegeben: «Entweder man wollte mit öffentlichen Verhältnissen nichts mehr zu tun haben, das war mir völlig fremd, oder man wollte etwas verstehen und beeinflussen, dafür gab es als Tätigkeit gar nichts anderes als Politik.» Aber war Parteipolitik überhaupt Politik?

Der Wilhelmstraßenprozess hatte klar gemacht: Allein schon des Vaters wegen holte die Politik auch in der neuen Welt, seit dem 8. Mai 1845, die Weizsäckers ein; sie waren nicht einfach entlassen aus der Geschichte. Dazu hatte sich im Übrigen auch der Bruder im «Dritten Reich» in der Gruppe der Atomphysiker um Heisenberg und als Professor in Straßburg viel zu weit exponiert.

Hätte es noch eines Anstoßes bedurft – die kurze Internierung der Naturwissenschaftler auf Farmhall nach Kriegsende, während der sie vom Atombombenabwurf auf Hiroshima und Nagasaki überrascht worden waren, konfrontierte sie mit ihrer eigenen Rolle und mit der großen politisch-moralischen Frage nach dem, was Wissenschaft darf. Für Carl Friedrich ging es künftig vor allem darum, die Welt nicht in eine nukleare Auseinandersetzung taumeln zu lassen. Im Vergleich zu Richard fehlte ihm das verblüffende politische Fingerspitzengefühl und die Lust an der Politik, manche aus seiner Nähe hielten ihn gar für «politisch hundertprozentig naiv». Gleichwohl: Sich in eine unpolitische Nische zurückziehen, eine Tarnkappe überziehen, um sich unsichtbar zu machen – undenkbar erschien ihm das. Für den jüngeren Bruder, den Ex-Offizier und Jurastudenten, wäre das noch leichter gewesen als für ihn.

Ganze Vorlesungen habe Carl-Friedrich beim Waldspaziergang ersonnen, einfach so, sie dann aus dem Kopf auf Papier übertragen und anschließend vor Studenten wieder auswendig repetiert, erinnert Richard von Weizsäcker sich; aber in «Kategorien von Machtverhältnissen, Taktik und Machbarkeit», was in der Politik nun mal dazu gehört, habe er einfach nicht gedacht. Von «oben herab» habe ihn der Ältere wohl betrachtet, das ist ihm schon klar.

Umgekehrt wuchs bei Carl Friedrich offensichtlich der Respekt vor dem Jüngeren: Er glaube, gestand er im Rückblick einmal, seinen Bruder Richard habe «nichts so tief – im schrecklichen Schnellkochverfahren – geprägt wie diese Jahre des Krieges».[1] Er lernte, ihn ernst zu nehmen. Für die Welt aus Parlament und Parteien habe Richard als einziger «Leidenschaft und Sinn» mitgebracht. Klarer als bei ihnen allen sei ihm erschienen, «dass es ihm um Politik geht, dass Politik sein Lebensinhalt wird».

«Man dient einem Ganzen!», zitierte er ein Familienmotto. Früher, fuhr Carl Friedrich fort, habe man das Nation oder Vaterland genannt. «Man kann es heute auch Frieden nennen, kann verschiedene Namen dafür finden. Man dient einem Ganzen und nicht einer Gruppe. Richard ist in eine Partei gegangen, weil die heutige Form politischer Tätigkeiten das nahelegt.»[2]

Ende des Krieges, der Offiziersrock abgelegt, die Hitler-Jahre passé: Zunächst genoss der Student Richard von Weizsäcker, wie er heute noch schwärmen kann, diesen «Moment der Befreiung». Eine «unglaublich reichhaltige Entdeckungsreise durch die Welt» habe begonnen, die allen während der Militär- und Nazizeit vorenthalten blieb. Als Soldat hatte er in Russland den «Bolschewismus» besiegen sollen, nun begeisterte er sich für die russische Literatur des 19. Jahrhunderts, allen voran Tolstoi. Alles saugte er auf: Reformation und Renaissance, Theologie, Physik, die Geschichte der Natur, über die sein Bruder eine Vorlesung hielt, Max Planck, Werner Heisenberg, «wirklich begabte Lehrer, die mit der Welt vertraut machten»; Privatrechtsgeschichte der Neuzeit, «was nichts anderes als eine Kulturgeschichte der Neuzeit ist, und das wiederum ist die zentrale Überschrift für Politik überhaupt».

Die Oper faszinierte ihn, oder das Theater von Thornton Wilder über Bertolt Brecht bis zu Jean Paul Sartre und Eugene O'Neill; und, ja, Kommilitonen spielten eine Rolle bei der Suche nach dem Weg, dem Weg für sich selbst und dem für die Republik, das ging Hand in Hand. Wilhelm Hennis, Horst Ehmke, Peter von Oertzen, sie alle zählten zu diesem Freundeskreis, alle waren sie fasziniert von dem, was Hennis wunderbar lakonisch die «Verfassungsdinge» nannte.

1946 habe er jedoch «den Überblick nicht gehabt über die Geschichte, den ich dann erlernt habe», räumt Weizsäcker ein. Wieder war er ein Lernender. Zeitgeschichte und Politik fesselten ihn mehr, aber es war halt anders gekommen – den Lebensunterhalt musste er verdienen.

Nicht Politik unmittelbar, sondern Fragen der Montanunion und Sozialpolitik beschäftigten ihn bei seiner ersten Station auf dem Weg ins Berufsleben. Der Tradition entsprach eine Tätigkeit in der Privatwirtschaft für die Familie Weizsäcker nicht. Spontan aber war er auf das Angebot aus der Wirtschaft eingegangen, als «wissenschaftlicher Hilfsarbeiter» für ein Salär von 120 Mark monatlich (plus sechs Mark für jeden Arbeitstag, den er in Gelsenkirchen verbrachte) beim Bergbau der Mannesmann Aktiengesellschaft einzutreten. Das Unternehmen zählte zur Montanindustrie, Kohle und Stahl, deren Verstaatlichung zur Debatte stand. Für sie wurde die paritätische Mitbestimmung von Arbeitnehmern und Arbeitgebern in den Aufsichtsräten eingeführt. (Bei Mannesmann lernte der Dreißigjährige auch Marianne von Kretschmann kennen, die er bald heiratete.)

Seine Präferenzen besonders für die stark inspirierende katholische Soziallehre waren klar, Berührungsängste hatte er jedenfalls nicht.[3] Miteigentum, Belegschaftsaktien und Investivlohn waren auch für die CDU nicht tabu. Die Bundesrepublik lernte sich, und er lernte mit. Weil er in Gesprächskreisen der Christdemokraten mehr Offenheit für sozialethische Fragen heraussprürte als bei den Sozialdemokraten, habe er sich überhaupt der CDU angenähert. Zu dem Zeitpunkt, in den 50er Jahren, tastete er sich auch in die Parteienwelt vor. Nach politischer Unterstützung habe man Ausschau gehalten, und damit sei für ihn die Frage nach der Mitgliedschaft in einer Partei näher gerückt. Parteien hätte er bis dahin für unentbehrlich gehalten. Keine habe seinem Idealbild entsprochen. Respektiert habe er, dass manche sie als ihre «Heimat» betrachteten, ihm aber habe für das Gefühl, politisch zu Hause zu sein, «die Lebendigkeit unserer demokratischen Verfassung» genügt.[4] Ein Parteienfreund aus Vernunft war aus ihm geworden, mit Vorbehalten, wie er offen einräumte. Sie sollten sich auch später nicht verflüchtigen. Aber demonstrativ wollte er zeigen, dass dies nicht nur ein Lippenbekenntnis sei: 1954 trat er der CDU bei.

Schon drei Jahre später, 1957, avancierte er zum Leiter der wirtschaftspolitischen Abteilung bei Mannesmann, das Montanunternehmen beschäftigte damals bereits rund 70000 Menschen. Mit «wechselhaftem Erfolg» habe er sich an der Aufgabe beteiligt, Brücken zwischen Unternehmensleitung und Gewerkschaften, zwischen Wirtschaft und Politik zu bauen, urteilte er selber nüchtern im Nachhinein. Aber er machte Karriere. Um eine Erweiterung des eigenen Horizonts sei es ihm gegangen «in eine für die damalige Aufbauzeit maßgebliche Richtung unseres Landes», schilderte er später diesen Abschnitt seines Lebens, und es klang ein wenig danach, als habe er sich förmlich einer strengen Schulung unterzogen, um bei den tastenden Schritten der Bundesrepublik mit dabei zu sein.[5]

Wenn man das richtig versteht, wankte er jedoch, ob das auf Dauer der richtige Weg sei. Die Politik lockte. Unfreiwillig wurde die Inkubationszeit aber verlängert, bevor er endgültig in der politischen Arena eintraf. Zu einer kleinen Gruppe des BDI gehörte er, die im Jahr 1957 zum Kanzler ins Palais Schaumburg eingeladen worden war. Beiläufig hatte der siebenunddreißigjährige Weizsäcker im Gespräch durchblicken lassen, er könne sich durchaus auch Politik als Beruf vorstellen. Konrad Adenauer habe ihm damals spontan geraten, erst solle er mal eine Familie gründen und versorgen, in der Politik werde er nicht gebraucht. Sein Leben lang hat Richard von Weizsäcker sich diese Replik gemerkt, sie taucht nicht nur in den *Erinnerungen* auf, sie kommt ihm in Gesprächen öfter in den Sinn.

Alleine wollten die «Weimarianer» die Bundesrepublik voranbringen, so erklärt er die Reaktion, «sie wollten gar nicht unterstützt werden von der jüngeren Generation». Und Adenauer, wieso reagierte er derart barsch? Noch heute beschreibt Weizsäcker ihn, bei allem Respekt, ironisch als den «Oberkommandierenden der Weimarianer». Wohin, bitte, sollten denn diejenigen mit ihren Gefühlen, die sich schon in Nürnberg 1945 einen Neuanfang aus eigener Kraft zutrauten? Richard von Weizsäcker: «Wir fanden, wir wollten nicht bis zum Lebensende warten, und dann immer noch von den Weimarianern geführt werden.»

Ob bei Adenauer ein Vorbehalt gegen den Namen Weizsäcker mitschwang, wegen des Vaters, dem Angeklagten aus Nürnberg, mit dem er die Christdemokraten nicht identifizieren lassen wollte? Nicht immer war Adenauer ähnlich pingelig in seiner Personalpolitik, längst hatte er öffentlich klargestellt, Karrieren in der NSDAP müssten Karrieren im öffentlichen Dienst der Bundesrepublik keineswegs grundsätzlich behindern, und dennoch muss man vermuten, dass es sich im Falle «Weizsäcker» um einen demonstrativen Akt handelte. Der Sohn jedenfalls, Richard von Weizsäcker, empfand es so.

Auch der Name des Bruders Carl Friedrich dürfte eine Rolle gespielt haben beim «Rat» Adenauers an den jungen Mann in dieser trauten BDI-Runde, sich besser herauszuhalten aus dem Politik-Metier. Das Manifest der «Göttinger Achtzehn» musste er frisch vor Augen haben, unter dem auch Carl Friedrich von Weizsäckers Unterschrift stand, und präsent war vermutlich erst recht der Zusammenprall, zu dem es zwischen Franz Josef

Strauß und den Physikern zwei Wochen zuvor gekommen war. 1957 ?
Auch da ging es um die «deutsche Atombombe». Ausgerechnet n. S. 119
bei Konrad Adenauer im Palais Schaumburg trug sich das zu.
Der Kanzler hatte sich auf die Seite von Strauß gestellt. Und da
kam, hoppla, dieser jüngere Bruder und träumte laut von einer
politischen Karriere?

Seine Reserven gegenüber den «Weizsäckers» mögen bei
Adenauer sogar noch einigermaßen kaschiert gewesen sein. Offene Vorbehalte hingegen gegenüber der Familie hatte Richard
von Weizsäcker bei dessen rechter Hand, Walter Hallstein, zuvor
schon entdeckt. Beim Auswärtigen Amt bewarb er sich, nachdem er sein Jurastudium absolviert hatte, gute Noten und
Sprachkenntnisse brachte er mit, die Voraussetzungen stimmten,
er sollte angenommen werden: Insgeheim aber legte Adenauers
mächtiger Staatssekretär ein Veto ein – ausdrücklich unter Bezug
auf die Rolle des Vaters. Als «Sippenhaft» unter Christdemokraten empfand der Sohn, der davon Wind bekam, diese Intervention, und das war es natürlich auch.[6]

Weizsäcker: Adenauers «Rat» habe bei ihm zunächst den
Impuls ausgelöst, sich neben der Arbeit in der Industrie mehr auf
die Kirchentagsarbeit zu konzentrieren sowie auf die Mitarbeit
im Kreis der älteren Freunde des Bruders, neben Carl Friedrich
vor allem Ludwig Raiser, Georg Picht und Hellmut Becker. Gute
Gründe gab es für ein solches Engagement. Einflussreiche Pasto-
ren wie Martin Niemöller, Helmut Gollwitzer, (nach der Verhaftung Niemöllers im «Dritten Reich» dessen Nachfolger in Ber-
lin-Dahlem) und Kurt Scharf (Pfarrer in Sachsenhausen, 1961
Vorsitzender des Rates der EKD) hatten dafür gesorgt, dass ein
gründlicher Elitenwechsel an der Spitze der Kirche stattfinde. Zu
sehr kompromittiert hatte sich der konservative Mainstream
unter Otto Dibelius, viel zu nahe herangerückt waren sie an das
Nazi-Regime. Niemöller und seine Freunde übernahmen nun

zielstrebig die Verantwortung. Allesamt gehörten sie der Bekennenden Kirche an und sahen sich in der Tradition Karl Barths, alle wollten sie demonstrativ abrücken von der Linie der Kirche während der Hitler-Jahre. Andere intakte, nicht verstrickte Eliten gab es nach 1945 in der jungen Bundesrepublik kaum, schon von daher ragten Niemöller, Gollwitzer und Scharf heraus, ihre Stimme hatte bald enormes Gewicht.

Weizsäckers Interesse am offenen Gespräch, am innerprotestantischen Dialog, aber auch an der Ökumene war Reinhold von Thadden-Trieglaff bewusst, als er einen Nachfolger für sich im Amt des Kirchentagspräsidenten suchte. Einen Namen als Brückenbauer hatte bereits dieser junge Weizsäcker in seinen Augen, zumindest zwischen den Fraktionen der Kirche glückte das auch. Seinen beruflichen Umweg über Industrie und Kirche betrachtete er offensichtlich auch nicht als Rückzug aus der Politik generell, Richard von Weizsäcker galt in seiner Kirche als überaus politischer Kopf. «Ohne mich», die Parole des Zeitgeistes, galt nicht für ihn.

Direkter auf das Ziel, mitzureden, steuerte sein Freund Hellmut Becker zu. Becker, einige Jahre älter, Sohn eines namhaften preußischen Kultusministers, hatte sich bereits mit der Verteidigung des Vaters in Nürnberg einen eigenen Namen gemacht. In einem Interview gestand Becker unverhohlen, «dass ich mir 1945 eingebildet habe, dass jetzt meine Generation sehr schnell in die Machtstellungen in diesem Staate einrücken würde». Drängte es auch Richard von Weizsäcker in solche «Machtstellungen»? Vielleicht. Aber wenn, dann hätte er es in solchen Worten kaum ausgedrückt.

Schwieriger zu beantworten ist die Frage, was er von Beckers ernüchterter, früher Einsicht gehalten haben mag, «dass die Macht der Machtpositionen ganz gering ist». Und glaubte auch Weizsäcker, dass Veränderungen sehr viel stärker von anderen Positionen aus anzustoßen seien? Landräte hätten Möbel für die Besatzung zu requirieren, Minister bewegten sich in Zwängen mit geringem Spielraum, urteilte Becker nonchalant. Für sich habe er daraus den Schluss gezogen, «dass die denkerische Auseinandersetzung mit dem, was zu tun ist, machtnäher ist als die sogenannten Machtpositionen».[7]

Zumindest ähnliche Gedanken dürften den ganzen Freundeskreis beschäftigt haben, zu dem auch der junge Richard von Weizsäcker, aber auch die Regimentsfreunde Hartmut von Hentig und Klaus Ritter oder sein Bruder Carl Friedrich zählten. Mit Ausnahme von dem Bussches, den es nicht in der Bundesrepublik hielt, strebten sie offenkundig nach Einfluss, aber nicht unbedingt nach Machtpositionen. Das waren für sie erkennbar zwei Paar Schuhe. Und das nicht aus prinzipiellen Bedenken, weil «Geist und Macht» sich nicht vertrügen.

Als Hellmut Becker die Verteidigung des berühmten Angeklagten Ernst von Weizsäcker übernahm, war ihm klar, dass ihm das auf jeden Fall beruflich Tür und Tor zu einer Karriere öffnen könne. Nein, mit dem «Geist» war mehr zu erreichen, meinten sie, da die neuen Mächtigen über wenig Macht verfügten und sich obendrein die «Macht» schrecklich kompromittiert hatte.

Die Frage war, wie und an welcher Stelle genau man auf die frühe Bundesrepublik mehr Einfluss nehmen könne: Auf der Ebene von Macht und Parteipolitik, oder dadurch, dass man sich an den Suchbewegungen über ihren künftigen Weg beteilige.

Herzenssache wurden die rein ökonomischen, unternehmerischen Fragen und wohl überhaupt die zwanzig Jahre in der privaten Wirtschaft im Übrigen für ihn nicht, so verstehe ich Weizsäckers lockeren Rückblick. Gern kleidete er das in die Formel, Fachmann für «nahtlose Röhren» sei er nicht geworden, und ein «Produkt» habe er nie verkauft. Sein «späteres Handeln und

Denken» aber, räumt er ein, sei durch die Erfahrungen bei Mannesmann und den Banken stark beeinflusst worden.

Vorübergehend wechselte er als Geschäftsführer zu einer Privatbank in Düsseldorf (Waldthausen & Co.), zwei Vettern aus der Familie seiner Frau waren gestorben, für die Banken in Düsseldorf und Essen wurden dringend Chefs gesucht. Weitere vier Jahre blieb er dort persönlich haftender Gesellschafter.

Schließlich ließ Richard von Weizsäcker sich zu einer völlig neuen Etappe seiner Wirtschaftskarriere überreden, es sollte die letzte sein: Er übernahm die Leitung von C. H. Boehringer Sohn, einem großen pharmazeutischen Unternehmen in Ingelheim. Den damaligen Seniorchef, Ernst Boehringer, habe er «uneingeschränkt bewundert». Mit dem Vetter, Robert Boehringer, hatten die Eltern sich schon 1932, in ihrer Schweizer Zeit, eng befreundet. Boehringer, hochgebildet und bekennender Jünger Stefan Georges, war wegen seiner jüdischen Frau beizeiten nach Genf emigriert. Zum Bild vom Vater, dem späteren Staatssekretär, muss man dies alles – nebenbei gesagt – hinzudenken, es hat viele Schichten. Der sehr strenge Robert Boehringer habe für ihn «fast eine Vaterrolle» eingenommen. Ernst Boehringer, der 1965 starb, betrachtete ihn bald als seinen natürlichen Nachfolger. Richard von Weizsäcker rückte nach dessen Tod wunschgemäß zum Direktor auf. Das war der Höhepunkt dieser Karriere, aber auch der Schluss.

Als sonderlich aktives Parteimitglied in jenen Jahren wird man sich ihn kaum vorstellen müssen. Es gehörte einfach dazu. Dass es zur CDU «keine ernstzunehmende Alternative»[8] für ihn gab, erscheint hingegen keineswegs als so selbstverständlich, wie es aus seinem Munde klingt. Das «U» für Union, so schildert er das, habe er für wichtig gehalten, das «C» habe ihn eher gestört. Aus den Erfahrungen während der Nazi-Jahre war die Lehre zu ziehen, dass die alten konfessionellen Gegensätze überwunden

116

werden müssen. Besonders von den christlichen Soziallehren wollte die Adenauer-Partei sich inspirieren lassen, Sozialpartnerschaft war ihr Ziel. Eine wirkliche Volkspartei habe die CDU werden wollen. Das alles, so stellt er es rückblickend dar, behagte ihm.[9]

Als Genosse hingegen wäre er sich «fremd» vorgekommen, sagt er noch heute, obwohl er bei seiner ersten Wahl einem sozialdemokratischen Landtagsabgeordneten seine Stimme gegeben habe. Und in eine kleine Klientelpartei, sprich: FDP, wollte er keinesfalls. Grundsätzlich aber hatte er sich vorgenommen, nicht vorsichtig abzuwarten oder abseits zu stehen, einmal müsse man sich entscheiden.

Alles gute Gründe, die er anführte, und dennoch: Dass er eine Volkspartei mit breiter Basis und Palette suchte, ist klar, sich aber früh der Mehrheitspartei Konrad Adenauers anzuschließen, passt nicht nahtlos ins Bild jenes Richard von Weizsäcker, das man von ihm gewann. Gerade von der CDU wusste man nicht, wie weit sie eine wirklich neue Partei darstelle oder nur das Dach für eine Sammlungsbewegung sei, wie stark ihre katholische Zentrums-Vergangenheit sie prägen werde, vor allem aber, wie radikal ihr Bruch mit der jüngsten deutschen Vergangenheit auch in personeller Hinsicht ausfallen würde. Sie warb ja um Mehrheiten. Und die Mehrheitsdeutschen hatten mitgetragen, was geschehen war.

Gemessen an der ernsthaften Absicht von 1945, einen «moralischen Neuanfang» im Sinne Martin Niemöllers oder seiner neugewonnenen Wegbegleiterin Marion Dönhoff zu wagen, hätte da also nicht eine andere Wahl näher gelegen? Helmut Schmidt beispielsweise sagte sich damals, wirklich konsequent sei nach seinen Erfahrungen während der zwölf Jahre nur der Schritt zu den Sozialdemokraten, um mit den Machteliten zu brechen, die Hitler mitgetragen hatten.

Keineswegs verkörperte die *Christlich Demokratische Union* eine falsche Kontinuität, und schon gar nicht hätte man das dem Kanzler Adenauer nachsagen können, der vom idyllischen Rhöndorf aus die Fäden zog. Aber die Sozialdemokraten hatten wie die Kommunisten am schwersten geblutet unter den Nationalsozialisten, sie standen für den klarsten Bruch. Adenauers CDU galt stärker als Partei derjenigen, die unter Einfluss des katholischen Episkopats standen, sich auch auf einige Unverführbare stützte, aber zugleich recht unverhohlen auch um diejenigen warb, die kleine Parteimitglieder, Mitläufer, Gläubige waren. Bald lenkte der Kampf gegen den neuen Gegner, den Kommunismus oder den «Kreml», ab von einer gründlichen Auseinandersetzung mit der jüngsten Vergangenheit im eigenen Land. Von dem enthusiasmierten, moralischen Anfangsimpuls der drei Freunde in Nürnberg, Weizsäcker, Dönhoff und Bussche, spürte man schon Anfang der 50er Jahre verblüffend wenig. «Treibhaus» nannte daher Wolfgang Koeppen seinen Roman im Jahr 1953, in dem er die stickige Atmosphäre eines katholisch geprägten Bonn beschrieb. Alte Kontinuitäten, ja Seilschaften überwucherten und korrumpierten das zarte Neue auf der linken Seite des Rheins. Treibhaus? Richard von Weizsäcker erlebte es offensichtlich anders. Von sich sagt er, neben Fragen der «Sozialethik» habe ihn vor allem beschäftigt, wie man mit den Nachbarn im Osten umzugehen gedenke und was aus der Oder-Neiße-Grenze werde. In diesen beiden Fragen, die ihn früh umtrieben, stimmten die Sozialdemokraten allerdings in den 50er Jahren noch weitgehend mit Adenauers Christlichen Demokraten überein.

Im Freundeskreis jedoch, das war klar, bildete er mit seinem frühen Entschluss zugunsten der CDU eine Ausnahme. Selbst sein Bruder Carl Friedrich, vor allem aber Marion Gräfin Dönhoff oder Hellmut Becker, Hartmut von Hentig, oder die

Weggefährten aus der Evangelischen Kirche wie der Theologe und Plato-Experte Georg Picht, sie alle fand man in der frühen Bundesrepublik doch nach den ersten tastenden Schritten bald auf der linksliberalen Seite des intellektuellen Spektrums. Mitreden, mitgestalten wollten sie durchaus bei diesem Anfang, auch und gerade in Erziehungsfragen, warum denn nicht, aber sie begleiteten die Adenauer-Politik recht früh aus kritischer Warte. Offenbart hatte das einer breiteren Öffentlichkeit erstmals die Kollision zwischen den Atomphysikern und Strauß 1957. Anders als der Jüngste entschieden sie sich in diesem Freundeskreis aber auch später nicht, direkt in die politische Arena hinüberzuwechseln.

Richard von Weizsäcker näherte sich alleine der Parteiendemokratie an. Das war kein kleiner Schritt. Der Familientradition entsprach es nicht, und noch mehr zählte, was der (protestantische) Freundeskreis machte, der aber hielt auf Distanz. Er jedoch unterschätzte offenbar nicht jene klassischen «Machtpositionen», von denen Hellmut Becker gesagt hatte, dass die «Macht» dort gar nicht mehr sitze.

Bekennen wollte er sich zur parlamentarischen Demokratie, die anders als mit Parteien nicht zu organisieren sei. Auf einem anderen Blatt steht, ob er deswegen seine Weggefährten und Freunde, sein intellektuelles Milieu preisgab, das auf unterschiedlichen Wegen zur Selbstverständigung der neuen Republik beitragen wollte. Mir scheint, er verließ dieses Milieu nie wirklich. Stattdessen versuchte er, beides miteinander zu verknüpfen. Es begann ein Balanceakt, wie ihn wenige wagten. Das sollte sein Markenzeichen bleiben.

Als Heimat, das sieht man im Rückblick genauer, hat er die *Christlich Demokratische Union* auch nicht zu betrachten gelernt. Wo fühlte er sich zu Hause? Bei Lichte besehen, blieb das die kleine Welt, in der man es vorzog, sich mit Worten in Gesellschaft und Politik einzumischen, als Pädagoge, Theologe, Philosoph oder als Journalistin wie Marion Dönhoff. Wirklich zu Hause, scheint mir, war auch Weizsäcker immer in kleinen Gesprächszirkeln, im Raum des Deliberativen, des Diskurses, der politischen Öffentlichkeit, dort also, wo intelligent gestritten wurde: In der Mittwochsgesellschaft (seit 1993), der Körber-Stiftung, dem Müggelsee-Kreis, der Forschungsstätte der Evangelischen Studiengemeinschaft, der Weimarer National-Stiftung, der Freya-von-Moltke-Stiftung ... Und die Freundschaft mit Helmut Schmidt, hat sie sich nicht auch erst richtig entwickelt, seit der Kanzler a. D. gleichfalls – und zwar mit Lust – in diesen «Kreisen» mitredete?

Wie hatte Hellmut Becker solche Aktivitäten in den Akademien und Freundeskreisen genannt? «Die denkerische Auseinandersetzung mit dem, was zu tun ist.» Viele der späteren Konflikte Richard von Weizsäckers mit seiner Partei, besonders mit Helmut Kohl, haben hier ihren wahren Grund. Nicht, weil er sich «zu fein» war für die Niederungen der Parteipolitik, wie Kohl meinte, sondern weil sich das Zentrum des Politischen für ihn letztlich gar nicht verschoben, der Begriff von Politik nicht grundlegend verändert hatte: Sich um Machterwerb zu bemühen, lohnt nur, wenn man eine Idee davon hat, was man mit ihr anfangen will. Ein Selbstzweck ist sie nicht, das blieb sein Credo.

Der CDU war er beigetreten, aber das war nur ein erster, tastender Schritt in Neuland für ihn. Vorwiegend blieb er noch lange mit Fragen der Unternehmensführung beschäftigt. Mit der Frage, ob er sein Nachfolger als hauptamtlicher Kirchentagspräsident werden wolle, kam der knapp siebzigjährige Reinold von Thadden-Trieglaff erstmals 1961 auf ihn zu.

Selbstverständlich war das keineswegs. Die Weizsäckers wurden dem Kulturprotestantismus zugerechnet. Gerade der aber hatte nach Meinung der Gollwitzer, Niemöller und Scharf in besonderem Maße versäumt, auf Distanz zu Hitler zu gehen. Sehr konservativ sei sein Vater zwar gewesen, erinnert Rudolf von Thadden sich, aber gerade die Verteidigung der «Institution Kirche» habe Protestanten wie ihn vor zu viel Nähe bewahrt. Der Kirchentag, fand sein Vater, dürfe nicht allein «Bühne» sein, er müsse auch «Institution» bleiben. Den Immunkräften einer solchen Einrichtung traute er mehr Widerstandskraft zu als der Gesellschaft, nach der jüngsten, bitteren Erfahrung während der Hitler-Jahre.

Noch in sowjetischer Gefangenschaft hatte der pommersche Pietist den Plan mit den Kirchentagen entwickelt, 1950 setzte er ihn in Essen erstmals um. Die evangelischen Laientreffen, an denen bis zum Mauerbau Protestanten aus Ost und West teilnahmen, boten die ideale Mischung: Keine «Politik im Namen Gottes», man musste keinen Autoritäten oben gehorchen, für gesellschaftliche Fragen aber fühlte man sich mitverantwortlich.

Trotz solcher Einwände – von Thadden-Trieglaff hatte sich nun einmal diesen jungen Wirtschaftsmanager mit dem bekannten Namen ausgespäht. Instinktiv zögerte Weizsäcker zuächst, weil er sich innerkirchlich nicht fest verorten mochte. Herangewachsen war er «ohne zu merken, ob ich Lutheraner, Reformierter oder Unierter sei». Zudem fehlten ihm, wie er meinte, ökumenische Erfahrungen. Liebend gern besuchte er zwar die Kirchentage, aber drei Jahre lang hielt Weizsäcker sich noch mit einer Zusage zurück. Mit vierundvierzig Jahren, 1964, fand er, es sei Zeit «für einen wirklich richtungweisenden Entschluss»[10] gekommen: Jetzt sagte er von Thadden-Trieglaff, der nicht locker ließ, endültig zu.

Im Jahr 1964 wurde Richard von Weizsäcker in Ostberlin von den Präsidiumsmitgliedern aus West und Ost zum «gesamtdeutschen» Kirchentagspräsidenten gewählt. Als «freischaffenden Kandidaten» empfand er sich in diesen Jahren, zwischen 1965 und 1969, auf dem Weg in die «gewählte Politik». Mannesmann, Boehringer, die Bank, alles rückte allmählich in den Hintergrund, während die Themen, die er liebte, ihn fanden.

Wie ein «neues Erwachen», sagt Richard von Weizsäcker, sei für ihn die Arbeit beim Evangelischen Kirchentag gewesen. Vor allem die Deutschland- und Ostpolitik, die ihn vorher schon faszinierte, rückte damit vollends in den Mittelpunkt: Wie nämlich die Deutschen ihre Rolle im Westen sehen sollten, was aus der «deutschen Frage» würde, und wie insbesondere das Verhältnis zu den Nachbarn im Osten, voran Polen, auszugestalten sei.

Dass man auch in der Kirche die junge Republik beeinflussen könne, war ihm bereits 1950 und 1954 bei den Kirchentagen in Essen und Leipzig bewusst geworden. Ihren eigenen Reiz hatte diese Option durchaus. Zwar existierten zwei deutsche Staaten, aber die evangelische Laienversammlung bildete eine ungewöhnliche Brücke zwischen Ost und West, vermutlich sogar die einzige von dieser Bedeutung. Allein nach Leipzig strömten 650 000 Protestanten.

Mehr noch: Klaus von Bismarck (den Weizsäcker aus seinem Potsdamer Regiment kannte) hatte gewagt, in seiner Rede die Aussöhnung mit den Kriegsgegnern anzumahnen und an die unentrinnbaren Kriegsfolgen zu erinnern, vor allem den definitiven Verlust der Heimat in den ehemaligen deutschen Ostgebieten. Ein Paukenschlag! Noch lange brauchte die Politik, bis sie dort ankam, wo Bismarck bereits war. So etwas konnte also von der Kirche ausgehen!

Die Kirche suchte – und sprach mit. Eine klare Vorstellung von dem besaß er nicht, was aus der Republik werden solle, und er hat sich nie gescheut, das einzuräumen. Aber da erging es Weizsäcker ja nicht prinzipiell anders als dem Land insgesamt.

122

Als seine Lehrer bezeichnet er den Bruder Carl Friedrich oder Max Planck zwar nicht, aber früh hatte er den Debatten der Physiker gelauscht. Während sie nach dem Krieg zunächst unter dem Verdacht standen, an einem Atomwaffenprogramm für Hitler geforscht zu haben, hatte Hiroshima, aber auch der Kalte Krieg der Atommächte die Welt radikal verändert: Die «Friedensfrage» machten sie folglich zu ihrem zentralen Thema, und, nicht zu vergessen, dass die Eliten sich mitverantwortlich fühlen müssen für das Ganze und sich nicht etwa einkapseln dürfen in ihren Elfenbeinturm. Das war kein Eliteprojekt, um anderen Moral einzutrichtern. Sie hatten gelernt. Sie wollten sich selbst erziehen. Ihre zentrale Sorge aber galt einem drohenden Atomkrieg. Das gab die Folie ab für das Memorandum der «Göttinger Achtzehn», Richard von Weizsäckers Bruder hatte die Frage schon seit 1956 hinter den Kulissen verhandelt und wollte sie nun öffentlich forcieren.

Weil die Bundesrepublik kein atomares Mitspracherecht hatte, aber als möglicher Austragungsort eines Konfliktes mit «taktischen» Atomwaffen galt, drängte Franz Josef Strauß auf eine radikale Kurskorrektur: Die Bundeswehr solle mit Trägersystemen für Atomwaffen ausgerüstet werden, auch wenn die Verfügungsgewalt über die atomaren Sprengköpfe selbst bei Washington bliebe. Über einen «nuklearen Kolonialismus» klagte Adenauers Verteidigungsminister, die atomaren Habenichtse müssten einen Aufstand gegen die Atommächte wagen.[11]

Konrad Adenauer, mit der absoluten Mehrheit der CDU/CSU seit 1957 im Rücken, machte sich ausdrücklich für Strauß' Position stark, wollte zugleich aber abwiegeln mit der Bemerkung, man müsse die taktischen und die großen atomaren Waffen unterscheiden. Lediglich eine «Weiterentwicklung der Artillerie» stehe zur Debatte.[12] Den Protest quer durch die Republik machte er damit nur noch vehementer. Dazu gehörte auch ein empörtes Telegramm der achtzehn Physiker, die Adenauer ankündigten, sie würden jede Mitarbeit an einem solchen Projekt verweigern.

Taktische Atomwaffen, hieß es in ihrem öffentlichen Manifest dezidiert, hätten die «zerstörende Wirkung normaler Atombomben», und zwar ähnlich wie die, die Hiroshima zerstört habe. Sie wollten nicht leugnen, dass die gegenseitige Angst vor den Wasserstoffbomben zur Erhaltung des Friedens beitrage. Aber diese Art, Frieden und Freiheit zu sichern, hielten sie auf Dauer für unzulässig. Der beste Schutz für die Bundesrepublik sei es, auf den Besitz von Atomwaffen jeder Art zu verzichten. Für die Entwicklungsmöglichkeit der lebensausrottenden Wirkung der strategischen Atomwaffen sei «keine natürliche Grenze bekannt». Allein durch Verbreitung von Radioaktivität könne man die Bevölkerung der Bundesrepublik wahrscheinlich schon heute ausrotten. Das gipfelte alles in einem Bekenntnis, mit dem die Unterzeichneten klar machen wollten, dass sie jetzt konsequenter seien als bei ihren Forschungsarbeiten während des Krieges: «Jedenfalls wäre keiner der Unterzeichneten bereit, sich an der Herstellung, der Erprobung oder dem Einsatz von Atomwaffen in irgendeiner Weise zu beteiligen.»

Giftig blaffte Adenauer zurück, die Feststellung, ein kleines Land schütze sich am besten, wenn es freiwillig auf Atomwaffen verzichte, sei «rein außenpolitischer Natur». Zu ihrer Beurteilung müsse man Kenntnisse haben, «die diese Herren nicht besitzen».[13] Richard von Weizsäcker war zwar in die CDU eingetreten, das hinderte ihn aber keineswegs, den Göttingern zu applaudieren. In der Sache war er Partei – auf Seiten des Bruders.

Erfolgreich animierte ihn Marion Gräfin Dönhoff, in seinem ersten Beitrag für die ZEIT die «Göttinger Achtzehn» gegen die Kritiker zu verteidigen. Die heimliche Erzieherin war es, die seine Stimme der Öffentlichkeit vertraut machen wollte.

Spiritus Rector des «Tübinger Memorandums» nur vier Jahre später, 1961, war gleichfalls Carl Friedrich von Weizsäcker. Er prägte stark die Debatten der frühen Republik. Zwei Botschaften enthielt die neue Denkschrift an die Adresse des Bundestags, und beide forderten sie die Adenauersche Politik heraus: Zunächst nahmen die Autoren das Motiv der «Göttinger» wieder auf und verlangten, keinesfalls dürfe sich die Bundesrepublik nuklear aufrüsten, und dann schlugen sie vor, die Oder-Neiße-Grenze endgültig anzuerkennen. Schließlich hieß es, die Politik schenke der Öffentlichkeit nicht reinen Wein ein über die Lage der Nation, sie werbe mit sozialpolitischen Wohltaten für sich, statt das Bildungs- und Erziehungssystem gründlich zu renovieren. Die Unterzeichner: Hellmut Becker, Präses D. Joachim Beckmann, Intendant Klaus von Bismarck, Werner Heisenberg, Günter Howe, Georg Picht, Ludwig Raiser, Carl Friedrich von Weizsäcker. Alles Namen von Gewicht, alle gehörten zum intellektuellen protestantischen Milieu.

Wieder ein Weckruf, wieder debattierte die Republik. An den Vorarbeiten zum außenpolitischen Teil dieses Memorandums war Richard von Weizsäcker bereits beteiligt. Marion Dönhoff sorgte nicht nur dafür, dass der Text und die leidenschaftliche Debatte darüber in der ZEIT publiziert wurden. In dem Wochenblatt, in dem sie Chefredakteurin und Herausgeberin war, gab sie 1962 erneut dem jungen Mann aus der Privatwirtschaft, Richard von Weizsäcker, Gelegenheit, das Tübinger Memorandum zu unterstützen[14] Er wolte – und er sollte – beteiligt sein an diesem Prozess, in dem die Republik sich erstritt.

«Für eine Außenpolitik der Anpassung» lautete die Überschrift: Um eine fulminante Bestandsaufnahme der Lage handelte es sich, in die sich aus Sicht des jungen Autors die Adenauer-Republik in dreizehn Jahren manövriert hatte. «Unsere Losung heißt Abkapselung», bilanzierte er nüchtern und kritisch. Fast im Tone George Kennans monierte er, der geistige Kampf gegen Kommunismus und Unfreiheit werde «nicht mit der Bereitschaft zur offenen Auseinandersetzung» geführt, in der sich die Abwehrkräfte bewähren und die Anziehungskräfte entwickeln; die Teilung Deutschlands habe seit langem aufgehört, ein selbständiges Problem zu sein, überwinden lasse sie sich nur mit der Aufhebung der Teilung Europas, und «nur langfristige Evolutionen könnten schrittweise dorthin führen».

Ein Jahr später, man erinnere sich, hielt Egon Bahr seine Tutzinger Rede, in der er «Wandel durch Annäherung» empfahl, und Willy Brandt ventilierte öffentlich den Gedanken an eine Anerkennung des zweiten deutschen Staates, nachdem die alte Politik buchstäblich zur Mauer geführt habe. Die Westmächte hatten sie zudem auch noch – fast beruhigt – hingenommen.

Die kirchlichen Suchbewegungen auf politischem Terrain schloss die Ostdenkschrift der EKD im Jahr 1965 vorläufig ab. Mitglieder aus Ost und West hatten sie in der Kammer für öffentliche Verantwortung erarbeitet, Richard von Weizsäcker war daran jetzt unmittelbar beteiligt. Der Titel klang trocken, «Die Lage der Vertriebenen und das Verhältnis des deutschen Volkes zu seinen östlichen Nachbarn», die Sprengwirkung war enorm.

Eine leidenschaftliche Kontroverse hatte bereits fünf Jahre zuvor, 1960, der Philosoph Karl Jaspers ausgelöst mit der These, die Freiheit müsse Primat vor der Wiedervereinigung haben. Mehr noch, diese Vereinigung sei «politisch und philosophisch irreal».[15] Vier Jahre vor der Ostdenkschrift, 1961, ließ Walter Ulbricht gegen den Rat des zögerlichen Kremlherren, Nikita Chruschtow, die Mauer in Berlin bauen.

Nun also mischten sich die Protestanten mit ihrer Denkschrift in diese zentrale Frage ein, die in der Bundesrepublik alles andere überschattete: An «Klarheit und Deutlichkeit» ließ sie nichts zu wünschen übrig, findet Weizsäcker heute noch. John

F. Kennedy hatte als erster nach Kuba-Krise und Mauerbau kühn umgedacht – und für Entspannung plädiert, Albert Einstein und Bertrand Russell ergriffen eine Inititiative zur Rüstungskontrolle, die in der Pugwash-Bewegung mündete. Zwar hatte Chruschtschow in Berlin und Kuba, an den beiden empfindlichsten Stellen im Vorhof der Supermächte, mit dem Feuer gespielt, aber er sandte gleichfalls Entspannungssignale. Zwischen Washington und Frankreich sei geradezu «ein Wettbewerb in Sachen Détente» entbrannt, urteilt Weizsäcker, «die Zeit war reif, sie rief förmlich danach, das, was wir politisch dachten, auch im gewählten Amt zu vertreten.»

Im Zentrum der Ostdenkschrift standen die Anerkennung von Polens Westgrenze, also die Einsicht, dass die Politik den Vertriebenen nicht länger Aussicht auf eine Heimkehr machen dürfe, und eine neue Entspannungspolitik ganz generell. Damit, argumentiert Richard von Weizsäcker, sei die Ostvertragspolitik «überhaupt erst in Gang gesetzt» worden. Mit der Hallstein-Doktrin, die offizielle Gespräche mit Ostberlin blockierte und die Anerkennung der DDR mit einem strengen Junktim bedrohte, war Bonn in einer Sackgasse gelandet. Das «Passierscheinabkommen», das Brandt und Bahr daraufhin planten, um menschliche Erleichterungen zumindest für die Ost- und Westberliner auszuhandeln, habe er für richtig und logisch gehalten. Aber zur Vorgeschichte, die dahin führte, gehört für ihn primär diese Ostdenkschrift, die als «Anstoß» gedacht und deshalb der Synode gar nicht zur Zustimmung vorgelegt worden war.

Weiter als die katholischen Bischöfe gingen die protestantischen Laien mit diesem Vorstoß allemal. Sie wollten sich einmischen, das hatten sie gelernt, die Erfahrung steckte noch in den Knochen, dass die Kirche sich zu lange angepasst hatte, als es darauf ankam. Anders die katholische Seite: Auf die Erklärung ihrer polnischen Amtsbrüder «Wir vergeben und bitten um

Vergebung» erwiderten die deutschen Bischöfe nur halbherzig, fast reserviert, vor einer wirklichen Grenzanerkennung scheuten sie zurück. «Wir waren traurig», erinnert Richard von Weizsäcker sich, «dass die Bischöfe nicht substantieller anworteten.» Ihre eigene Denkschrift sei zwar nicht als Antwort gedacht gewesen auf die Polen, aber sie fügte sich «komplementär» zur Bischofserklärung aus Polen, wie er findet.

Allerdings wollten die Autoren nicht nur Papier bedrucken, einmischen wollten sie sich damit in die praktische Politik: Die Parteipräsidien in Bonn bestürmten sie in intensiven Gesprächen, sich darauf einzulassen. Im Rückblick fragt Weizsäcker sich nicht mehr, ob sie damals zuviel, sondern ob sie zu wenig verlangten von der zögerlichen Politik. Nimmt sich im Lichte der Einheit Europas, dieser «unerwarteten Begebenheit» der Jahre 1989/90, der Schritt der EKD-Denkschrift überhaupt noch sonderlich mutig aus? Mitte der 60er Jahre aber, gibt er sich selber die Antwort, musste doch zuerst der Status quo akzeptiert werden, «wir wollen euch, so wie ihr jetzt seid, was schmerzlich, aber unabänderlich war». Schließlich, die Realitäten bestanden fort: «Der Warschauer Pakt existierte, und der Kalte Krieg war nicht vorbei.»

Herbert Wehner, Fritz Erler und Helmut Schmidt gehörten auf der Bonner Seite zu den Gesprächspartnern, die mit den Autoren über die Denkschrift diskutierten. Für die Kirchenseite waren der Vorsitzende der Kommission, Ludwig Raiser, sein Stellvertreter Richard von Weizsäcker sowie Bischof Kurt Scharf angereist. Wahrscheinlich war es die erste nähere Begegnung Weizsäckers mit Helmut Schmidt, an dem er sich lange rieb und den er so schätzen lernte. In Erinnerung aber hat er eine SPD-Führung, die einfach «unentschlossen» gewesen sei, Schmidt inklusive. An die Oder-Neiße-Frage mochte kaum jemand wirklich rühren.

Richard von Weizsäcker: Egon Bahr war sich zwar sicher, dass der Mauerbau die Hallstein-Doktrin obsolet gemacht hatte – «aber durchgerungen hatte die SPD sich keineswegs schon zu einer neuen Ostpolitik». «Sie musste gedrängt werden – verständlicherweise.» Annahmefähig musste insbesondere ein Vertrag mit Warschau in der Öffentlichkeit gemacht werden, das blieb schwer genug, und dabei spielte es eine entscheidende Rolle, dass seine Kirche früh votierte.

Richard von Weizsäcker hat es nicht so formuliert – aber dieser Anstoß war nicht nur politisch vernünftig und überfällig, ein Stück Wiedergutmachung für ihn steckte darin zweifellos auch. Die Aufarbeitung der Deutschen, die den Ausgleich mit den Nachbarn suchten, war auch seine Aufarbeitung. Und wieder ließ ein Weizsäcker die Öffentlichkeit teilhaben am Lernen.

1965: Der «erste Moment des Aufbegehrens gegenüber Adenauers Autorität» sei das gewesen, bekennt Weizsäcker nicht ohne Stolz. Endgültig reichte die Ostdenkschrift bekanntlich nicht, das ist ihm schon klar, um die Westrepublik durchzuschütteln und die politischen Dogmen der frühen Jahre zu beerdigen. Aber Wirkung zeigte der Vorstoß durchaus. In den Köpfen veränderte sich etwas, bevor es ankam in der Politik, und das war gar nicht wenig für jemanden wie ihn. Erst der weit heftigere Schwung des 68er Protestes – der endgültig die Adenauer-Jahre beendete und den er immer respektierte – führte zum Macht- und Politikwechsel, das ist Weizsäcker klar, von dem dann auch die Ostpolitiker vom Herbst 1969 an in der sozialliberalen Koalition profitierten. Sein Politikverständnis aber hatte sich in diesen Jahren gefestigt, und ihm blieb er treu: Politik muss Ideen haben, und am besten, sie kommen aus der Gesellschaft selbst. (M)

Erstens Herbert Wehners kühne Kurskorrektur der SPD-Politik in Bad Godesberg, der er eine eindeutige Westorientierung abverlangte; zweitens der Mauerbau vom 13. August und schließlich, drittens, die Ostdenkschrift – nach seinem Geschichtsbild bildete das zusammen den Auftakt in die sechziger Jahre. Eine formative Phase für die Bundesrepublik von heute, die in ihrer Bedeutung erst aus historischer Distanz deutlicher wird. Eine «merkwürdige Existenz» habe er in diesen prägenden Jahren geführt, wundert er sich, zwischen Kirche und Irgendwo. Aber immerhin – dabei war er.

Den Kurs der ersten fünfzehn Jahre wollten sie korrigieren, unbedingt. An diesem Impuls gemessen, fällt das Urteil Richard von Weizsäckers über Adenauer verblüffend milde aus, diesen Weg der Bundesrepublik von 1949 bis 1963 hatte er schließlich entscheidend geprägt. Zu einfach sei ihm schon immer die These erschienen, bekennt er, dass dem katholischen Rheinländer an der Einheit Deutschlands so wenig gelegen habe. «Was sollte er denn wirklich anderes machen, als sich an den Westen zu binden?» «Den Kalten Krieg wollte er nicht forcieren, vermutlich hatte er sogar wirklich Angst um Deutschlands Sicherheit, und er war auch kein leidenschaftlicher Befürworter einer Atombewaffnung.» Nein, Weizsäcker mutmaßt sogar: Persönlich hätte Adenauer nicht einmal etwas gegen eine Anerkennung der Oder-Neiße-Grenze einzuwenden gehabt. Im Herzen sei er wirklich ein Kölner gewesen, ein Machtpolitiker, ganz sicher ein gewiefter Taktiker, der prinzipiell Politik anders anpackte als diese protestantischen Professoren und Intellektuellen. Sie kam nicht aus der Retorte der Denkstuben, sie wurde nicht in Memoranden herausgefiltert, und sie kümmerte sich nicht sonderlich um «Moral». Was immer er über «die Weizsäckers» gedacht haben mag – Adenauer war Adenauer. Die Macht verknüpfte er durchaus mit einer Antwort auf die Frage, «wozu»? Zudem bewunderte er manchmal geradezu unverhohlen die politischen Stärken bei anderen, siehe Helmut Schmidt, über die er nicht so gebot. Respekt also vor dem Alten!

Widerstrebend hatte Konrad Adenauer sich aus dem Palais Schaumburg drängen lassen (1963), vergeblich versuchte er, wenigstens dem ungeliebten Ludwig Erhard die Nachfolge streitig zu machen. Noch war der deutschlandpolitische Alleinvertretungsanspruch herrschende Bonner Doktrin. Egon Bahrs und Willy Brandts Überlegung, sich dauerhaft auf das Nebeneinander zweier deutscher Staaten einzurichten, stand offiziell bei den Christdemokraten weiterhin auf dem Index. Ludwig Erhard fehlte die Kraft, die CDU/FDP-Koalition noch einmal wiederzubeleben und eine Kurskorrektur vorzunehmen, wie sie das Tübinger Memorandum, die Ostdenkschrift der EKD, nicht zuletzt aber Willy Brandt und Egon Bahr noch aus der Opposition heraus skizziert hatten. Auf den Straßen formierte sich allmählich die Außerparlamentarische Opposition gegen Kurt-Georg Kiesingers Große Koalition, die 1966 eingerichtet worden war, aber auch gegen einen ehemaligen Parteigenossen und Mitläufer als Kanzler. Dennoch: die Union hielt sich weiterhin für die natürliche Staatspartei, es war nicht abzusehen, ob und wann die Sozialdemokraten je über die Rolle des Juniorpartners hinauskämen, die sie unter Kiesinger innehatten. Nicht nur der «freischaffende Kandidat», die ganze Republik befand sich im Übergangs- und Wartestand.

Falsch entschieden hatte er sich nicht, als er sich bereit erklärte, Präsident des Kirchentages zu werden. Die Kirche redete in der Bundesrepublik mit, während die Politik auf ihrer Bühne in den 60er Jahren zunehmend paralysiert erschien. Und zudem war die EKD zuständig für Ost- und Westdeutschland gleichermaßen.[16] Sehr schnell lernte Weizsäcker deshalb beide Perspektiven zugleich zu bedenken, beide deutsche Staaten ernst zu nehmen, und beide in Beziehung zu setzen. In der Kammer für öffentliche Verantwortung ließen sich solche Erfahrungen praktisch umsetzen. Daher verfestigte sich dort der Eindruck, in der

Bis heute fühlt er sich zu Hause in dieser Welt: Richard von Weizsäcker eröffnet als Kirchentagspräsident am 16. Juli 1969 den 14. Deutschen Evangelischen Kirchentag. Im gleichen Jahr zieht er in den Bundestag ein, aber seine Partei, die CDU, muss erstmals in die Opposition.

Sache bereits weiter zu sein als Brandt und Bahr beim Nachdenken über «zwei Staaten einer Nation».

1965 leitete er im katholischen Köln von Kardinal Frings erstmals als Präsident einen Kirchentag. Das wurde – nach Mannesmann und Boehringer – sein nächster Lernort. Aber er sollte umgekehrt auch zum Lernen beitragen: Mitreden wollte die Kirche in den großen nationalen Fragen, Brücken zur Politik musste sie bauen, und sie hatte aus dem komplizierten Nebeneinander der beiden großen Kirchen etwas Produktives zu machen.

Auf den Grund für sein langes Zögern, das Präsidentenamt in der Kirche zu übernehmen, ging Richard von Weizsäcker vor den Kirchentagsteilnehmern in Köln offen ein: Lutherisch, reformiert und uniert, alle drei Traditionen habe er auf den Weg mitbekommen, bis heute habe er nicht verstanden, was diese drei

Leitlinien ausmachten für sein «Überzeugungsgeflecht». Stürmischen Beifall erhielt er für dieses Bekenntnis. Nur Johannes Lilje, Hannoveraner Bischof, Gründer des Lutherischen Weltbundes, weigerte sich hinterher ihn zu empfangen, wie er sich amüsiert entsinnt, weil er offensichtlich nicht hinreichend lutherisch war.

Unter dem Kirchendach kam es, wie nirgendwo sonst, «zu den ersten vollkommen unkomplizierten Begegnungen mit Leuten, die sich Gedanken machen darüber, worum es geht». Man könnte das auch Politik nennen, oder? An diese Vorgeschichte zu erinnern ist ihm schon Helmut Kohls wegen wichtig. Wie oft hat er sich als Parteivorsitzender und Kanzler, aber auch in seinen Memoiren kritische Urteile aus dem Munde von Weizsäcker über den Erstarrungszustand der Politik, die Dominanz der Parteien und das Defizit an «Konzeptionellem» mit der Replik verbeten, undankbar sei dieser Freiherr, dem er doch schließlich den Weg zum Beruf Politik ebnen musste. Ohne ihn, so predigte Kohl es immer wieder, wäre Weizsäcker nichts geworden, nichts!

An jedem seiner Lernorte, will Weizsäcker hingegen sagen, ging es um Politik. Von Nürnberg über Essen und Ingelheim bis zur Mitarbeit an den Memoranden und Denkschriften, und natürlich erst recht an der Spitze der Laienbewegung – auf die Weise geriet er peu à peu hinein.

Und das hörte auch nicht auf, als er schon Abgeordneter und «Berufspolitiker» in Bonn war mit seinem Büro im Langen Eugen hoch über dem Rhein. Gerade seine Kirche trug die heftigsten politischen Fehden aus in den eigenen Reihen. Und er liebte es, daran teilzunehmen.

Nach der Debatte über eine atomare Aufrüstung und die Ostpolitik hatte die Republik mit dem Nachrüstungskonflikt ihre nächste bittere Fehde, wieder musste sie sich verständigen lernen, und er – lernte mit. Weizsäcker, selber ein entschiedener Befürworter der Nachrüstung, die Helmut Schmidt 1977 in London angeregt und im Westen auch durchgesetzt hatte (der sogenannte Nato-Doppelbeschluss), betrachtete solche Erfahrungen nicht etwa als ein Dilemma für sich. Im Gegenteil, mit disparaten Positionen dieser Art zu leben und umzugehen, das hatte er gelernt, lange bevor er einzog in den Bundestag.

Ähnlich verhielt es sich mit der Kernenergie: Natürlich schwappten die Proteste gegen den Bau von Atommeilern in Whyl oder Wackersdorf mitten hinein in Kirchentage und Kirche. Richard von Weizsäcker befürwortete – nicht nur als CDU-Politiker – die Kernenergie, er dachte darin wie die Mehrheiten beider Volksparteien. Atomstrom verhieß Fortschritt! Aber bereitwillig ließ er sich einbinden in die Dispute darüber im Rahmen der Kirche, mit den Gegnern setzte er sich selbstverständlich an einen Tisch. Und hörte zu. Helmut Schmidt hatte als Kanzler geraten, Fragen nicht öffentlich zu stellen, die man nicht beantworten könne. Weizsäcker liebte solche Fragen.

Ja, in die Politik wuchs er auf diese Weise hinein, ohne dass Helmut Kohl aktiv daran beteiligt war. Verantwortlich dafür waren die Familie, das Land, die Wirtschaft, die Kirche, alles. Ein unwiderstehlicher Sog ging von der Politik aus, wo immer er sich gerade befand. Dann allerdings, im gleichen Jahr 1964, als er Reinold von Thadden-Trieglaff beim Kirchentag ablöste, bot ihm der aufbruchshungrige und talentsuchende Helmut Kohl an, er könne in seinem Wahlkreis Ludwigshafen für den Bundestag kandidieren. Leute wie ihn brauche er. Generös charmierte ihn nun sogar Konrad Adenauer brieflich, selbstverständlich wäre er herzlich willkommen. Erinnerte er sich, dass etwas wiedergutzumachen war? Nein, natürlich interessierten den Alten seine «Sünden» nicht, amüsiert Weizsäcker sich im Rückblick. Ihm war klar: Nürnberg war vergessen, jetzt passte der protestantische Freiherr von Weizsäcker einfach ins Format – as time goes by.

Aber er zögerte.

134

VI. Ostverträge

Ende der Wartezeit, 1969 war es soweit, Richard von Weizsäcker kam als Abgeordneter in den Bundestag, neunundvierzig Jahre war er inzwischen alt. In die «gewählte Politik», von der sein Vater so wenig hielt.

In Bonn allerdings nahm Willy Brandt das Heft in die Hand, mit Egon Bahr an der Seite, der ihm zuvor schon im Auswärtigen Amt die Linien zu zeichnen half, und natürlich mit dem liberalen Koalitionspartner Walter Scheel (FDP). Noch in der Wahlnacht hatte er sich gegen Herbert Wehner und Helmut Schmidt, die beide lieber die Große Koalition fortgesetzt hätten, für ein Experiment entschieden. Er wollte die kleine Koalition seiner SPD mit den Liberalen, und Walter Scheel traute sich dieses Wendemanöver mit seinen Freidemokraten zu.

Die Mehrheit im Parlament war knapp. Aber Brandt wollte es riskieren, weil er endlich die Chance sah, seine Deutschland- und Ostpolitik zu realisieren. Im Prinzip handelte es sich um die Politik, die auch die Ostdenkschrift der EKD vier Jahre zuvor empfohlen hatte. Eine Chance für den Mit-Autor, sie nun in der Exekutive durchzusetzen, bestand auf absehbare Zeit nicht mehr.

Willy Brandts Regierungserklärung habe bereits den Weg nach Osten geöffnet, zollte er im Rückblick dem sozialdemokratischen Kanzler Respekt. Gebrochen habe er mit dem jahrzehntelang durchgehaltenen Bonner Tabu, welches vorschrieb, die DDR einfach zu ignorieren, sowohl als Staat als auch in der politischen Rhetorik sollte sie wie Luft behandelt – oder allenfalls in Anführungszeichen gesetzt werden, um ihre Legitimität schlicht zu leugnen. Richard von Weizsäcker kommentierte Brandts Umdenken so: «Aber er wollte es so unauffällig wie möglich tun, quasi nebensächlich. Deshalb versteckte er seine zentrale Aussage in einem unscheinbaren Nebensatz: ‹Auch wenn zwei Staaten in Deutschland existieren, so sind sie füreinander nicht Ausland.› Da erblickte sie also erstmals in der amtlichen westdeutschen Sprache das Licht der Welt, die DDR als eigener deutscher Staat. Brandt hatte den berühmtesten Nebensatz aller bisherigen Regierungserklärungen geschaffen. Die öffentliche Aufregung kannte kaum noch Grenzen.»[1]

Und er? Er musste zusehen. Opposition ist Opposition. So ist sie, die Demokratie! Das Innenleben einer großen, frustrierten Fraktion lernte er fortan kennen und ihre zahllosen Egos. So viele Abgeordnete, so viele Neurosen, seufzte er bald. Aber – er lernte. Das Parlament, in Weimar noch als Schwatzbude denunziert – ihm machte es hörbar und sichtbar Spaß, im Plenarsaal als Redner war er in seinem Element.

Fremdelte er in der Partei, für die er sich schon in den 50er Jahren entschieden hatte, mit seinem ost- und deutschlandpolitischen Denken aus Kirchentagszeiten? Nein, Helmut Kohl, erwidert Richard von Weizsäcker, «muss ja gewusst haben, was ich dachte». Zwar war es dem Mainzer Ministerpräsidenten in erster Linie darum gegangen, wie sich bald zeigte, seine Position im Landesvorstand mit attraktiven Neuzugängen zu stärken und einen Vorposten in Bonn auszubauen. Bei der Suche nach Qualifizierten nahm er keine Rücksicht auf Orthodoxien, im Gegenteil, je liberaler und zeitgemäßer, desto besser. Um eine spezielle Haltung in der heiklen Polen-Frage beispielsweise ging es Kohl nicht, aber es störte ihn auch nicht wirklich, wie er darüber dachte, da ist Weizsäcker sich ganz sicher. «Ich hätte mich auch durchsetzen können, es war ihm so oder so recht.» Die Ostpolitik insgesamt überließ Helmut Kohl ohnehin Rainer Barzel.

Dennoch: Ein Motiv für die Differenz zwischen beiden deutete sich früh an. Um beim Beispiel Polen zu bleiben – keinen Zweifel ließ der Neuankömmling 1969 in Bonn, dass er das, was er in der Ostdenkschrift, als Kirchentagspräsident und als Autor vielfach vertreten hatte, nicht etwa aus Fraktionsgehorsam zurückstellen wolle. In den Grundzügen hielt er die Ostvertragspolitik für richtig, das wollte er auch öffentlich wissen lassen. Zu den Realitäten, die er nun zur Kenntnis zu nehmen hatte, zählte aber, dass der Widerstand in der CDU/CSU-Opposition eher noch wuchs.

Wegen der Ostpolitik wollte der Ministerpräsident in Wartestellung seine Machtperspektiven nicht gefährden. Und Rainer Barzel, der routinierte Fraktionschef, suchte zwar spürbar einen Konsens über die Vertragspolitik, war aber nicht stark genug, das gegen Franz Josef Strauß und die Fraktionsmehrheit erfolgreich durchzusetzen. Richard von Weizsäcker musste zeigen, wie er dazwischen seinen eigenen Weg geht – ohne das zu verraten, weshalb er in die Politik gegangen war. Wegen Polen!

Schon am Tag nach dem Erfurter Treffen zwischen Willy Brandt und Willi Stoph vom 19. März 1970 machte Rainer Barzel in Erwiderung auf die Regierungserklärung des Kanzlers sein Dilemma ungewollt klar: Mit ihren «Willy, Willy!»-Rufen hatten die Erfurter Bürger ehrlich ausgedrückt, auf wen sie hofften – nicht auf Willi Stoph, sondern auf Willy Brandt, wie die entgeisterten Stasi-Spitzel sorgfältig registrierten. Neidlos musste Rainer Barzel das für die Opposition anerkennen, zudem wollte er eilig klarmachen, dass er kein grundsätzlicher Gegner der Ostpolitik sei. Zu eindrucksvoll, zu eindeutig waren die Bilder aus Erfurt.

Aber wenn das die Absicht war, so misslang sie gründlich. Die sozialliberale Koalition habe das Ziel «Einheit» aufgegeben, warnte Barzel im Plenum, sie verstoße damit gegen die Verfassung und folge sowjetischen Plänen, ja insgeheim werde von den Sozialdemokraten schon in Moskau und Warschau sondiert, und schließlich vermisste er auch noch ein «ostpolitisches Gesamtkonzept». Sehr weit war er damit den grundsätzlichen Widersachern der Brandt-Politik entgegengekommen.

In dieser Fraktion musste Novize Richard von Weizsäcker seine Rolle finden. Neugierig verfolgten wir jungen Journalisten, wie er den vertrackten Balanceakt absolvieren würde. Ohnehin betrachtete man das Parlament zu der Zeit durchaus noch als Bühne der Nation. Angenehm hob sich tatsächlich Weizsäckers erste Rede zur Ost- und Deutschlandpolitik von den überwiegend stereotypen oder zwiegespaltenen Beiträgen aus den Reihen der Unionsfraktion ab. Von Brandt wollte Weizsäcker genauer wissen, was er meine, wenn er einen «radikalen Bruch mit der Vergangenheit» auf Seiten der Christdemokraten vermisse, drängte im Übrigen jedoch auf Zusammenarbeit, mahnte Informationen an und machte am Ende deutlich, dass in der Sache weitgehend Übereinstimmung herrsche.

«Ungefähr ein Lichtjahr» betrage die Entfernung zwischen Weizsäcker einerseits sowie den Debattenbeiträgen von Franz Josef Strauß und Kurt Georg Kiesinger andererseits, zollte der begnadete Parlamentarier, der Liberale Karl Moersch, in seiner Entgegnung dem Neuling in schwäbischer Solidarität Respekt. Besonders aufgefallen war ihm, dass er von der Einheit der Nation, nicht aber von staatlicher Einheit gesprochen hatte. Moersch hatte genau zugehört.

Weizsäckers weitere Debattenbeiträge im Parlament erwiesen sich bald als kleine Glanzstücke, immer hatte er seine Minderheitsposition diplomatisch auszutarieren, ohne sie zu verstecken. Es klang, als argumentiere er mit Sozialdemokraten und Liberalen. Sein heimlicher Adressat war jedoch in erster Linie das eigene Lager. Also insistierte er tatsächlich vor allem auf der Einheit der «Nation» und bestand darauf, von Ostberlin offen «Selbstbestimmung» anzumahnen, während er sich zugleich einer Rückkehr in die Schützengräben der alten Nicht-Anerkennungs- und Junktimspolitik widersetzte.

Wirklich schwer machte Weizsäcker es den sozialdemokratischen Entspannungspolitikern mit dem Vorbehalt, die SED-Herren in Ostberlin fühlten sich von ihnen eher gestärkt als unterminiert. Auf die Weise hatte sich selten jemand mit Bahrs «Wandel durch Annäherung» auseinandergesetzt. Lenin habe gesagt, lautete Weizsäckers Argument, dass jede herrschende Klasse nur nach erbittertem Widerstand ihren Platz räume. Er habe damit die Kapitalisten gemeint. Aber seine Wahrheit gelte auch für Kommunisten und nicht zuletzt für die SED. Ein ewiges SED-Regime wünschten sie den Landsleuten wahrlich nicht, fuhr er fort. Dennoch müsse man sich vor Augen führen, dass eine Verwandlung der inneren Verhältnisse nicht von außen zu erreichen sei, «weder durch *containment* noch durch *roll back*, aber erst recht nicht durch das, was man drüben nun einmal als die gefährlichste und die raffinierteste Form eines Veränderungsversuchs von außen betrachtet, nämlich den Weg des Wandels durch Annäherung der freiheitlichen Sozialdemokraten.»[2]

Willy Brandts Vorwurf an die Adresse der Opposition, sie spiele in Wirklichkeit «mit der Gefahr einer Isolierung der Bundesrepublik», wovor bereits Adenauer und Bismarck gewarnt hätten, war nicht polemisch gemeint, er traf zu. Weizsäcker war das klar, denn beflügelt wurde bereits die Ostdenkschrift davon, dass Amerika und Frankreich sich intensiv um Entspannung bemühten. Weizsäcker behandelten die Koalitionspolitiker daher wie zerbrechliches Gut – sie brauchten jede Stimme. Und er hatte den Ton gefunden, wie man Kooperation in den nationalen Fragen mit intelligenten Einwänden verknüpfen konnte. Sein diskursives Talent passte ins Parlament dieser Streit-Jahre.

Seine Grundüberzeugung, die er in vielen Redebeiträgen zusammenraffte und die man fast Weizsäckers wahre Handlungsmaxime nennen könnte, lautete: «Neben unserem elementaren Verlangen nach Einheit waren wir im Sinne eines gesamteuropäischen Entspannungsprozesses von der ausschlaggebenden Bedeutung überzeugt, wie sich die beiden Teile Deutschlands zueinander und nach außen verhielten. Die Bundesrepublik war der Osten des Westens geworden, die DDR der Westen des Ostens. Trotz dieser doppelten Randlage blieb Deutschland von den Bedingungen seiner Lage in der Mitte geprägt. Die Mitte war geteilt, aber sie blieb Mitte und hatte als solche ihr Interesse und ihre Verantwortung für ganz Europa. Der Gedanke an unsere eigene Einheit wäre ohne eine friedliche Entwicklung auf dem Kontinent rings um uns herum völlig unrealistisch geblieben.»[3]

Insgeheim wünschte Rainer Barzel der Weizsäcker-Linie Erfolg, verbarg das aber auch weiterhin in seiner seltsam pathetischen Suada. In seinen Memoiren schilderte Weizsäcker, wie er versucht habe, dem Fraktionschef in dessen verzweifelter Lage zwischen eigener Überzeugung und aufgeheizter Mehrheitsstimmung zu helfen.

Seit Wochen spitzte sich der Konflikt in der Unionsfraktion zu. Im Bundestag hatten die «Überläufer», vor allem aus den Reihen des nationalliberalen Flügels der FDP, aber auch Sozialdemokraten, zu einem langsamen Abschmelzen der Regierungsmehrheit geführt. Für den Februar 1972 war die erste Lesung der Ostverträge angesetzt, Barzel hatte für die Christdemokraten ein

«Jetzt nicht» und «So nicht» angekündigt – die Union vermochte nicht über ihren Schatten zu springen. Also spielte er auf Zeit.

Dass Außenpolitik Sache der Exekutive ist, sei ihm klar gewesen, verteidigte Weizsäcker später seinen Fraktionschef, und auch, dass die Westmächte Brandts Kurs sanktioniert hatten. Die Verhandlungen über ein Berlin-Abkommen, das sie direkt betraf, waren noch in vollem Gange. Weizsäcker sprach in der Debatte vage davon, der französische Präsident Georges Pompidou habe die Bundesregierung gelobt, weil sie die DDR anerkenne, und es sei egal, unter welchem genauen Etikett das geschehe – ob er dies Brandt anlastete oder ihn letztlich unterstützen wollte, ging daraus nicht recht hervor.

Überraschend eindeutig stellte sich der christdemokratische Veteran Gerhard Schröder, Außenminister zu Adenauers Zeiten, 1968 Weizsäckers interner Konkurrent bei der Nominierung als Präsidentschaftskandidat, schon in der ersten Lesung auf die Seite der Unionsmehrheit und lehnte die Verträge strikt ab.

Für den Mai 1972 waren die zweite und dritte Lesung anberaumt. Die sozialliberale Koalition hatte bei der baden-württembergischen Landtagswahl sogar ihre Mehrheit im Bundesrat eingebüßt. Im Bundestag führten die zahlreichen Mandatswechsel dazu, dass die ursprüngliche Mehrheit von zwölf Stimmen (254 zu 242) endlich in ein Stimmenpatt mündete. Das Schicksal der Ostpolitik lag damit in den Händen der Christdemokraten. So hatte Weizsäcker sich das freilich nicht erträumt.

Und Franz Josef Strauß, der starke Mann der CSU, bekämpfte nicht nur die Vertragspolitik, er bestürmte Barzel, das Patt zu nutzen und die Regierung zu stürzen. Rainer Barzel wiederum glaubte, mit zwei weiteren Überläufern bei einer Abstimmung rechnen zu können. Er plante die Flucht nach vorne, ein Misstrauensvotum gegen Brandt. Was er nicht ahnte – dass er seinen Untergang vorbereitete. Zunächst scheiterte das Misstrauensvotum, im Mai verweigerte ihm die Fraktion die geschlossene Gefolgschaft bei der Abstimmung über die Ostverträge, und bei der vorzeitigen Bundestagswahl 1972, die zum Plebiszit für Brandt und seine Ostpolitik wurde, verlor er glatt.

Richard von Weizsäcker war bei diesem Prozedere in eine besonders missliche Rolle geraten. Ihm war bewusst, dass das Misstrauensvotum gegen Brandt auch auf die Ostverträge zielte, die Christdemokraten hatten sich verrannt und wollten sich herauswinden. Dem Kern der Brandt'schen Politik aber stimmte er eindeutig zu.

Vergeblich hatte er im Bundesvorstand gemeinsam mit Hans Katzer und Gerhard Stoltenberg vor dem Versuch gewarnt, den Kanzler zu stürzen. Klar sei: Wenn die deutsche Regierung die Verträge unterschrieben und die ganze Welt sich auf die neue Lage eingestellt habe, dann aber diese Regierung durch ein Misstrauensvotum gestürzt werde, dann stehe die CDU «in einem totalen internationalen Chaos da, für das sie verantwortlich ist». Das Schicksal der Vertriebenen könne nicht der einzige Maßstab für Regierungspolitik sein. Kontrovers sei die Ostpolitik zwar in ihrer Partei, in der Öffentlichkeit werde sie aber zunehmend unterstützt.

Fulminant! Überzeugen aber konnte er die renitente Unionsspitze nicht, die drei blieben abgeschlagen in der Minderheit. Weizsäcker ist im Gespräch jedes Detail von damals präsent: Aufgefordert wurde er prompt, sich auch in der Fraktion an der Debatte zu beteiligen, da sein Plädoyer gegen das Misstrauensvotum bekannt geworden sei. Rainer Barzel riet ihm sogar, er müsse zu erkennen geben, dass er überhaupt «der Fraktion angehört». Starker Tobak war das.

Einen Schritt auf die Fraktionsmehrheit ging er mit dem Argument zu, der «Ton der Empörung» in der sozialliberalen

Carl Friedrich und Richard von Weizsäcker: Der acht Jahre ältere
Bruder, Atomphysiker und Philosoph, genießt in der Bundesrepublik
einen einzigartigen Ruf. Die ungleichen Brüder verstehen sich – mit
einigen Ausnahmen.

Koalition darüber sei verfehlt gewesen, dass ein solcher Antrag
überhaupt gestellt werden solle, die Verfassung räume der Fraktion das Recht dazu ein. Mit welcher Stimmenzahl ein solcher
Beschluss gefasst werde, ändere nichts an der Verfassungslage.
Die drei erklärten sich schließlich bereit, mit der Mehrheit zu
stimmen. Für viele derjenigen, die bis dahin Weizsäckers An-

strengungen mit Sympathie verfolgten, die Ostverträge zu retten, galt diese Entscheidung jedoch als der Sündenfall.

Sein Bruder und dessen Frau, erinnert Richard von Weizsäcker sich sehr lebendig, hätten «wie viele andere, die mir nahestanden, diese Prozedur zutiefst abgelehnt»: Wenn man für die Anerkennung der Grenze eintrete wie er, könne er sich «auch nicht an einem Versuch beteiligen, denjenigen zu stürzen, der diese Politik durchsetzt», hielt ihm Carl Friedrich in einer brüderlichen Gardinenpredigt vor. «Sehr deutlich war er, und ich habe ihm das übel genommen.» Die kleine Wunde ist, wenn ich es richtig verstehe, zwar verheilt, aber Narben sind geblieben. Etwas «unterentwickelt» sei das Verhältnis des Bruders «zu den real existierenden Abläufen in der Politik» gewesen, aber, fügt er dann immerhin versöhnlich hinzu, «das war das einzige Mal, dass sich das so zeigte zwischen uns».

Hatte er in der politischen Arena eine Konzession an die Hardliner aus taktischen Gründen gemacht und seine eigene Überzeugung verraten? Für Weizsäcker ist die Sache komplizierter. Am 27. April 1972 kam es zur Abstimmung über eine Abwahl Brandts und die Wahl Barzels als Nachfolger. Zwei Stimmen fehlten, Barzel hatte – wie Scheel ihm richtig prophezeite – auf «Sand gebaut».

Noch immer aber waren die Ostverträge nicht im Trockenen. Im Bundestag herrschte weiter Patt – trotz des gescheiterten Misstrauensvotums gab es auch keine Mehrheit für Brandt. Um diese Verträge, einschließlich des Grundlagen-Vertrags mit der DDR und dem Berlin-Abkommen, sei es doch letztlich gegangen, meint Weizsäcker, und dazu steht er auch im Rückblick. Aus seiner vernichtenden Niederlage zog Barzel die Konsequenz, auf Brandt zuzugehen und ihm zu versichern, er wolle helfen, die Verträge zu retten, und sei es durch Stimmenthaltung seiner Fraktion. Brandt solle dafür seinerseits der Union entgegenkommen.

In den *Erinnerungen* Weizsäckers heißt es dazu: «Aufgrund des Patts im Bundestag brauchte die Regierung nur eine einzige zusätzliche Stimme aus den Reihen der Opposition für die Verträge. Sollte diese Stimme meine Rolle sein?»[4] Das war die Gretchenfrage. In der folgenden Fraktionssitzung der CDU/CSU meldete er sich mit dem Bekenntnis zu Wort, wir brauchten dringend eine Verständigung mit Polen, die «Territorialverschiebung» sei unabänderlich und müsse anerkannt werden. Was eindeutig hieß, die Grenze müsse anerkannt werden – und die Verträge dürften nicht scheitern.

Nach einer einsamen Heldenrolle habe es ihn nicht verlangt, er sei aber entschlossen gewesen, «das Meinige dazu beizutragen, um die Verträge nicht scheitern zu lassen und zumal dem Warschauer Vertrag zuzustimmen». Mit Fäusten sei er aus der SPD-Fraktion heraus bedroht worden, weil er im Plenum inhaltliche Kritik an den Verträgen übte, aber das war noch harmlos im Vergleich mit der eigenen Fraktion. Einen Tumult löste er dort mit der Ankündigung aus, gemeinsam mit den Kollegen Erik Blumenfeld und Winfried Pinger dem Warschauer Vertrag zuzustimmen. Zum Teufel solle er sich scheren, bekam er zu hören. Ernsthaft erwog er, ob er austreten solle. War er doch in der falschen Partei? Aber es sei ihm noch immer darum gegangen, die Verträge durchzubringen, «ohne ein spektakuläres persönliches Drama zu veranstalten».[5]

Papierkugeln, «und zwar ziemlich harte», trafen ihn, als er in einer letzten Runde in der Fraktion dabei blieb, ja, er werde für den Polen-Vertrag stimmen. Johann Baptist Gradl, der ältere Kollege, hielt ihm entgegen, er verstehe, dass der Moskauer Vertrag ratifiziert werden müsse. Aus seiner Sicht wiederum war das «Haupt-Thema» die Oder-Neiße-Grenze, aber dieses Ziel sei nur über Moskau erreichbar. Für ihn, entgegnete Weizsäcker Gradl, habe hingegen der Warschauer Vertrag Priorität. Die Riege der

Vertragsfreunde schmolz ab von zwanzig auf vier. Walter Leisler Kiep, Norbert Blüm, Olaf von Wrangel und er blieben, die weiter auf Rettung bedacht waren.

Um große Dramen handelte es sich, auch wenn sie in der Rückschau wie nebensächlich erscheinen mögen – Politik *live*. Um wenigstens eine Enthaltung seiner Fraktion bei der Abstimmung zu erreichen, hatte Rainer Barzel vorgeschlagen, das Parlament solle möglichst gemeinsam eine Entschließung zum Grundlagenvertrag hinzufügen. Ohne zusätzliche Entschließung, drohte Barzel öffentlich, sei eine Ratifizierung dieser «unzureichend ausverhandelten Verträge» schlimmer als eine Nicht-Ratifizierung mit unkontrollierbaren Folgen.

Besonders Hans-Dietrich Genscher, der damalige Innenminister, favorisierte die Idee, nicht aus heimlicher Skepsis, wie er im Gespräch beteuert, sondern um die Verträge abzusichern gegen eine Klage vor dem Verfassungsgericht. Willy Brandt ließ sich darauf ein, in einem Begleitbrief die Verträge so zu interpretieren, damit die Union sie zumindest passieren lasse.[6]

Das Karlsruher Gericht war jedoch nicht Richard von Weizsäckers primäre Sorge. Vielmehr ging es für ihn darum, ob Rainer Barzel wenigstens eine geschlossene Position seiner Fraktion erreichen würde. Ventiliert wurde eine Stimmenthaltung, wenn denn schon die Zustimmung nicht durchzusetzen war. Franz Josef Strauß kooperierte anfangs bei der Suche nach Formulierungen zum Begleitbrief, womit eine Enthaltung ermöglicht werden sollte. Die Hardliner waren immer noch nicht gewonnen. Schließlich verständigte man sich mit Hilfe des sowjetischen Botschafters, Valentin Falin, auf Formeln zur Wiedervereinigung, die den Brief gerade noch akzeptabel machten für die Vertragsbefürworter – offen blieb, wie Moskau den mühsam ausgehandelten Text offiziell zur Kenntnis nehmen würde. Überraschenderweise wechselte Strauß, die ewige *loose cannon* der

146

Union, aber über Nacht seine Position und wanderte wieder ins Lager der kategorischen Neinsager zurück.

Im Bundestag jedoch musste dem Fahrplan zufolge vorher abgestimmt werden, ohne dass es schon zu einer definitiven Einigung über den Brief gekommen wäre. Es war klar, so erinnert sich Weizsäcker, «dass bei einer solchen formalen Abstimmung die Verträge scheitern würden, da noch kein Gesamtpaket geschnürt war». Helmut Schmidt musste helfen! Mit dem starken Mann in Brandts Kabinett verstand er sich, trotz mancher Fingerhakeleien untereinander im Bundestag. Schmidt bat er daher, die Abstimmung doch noch zu verschieben, mit den Verträgen käme man sonst nicht ans rettende Ufer. Er gestand ihm, er selbst müsse der eigenen Fraktion dafür allerdings die Konzession machen, sich an der Enthaltung zu beteiligen. Erst dann solle das Thema Moskauer und Warschauer Vertrag auf die Tagesordnung gesetzt werden.

War das nicht der politische Kriminalroman der Nachkriegsgeschichte, der gerade im Parlament geschrieben wurde? Ja, und Weizsäcker mittendrin. Er gehörte nicht zur Exekutive, in der Opposition war er nicht der «Oberbefehlshaber», aber er war auch mehr als ein Regimentsadjutant. Für Stimmenthaltung plädierte offiziell Walter Hallstein – der Mann, der den jungen Weizsäcker einst aus dem Diplomatischen Dienst fernhielt, wegen des Vaters. Dass das Votum von ihm kam, hatte Gewicht: Hallstein verfügte über Einfluss, galt als strikter Vertragsgegner, plädierte aber dafür, angesichts der Zerrissenheit müsse die Geschlossenheit der Fraktion Vorrang haben, und das sei nur zu erreichen, wenn die Ja- und Neinsager sich enthalten. So wurde es vereinbart.

Anders als Rainer Barzel und Weizsäcker ursprünglich erhofft hatten, öffnete aber auch die Entschließung damit nicht endgültig den Weg zum «Ja», sondern nur zur mageren Enthaltung seiner Fraktion. Schlimmer noch, wie sich bald zur großen Enttäuschung Weizsäckers offenbarte: Nicht einmal die Enthaltung war durchzusetzen. Zehn Unionsabgeordnete stimmten gegen den Moskauer, siebzehn gegen den Warschauer Vertrag. Aber immerhin – in der Endabstimmung passierten die Verträge das Parlament.

Vorwurfsvoll konfrontierte ihn Helmut Schmidt später mit der Frage, warum er sich enthalten habe. Ganz entspannt klingt es nicht, immer noch nagt solche Kritik spürbar an Richard von Weizsäcker. Entgegnet habe er dem «Helmut», wie es auch seiner Überzeugung entsprach: «Sonst hätte es die Verträge nicht gegeben.» Aber das, sagt er achselzuckend, «bleibt wohl einer der nicht ganz ausgetragenen Konfliktpunkte zwischen Schmidt und mir».

Die Politik, die er seit dem Tübinger Memorandum befürwortete, hatte sich durchgesetzt. Eine «Wunde» aber aus dieser Zeit der Erregung heile nicht recht, so Richard von Weizsäcker. In einer gewaltigen Redeschlacht über eine zentrale deutsche Lebensfrage «hatte der Unionsberg gekreißt und eine magere Enthaltungsmaus zur Welt gebracht». Bei einer der ausschlaggebenden Entscheidungen unseres Landes habe die Hälfte der Mitglieder des Parlaments den Eindruck erweckt, als hätten sie keine Meinung. Was er getan habe, folgerte er lakonisch, «war nicht genug». Eine selbstkritische, ehrliche Bilanz, wie mir scheint.

Zu den Enttäuschten gehörten auch die journalistischen Beobachter in Bonn, die ihre Hoffnungen auf einen wirklichen Neuanfang in der Bundesrepublik und in Europa mit Hilfe der Ostpolitik setzten. Enttäuscht über die Christdemokraten, enttäuscht auch über Weizsäcker. Aus der Distanz jedoch sieht man die Sache in anderem Licht: Man kann schwer verlangen, dass einer sich hineinkniet in die Politik, in der es auch um Machtfragen, um Bündnisse und Kompromisse geht, dann aber, wenn er sich auf die Ebene begibt, genau diese Kompromissbereitschaft nicht akzeptiert wird.

Marion Gräfin Dönhoff, die Weggefährtin und leidenschaftliche Befürworterin von Brandts Ostpolitik, die in der *ZEIT* schon das Tübinger Memorandum und die EKD-Denkschrift publiziert hatte, hat ihn in dieser Frage stets unbeirrt verteidigt: Richard von Weizsäcker habe mit seinem Verhalten in Wahrheit die Ostverträge gerettet, urteilte sie. Dass am Ende die Verträge doch alle Hürden passierten, hatte nach ihrer festen Überzeugung auch mit dem moralischen Druck zu tun, der von den wenigen Stimmen mit Autorität ausging, die hartnäckig seit Anfang der 60er Jahre hinarbeiteten auf dieses Ziel.

Sieht er es rückblickend ähnlich? Dieser Satz stimme ja, erwidert Weizsäcker zwar zögerlich, ihm sei es um das Schicksal der Ost- und Entspannungspolitik gegangen, und ja, insofern war er beteiligt an dieser entscheidenden Etappe im Selbstfindungsprozess der Republik. Die Kontroverse um die Ostverträge war – wie er es sieht – identitätsstiftend für das Land wie weniges andere, ohne Frage. Gerettet aber, fügt er hinzu, habe den Warschauer Vertrag im Bundesrat der christdemokratische Ministerpräsident Ernst Albrecht «mit seiner Geradlinigkeit».

Mehr noch: Das Entscheidende, das möchte er ausdrücklich anerkennen, sei «durch die Unterschrift der Regierung Brandt/Scheel bereits geleistet worden». Sie hatten das bewerkstelligt, «das bleibt ihr Verdienst». «Die Welt nahm die Unterschriften für die Tat. Unterschrieben aber hatte der Kanzler.» Der Mann, der das Gewehr in die Hand nahm gegen Hitler.

* * *

Zum 75. Geburtstag im Herbst 1988 gab Weizsäcker zu Ehren des Kanzlers a. D. und Friedensnobelpreisträgers Willy Brandt ein nobles Essen. Freunde aus aller Welt waren versammelt:

Bruno Kreisky, Francois Mitterand, Shimon Peres, Ingvar Carlsson, Mieczyslaw Rakowski, Mario Soares, Jacques Delors, Kalevi Sorsa, aber auch Helmut Kohl, Egon Bahr, Hans-Jochen Vogel, Walter Scheel, Hans-Dietrich Genscher und andere.

Weizsäcker, an Brandt gewandt: «Der Aussöhnung mit dem Westen, die Konrad Adenauer zustande gebracht hatte, stellten Sie die Verständigung mit dem Osten an die Seite. Das Neue war keine Ablösung des Alten, ganz im Gegenteil: Es war die feste Verankerung im Westen, die Ihnen die Möglichkeit zur neuen Ostpolitik gab und die Sie nutzten.» Hinzuzufügen vergaß er nicht: «Ihre Lebensgeschichte, Herr Brandt, ist ein deutsches Schicksal dieses Jahrhunderts, in seinen Kriegen und im Frieden, zu Hause und in der Fremde, unter Zwang und in der Freiheit … Ihnen ist in Ihrer Politik etwas ganz Seltenes gelungen. In Ihrer Person haben Sie die Spannung zwischen Macht und Moral aufgehoben. Es gibt keine politische Verantwortung ohne Macht, Moral ohne Macht löst die Probleme nicht.»[7]

Man spürte, dass Weizsäcker neidlos anerkennen wollte, Brandt sei es gerade wegen seiner ganz anderen Lebensgeschichte geglückt, Brücken zu bauen. Das musste von dieser Seite kommen. Einen «Fremden unter Mächtigen» nannte er ihn seinerzeit, er hat es über Brandt später noch manchmal wiederholt. Der Warschauer Vertrag habe die Oder-Neiße-Grenze anerkannt. Das sei der schmerzhafteste, die Gefühle der Menschen am tiefsten erregende Gang der Bundesregierung gewesen. «Hier, im Verhältnis zu Polen, zu den alten deutschen Provinzen, zu den grauenhaften Verbrechen im Krieg, zu den unmenschlichen Vertreibungen, ging es um weit mehr als um nüchternen politischen Verstand.»

Zustimmend zitierte Weizsäcker bei diesem Geburtstagsessen einen Augenzeugen, der über den Kniefall Brandts seinerzeit schrieb: «Dann kniete er, der das nicht nötig hat, für alle, die

(M)

150

es nötig haben, aber nicht knien.» Ein unerhörter Vorgang, ein «unvorstellbarer Augenblick» sei das gewesen.[8]

Auch die Motive, die Brandts Ostpolitik zugrunde lagen, stimmten mit denen Weizsäckers merklich überein. In die Kameras des *Deutschen Fernsehens* hatte Brandt am Abend des 7. Dezember, nach der Unterzeichnung des Vertrages und noch von Warschau aus erklärt, ein «klares Geschichtsbewusstsein» sei notwendig. Nicht die Koalition, die Reichsregierung Hitlers habe den Osten Deutschlands auf dem Gewissen. Mit dem Moskauer Vertrag gehe nichts verloren, mit dem Warschauer werde nichts preisgegeben, was nicht längst verspielt war, «verspielt nicht von uns, die wir in der Bundesrepublik politische Verantwortung tragen und getragen haben, sondern verspielt von einem verbrecherischen Regime, vom Nationalsozialismus».[9]

Das waren Worte ganz nach Weizsäckers Geschmack, der Blick auf die Wurzel des Übels. Fünfzehn Jahre später, in seiner 8.-Mai-Rede, griff er den Faden ausdrücklich auf: Nicht am Ende des Krieges dürften wir die Ursache für Flucht, Vertreibung und Unfreiheit sehen, sie liege vielmehr an seinem Anfang, zurückblenden müsse man bis 1933. Wo Deutsche systematisch gemordet und andere Völker erniedrigt hatten, musste sich eine Regierung, der es um Glaubwürdigkeit ging, zur Verantwortung für den Krieg selbst bekennen.

Ja, Weizsäcker hat sich früh an der Suche nach einer neuen Ostpolitik beteiligt – und geholfen, die Verträge zu retten. Aber zustimmen würde er vermutlich gleichwohl dem Urteil Peter Benders, der «einzige Nazi-Verfolgte unter den Kanzlern der Bundesrepublik»[10] habe damit den Brückenschlag nach Osten überhaupt erst möglich gemacht.

Zur Glaubwürdigkeit in besonderem Maße trug bei, dass diese Geste von «links» kam. Ähnlich lag die Bedeutung von Weizsäckers Rede wohl darin, dass sie von «rechts» erfolgte.

Oder, wie Peter Bender, selbst am Entstehen der Ostpolitik beteiligt, voller Respekt schrieb: «Nicht ein Emigrant, sondern ein Frontoffizier, nicht ein Atheist, sondern ein ehemaliger Kirchentagspräsident, nicht ein Linker, sondern ein ehemaliger CDU-Politiker zerstörte die Lebenslüge der Bundesrepublik, dass sie nur das Opfer unglücklicher Verhältnisse sei.» [11]

Weizsäcker und Brandt: Sehr nah waren sie sich in diesem Urteil über die deutsche Verantwortung, die aus dem historischen Versagen der Deutschen erwachse. Aber diesen Einsichten näherten sie sich in extrem unterschiedlichen Leben an.

Vielleicht liegt in diesen konträren Lebensgeschichten aber der Grund, weshalb man den Eindruck nicht los wird, als gebe es trotz aller Respekt-Beteuerungen einen Hauch von Distanz zwischen dem Präsidenten a. D. und dem ersten sozialdemokratischen Kanzler der Republik. Etwas von Fremdheit bleibt, mehr zwischen den Zeilen zu erahnen als direkt herauszulesen.

Ist das so? Knapp beschränkt Weizsäcker sich dazu auf die Bemerkung, für einen «durch und durch politischen und historischen Schritt, sehr schwer erklärbar, hochemotional», halte er heute noch den Kniefall vom 7. Dezember 1970 vor dem Ghetto-Mahnmal, diese Demutsgeste, mit der Brandt Verantwortung übernahm. Ob das überlegt war, gründlich erdacht oder spontan – darüber will er nicht räsonieren. Ja, sagt er nur, «prägend beeindruckend» war das. Über die weltweite Wirkung habe er sich jedenfalls «aufrichtig gefreut». Aber zugleich bekümmerte ihn auch, wenn man das richtig versteht, dass manche ihm nahestehende Leute irritiert gewesen sind. Wäre die Ostpolitik auch ohne die Geste Brandts vollendet worden? Passte der Kniefall zu Brandts Ostpolitik, aber so nicht zu jenen Motiven, wie sie Weizsäcker seit den Zeiten der Ostdenkschrift umtrieben?

Willy Brandt, denkt man beim Zuhören, ist einen ganz anderen Weg gegangen als Ernst von Weizsäcker oder dessen

152

Söhne. Den Prozess in Nürnberg, zu dem auch Brandt im Spät-
herbst 1945 eilte, erlebte er natürlich als jemand, der früh vor
Hitler emigrierte. «Verbrecher und andere Deutsche» nannte
Brandt ein Buch, das er in den Jahren 1945 und 1946 unmittelbar nach seiner Rückkehr niederschrieb. Dieser «Bericht aus
Deutschland 1946», wie es im Untertitel heißt, handelte vor
allem vom ersten Nürnberger Kriegsverbrecherprozess. Erst
Ende 2007 hat Richard von Weizsäcker dieses Buch gelesen,
nachdem es von der Willy-Brandt-Stiftung neu und erstmals un-
gekürzt in deutscher Sprache ediert worden ist. Im Nürnberger
Justizpalast sind sie sich möglicherweise vielleicht sogar begegnet, ohne sich freilich zu kennen.

«Verneigen» könne man sich nur vor der «unglaublichen
Kenntnis, der moralischen Strenge und der historischen Fair-
ness» des Autors, bekannte Weizsäcker bei der Präsentation des
Buches im Deutschen Historischen Museum.[12] Der Kontrast
könne gar nicht größer sein zwischen diesem Brandt, damals
auch gerade erst zweiunddreißig Jahre alt, und jungen Leuten
wie ihm. Um Essen hätte man sich so kurz nach dem Krieg bemüht, um Heizung für den Ofen, «einen Stein hat man auf den
anderen gestellt», die Alltags- und Überlebenssorgen füllten das
Leben aus – und da kommt dieser Brandt, so alt wie seine älteren
Geschwister, und schreibt über die Zeitverhältnisse, über die
deutsche Schwierigkeit, eine Nation zu werden, die Unfähigkeit,
ein verlässliches Bürgertum zu entwickeln, schreibt fair über das
Ende des Ersten Weltkrieges und den Versailler Vertrag, redet
über ein «europäisches Deutschland» – vor allem aber will er
den europäischen Nachbarn klar machen, dass es neben den Ver-
brechern, die auf der Anklagebank saßen, auch «andere Deutsche» gab.

An die moralisch aufbauenden Kräfte dieser Minderheit
glaubte der Autor, wie Weizsäcker bei der Lektüre entdeckt,

ganz wie er selber. Er marschierte im Infanterieregiment 9 quer durch Osteuropa. Brandt bekämpfte Hitler von Skandinavien aus und im Untergrund, und Franco in Spanien. Und doch teilten sie diese Überzeugung. Die Minderheit, dachte Brandt, könne und müsse Verantwortung übernehmen, «Verantwortung, nicht Schuld». Ja, für legitim hielt er den Prozess, obwohl es ein Völkerrecht nicht gab, auf das er sich hätte stützen können. «Die raus, wir rein», wie Weizsäcker und Bussche vor dem Justizpalast, das hätte Brandt nicht gerufen. Daran, dass die Richtigen zu Gericht sitzen, hegte Richard von Weizsäcker erheblich größere Zweifel. Ein deutscher Richter, das fand aber auch Brandt, hätte mit dabei sitzen sollen. Worin sie jedoch vollends übereinstimmten, das war dieses Gefühl, dass es auch sie als Deutsche angehe, die eigene Sache werde verhandelt. Einen frühen Geistesverwandten entdeckte er damit in Brandt, der viel mehr im europäischen Kontext dachte als er, der Lehrling, der seinen Uniformrock noch nicht lange abgelegt hatte.

Pauschal befand 1945 Anthony Eden, wie Weizsäcker bei der Gelegenheit in Erinnerung rief, es gebe «keinen vernünftigen Menschen unter den Deutschen, dem wir vertrauen können». Britische Diplomaten jubelten nach dem Scheitern des Attentats vom 20. Juli, für sie sei es besser, dass Stauffenbergs Versuch fehlschlug – und also keine «guten Deutschen» mehr präsentiert werden können. Winston Churchill habe zwar den Widerstand abgewertet als Nazi-internen Machtkampf – aber immerhin selbstkritisch von einem «unnecessary war» gesprochen, den beizeiten zu verhindern Großbritannien mehr hätte unternehmen müssen.

Nichts von solchen Pauschalurteilen bei Brandt, wunderte Weizsäcker sich. Sogar den Attentatsversuch Axel von dem Bussches, seines Freundes, hatte Brandt in der Schilderung der «anderen Deutschen» erwähnt. Schäbig sei es, schrieb er, die «Ehre der Opfer» des Widerstandes anzugreifen. Ob sie nun dem Generalstab oder der bürgerlichen Intelligenz, Wirtschafts- oder Beamtenkreisen oder der Arbeiterklasse angehörten, er verteidigte sie. Und nicht zuletzt verteidigte er die preußischen Offiziere – «der 20. Juli war eine Revolution».

Aber: Phantastisch mute es an, resümierte der «deutschnorwegische Journalist» Brandt, dass es so viele Gruppenbildungen, Konferenzen, Planungen geben konnte, ohne dass das Ganze zu einem weit früheren Zeitpunkt aufgerollt wurde. Es sei fast nicht zu glauben, dass dies mitten im «Gestapo- und Mörderreich» möglich war. Um dann hinzuzufügen, noch phantastischer sei es, dass aus so viel Verschwörung so wenig herauskam. «Man weiß, dass einige jüngere Offiziere bereit waren, alles zu riskieren, aber man kann sich gleichzeitig des starken Eindrucks nicht erwehren, dass die ‹verantwortlichen› Militärs sich zu keiner geschlossenen kraftvollen Aktion entschließen konnten. *Das* – und nicht die ‹Vorsehung› – war der Hauptgrund dafür, dass das Ganze im Sande verlief.»[13]

Respekt vor den «anderen Deutschen», die die Kraft zu einem «moralischen Neuanfang» haben: So unterschiedlich die Lebenswege des Mehrheitsdeutschen und des Minderheitsdeutschen auch waren, an der Stelle hat es ein Grundeinverständnis gegeben, das sie verband. Damit haben sie den Dissens, der in den Lebensläufen steckt, überbrückt, auch wenn ein unauflösbarer Rest blieb. Es ist das Einverständnis, auf dem die Republik baut.

VII. 8. Mai 1985   S. 187

Wohlgefühlt habe er sich im Bundestag als Abgeordneter, sagt Richard von Weizsäcker. Man wusste, dass Bruno Heck, der Generalsekretär der CDU, schon 1968 bei dem Kirchentagspräsidenten sondierte, ob er im kommenden Jahr für das Amt des Bundespräsidenten kandidieren wolle. Verhindern wollte die Union damit eine Entscheidung zugunsten des sozialdemokratischen Kandidaten Gustav Heinemann. Ihn betrachteten sie als Abtrünnigen, seit er aus der Gesamtdeutschen Partei zu den Sozialdemokraten übergewechselt war, um dort sein oberstes Ziel, die deutsche Einheit, weiterverfolgen zu können. Weizsäcker zögerte, weil er sich nicht erfahren genug fühlte, ließ sich aber von Helmut Kohl und Kurt Georg Kiesinger, dem Kanzler und Parteivorsitzenden, dann doch zu einem «Ja» drängen.

Monate später entschied sich die Fraktion eindeutig mit 60 zu 20 Stimmen für den ehemaligen Außenminister Gerhard Schröder (CDU). Ausdrücklich weigerte Weizsäcker sich, einen Rückzieher zu machen, obwohl ihm das geraten wurde. Er wollte sich der Wahl stellen, auch wenn er keine Chancen hatte. Realist genug war er ja. Was die Finessen der Machtpolitik angeht, erwies er sich dabei schon als lernfähig. Anständig zu unterliegen, war das in dieser Arena nicht auch ein Sieg, von dem er später profitieren könnte? Schon wegen dieser Vorgeschichte also, die ihm Kredit verschaffte, ragte er in den Augen der CDU-Oberen heraus.

1969: Gegen die Erstarrung der Großen Koalition (1966 bis 1969), gegen die «restaurativen Tendenzen» der Bundesrepublik seit Adenauer machte die Außerparlamentarische Opposition in den 60er Jahren mobil, besonders die Verdrängungen der Elterngeneration und der deutschen Eliten nach ihrem Versagen im «Dritten Reich» standen für sie im Vordergrund. Willy Brandt genoss einen Bonus bei Jüngeren schon deshalb, weil er als Emigrant gegen Hitler gefochten hatte und die sozialliberale Ära mit dem Versprechen eröffnete, die Demokratie sei nicht am Ende, sie fange erst richtig an.

Über diesen Satz sei er gestolpert, gesteht Weizsäcker rückblickend. Vermessen fand er das einfach, geradezu töricht! «Ein solcher Satz, 1969, nach zwanzig Jahren, das geht nicht.» Auch die CDU war doch nicht einfach stehen geblieben! Allein schon der Mainzer Helmut Kohl belegte doch, dass sich seit den Adenauer-Jahren etwas verändert habe.

Im Parlament allerdings blieb es nach dem Machtwechsel 1969 gerade für Leute wie ihn ein Bergauflauf. Seine Partei verhärtete eher ihre Positionen, und zwar vor allem in den Fragen, die ihn umtrieben – Ostpolitik, Verhältnis zu Ostberlin, die Lage der Nation. Besonders vom Kriegspfad gegen die Ostpolitik kam die Union einfach nicht herunter, den nächsten verheerenden Fehler machte sie 1975, als sie vehement die Konferenz für Sicherheit und Zusammenarbeit (KSZE) in Helsinki ablehnte, wo Ost und West, Moskau und Washington, aber auch Ostberlin und Bonn, einmütig einen entspannungspolitischen Kurs austesteten und mehr Wandel durch Annäherung wagten. Sogar den legendären Korb III ließ Moskau sich abhandeln, eine Schutzerklärung für Menschen- und Minderheitsrechte, von der die Dissidenten Osteuropas bald unermesslich profitierten.

Wieder war es Richard von Weizsäcker, der zu der Minderheit zählte.[1] Partei und Fraktion der Christdemokraten warnten sie davor, sich aus rein machttaktischen Überlegungen in eine Konfrontation mit der sozialliberalen Koalition Helmut Schmidts zu verrennen und sich dabei außenpolitisch weltweit zu isolieren. Die Geschichte gab den Befürwortern und auch ihm Recht.

Schon gar nicht passte die innerstaatliche Feinderklärung, die manche seiner Parteifreunde propagierten, zu seinem zurückhaltenden, grundsätzlich diskursiven Stil. Gewiss, Weizsäcker war kein Linker. Aber Kampfparolen wie «Freiheit oder Sozialismus» gegen die Sozialdemokraten? Seine Welt war das nicht. Fremd blieb es ihm auch, dass Helmut Kohl unter Druck auf diesen Oppositionskurs einschwenkte. Wohl aber plädierte er entschieden für ein neues Grundsatzprogramm, Rainer Barzel holte ihn noch an die Spitze einer Programmkommission, bevor er endgültig Kohl weichen musste.

Als eine Zeit «lebhaftester Parteiendemokratie» empfand Richard von Weizsäcker diese 70er Jahre. Keinerlei Beigeschmack hatte das Wort für ihn damals. Zwar befand er sich in der recht machtlosen Opposition. Die Bundesrepublik erwies sich aber als pädagogische Lehrwerkstatt: Auch die Christdemokraten unter Weizsäckers Regie verständigten sich auf Freiheit, Solidarität und Gerechtigkeit, die Debatten kreisten um ein «Bild vom Menschen», wie Weizsäcker es nannte, damit aber auch um einen «moralischen Kapitalismus» und natürlich die Frage, ob es so etwas überhaupt geben könne.

Dem sozialdemokratischen Begriff von Solidarität, die im Konflikt mit mächtigen Interessengruppen erkämpft werden müsse, wollten Weizsäcker und Heiner Geißler eine Art freiwilliger Solidarität entgegenstellen. «Solidarität von oben», wie Weizsäcker formulierte. Leugnen wollte er allerdings nicht, wie schwer es sei, eine solche Linie politisch durchzusetzen und daraus praktische Folgerungen zu ziehen – aber es ging nun einmal, bei aller Nähe, zugleich auch um eine klare, prinzipielle Abgrenzung von der anderen Volkspartei.

In jener Zeit ernannte Willy Brandt Weizsäcker süffisant zum «Don Quichotte der Christdemokraten», der gegen Windmühlen kämpfe – fern der realen Konflikte. Dort nämlich, in der wirklichen Welt, wollten ihn seine Oberen auch gar nicht haben, spottete Brandt. Nur zu gut hat Weizsäcker das alles präsent.

Verschärft habe sich der Ton, erinnert er sich, erst wieder mit der Kanzlerschaft Helmut Schmidts. Auch er selbst hatte seine Partei, die CDU, davor gewarnt, über Grundwerte allzu abstrakt zu debattieren, weil man sie leicht folgenlos beschwören könne, man die Sache damit aber auch entwerte. Wichtiger seien «Pflichten». Darin dachte er wie Schmidt. Den frischgekürten Kanzler, Nachfolger Brandts, der in der Guillaume-Affäre 1974 zurückgetreten war, bewunderte er einerseits, andererseits rieb er sich heftig an dessen demonstrativem Pragmatismus. Auf den Philosophen Karl Popper berief Schmidt sich dabei am liebsten, Politiker seien Sozialingenieure, Stück für Stück müssten sie mit eigenen Händen erarbeiten. Also: Bloß keine Flausen, keine Utopien, keine Theorien. Gerade weil das seine Ebene war, fühlte Weizsäcker sich von Schmidt angelockt – und provoziert. Denn er vermisste in der Ära Schmidt besonders dramatisch gesellschaftliche Entwürfe, wovon es zuvor eher zuviel gegeben hatte. Wer Visionen habe, dekretierte Schmidt, solle zum Arzt gehen. Weizsäcker hatte nichts gegen Visionen.

Es lag nahe, dass die CDU unter seiner Regie eifrig daran herumfeilte, was das «C» im Firmennamen, was «Freiheit» und

160

«Gleichheit» denn politisch und zeitgemäß übersetzt heiße. Bald galt er als Mann, der zuständig sei für «Moral». Seine Widersacher zeichneten genüsslich dieses Bild vom weltabgewandten Freiherrn, Parteifreund Franz Josef Strauß beteiligte sich daran natürlich noch begeisterter als der scharfzüngige Sozialdemokrat Helmut Schmidt.

Vom ersten Tag an wehrte Weizsäcker sich gegen diese Art Abspaltung, als könnten in der Politik die einen für das pragmatische Machen und die große Konfrontation, die anderen für Prinzipien und Maßstäbe zuständig sein. Freunde fand er damit in der Öffentlichkeit, zumal in den liberalen Medien, in den eigenen Reihen blieb das Echo gemischt. Allerdings spürten die Christdemokraten, dass sie einen wie ihn weiter dringend brauchten, eher noch dringender. Mit dem Zeitgeist lagen sie spürbar überkreuz, er nicht. Das war keine Frage bloßer Moden.

Eine überraschende Veröffentlichung mit Unterlagen des Vaters löste 1974 einen Moment lang eine heftige Kontroverse aus: Der Historiker Leonidas E. Hill publizierte *Die Weizsäcker-Papiere 1900–1932* und verknüpfte sie zugleich mit einer entschiedenen Deutung: Ernst von Weizsäcker tauge nicht zum Inbegriff eines übertrieben nationalistischen Marineoffiziers, nicht als Repräsentant rechtsextremer Gegner der Weimarer Republik und nicht als Vorläufer des «typischen Nazi». Er habe sich, so argumentierte Hill, auch nach 1933 nicht total verändert, sondern sei sich treu geblieben. Diese «Konsequenz in seinem Leben» wollte er an Hand der Papiere belegen. Als parteiisch und apologetisch wurde Hills Intervention gelegentlich attackiert. Aber die Debatte, zu der Richard von Weizsäcker in seinen *Erinnerungen* schwieg, versandete bald auch wieder. Wie immer man den Vater beurteilte – mit seinem Auftreten als Kirchentagspräsident, aber auch mit dem Verhalten in der Ostpolitik hatte Richard von Weizsäcker sich emanzipiert. Zunehmend konnte man ihn messen an dem, wofür er alleine öffentlich stand.

Noch im gleichen Jahr wurde das deutlich. 1974 nämlich schlug Helmut Kohl erneut Richard von Weizsäcker, den der «Oberkommandierende der Weimarianer» schon wegen seines Familiennamens aus der Politik hatte heraushalten wollen, für das Präsidentenamt vor; und diesmal legte sich die Fraktion, trotz der Spannungen wegen der Ostpolitik, nicht gleich wieder quer. Die sozialliberale Seite nominierte Walter Scheel, den Außenminister und FDP-Vorsitzenden. Genauer: er hatte sich selber ins Spiel gebracht, und die SPD wagte nicht zu widersprechen, obwohl sie sich sorgte, damit werde ein tragender Pfeiler aus dem Koalitionsgebäude herausbrechen.

1968 hätte Richard von Weizsäcker, damals neuundvierzig Jahre alt, größere Chancen gehabt als Gerhard Schröder (CDU), den die FDP keinesfalls wählen wollte – Heinemanns Wahl bedeutete somit tatsächlich «ein Stück Machtwechsel», wie dieser lakonisch konstatiert hatte. 1974 jedoch stand fest, dass Weizsäcker nur ein Zählkandidat werden könne. Wieso hätten die Liberalen ihren eigenen Mann ins Messer laufen lassen sollen?

Am 6. Mai 1974 trat Brandt zurück. Am 15. Mai sollte der Heinemann-Nachfolger gewählt werden. Am Tag darauf stand die Wahl des neuen Kanzlers auf der Tagesordnung. Seine Rolle als Kandidat ohne Chancen nahm Weizsäcker ohne Zucken auf sich – eine Kandidatur war nicht ehrenrührig, und eine Niederlage konnte ihm, der jenseits sämtlicher Parteilager Respekt genoss, eher helfen. Zwei vergebliche Anläufe: Dass ihn die Rolle reizte, nachdem der Weg ins Außenministeramt versperrt wurde, war unübersehbar geworden, und Niederlagen auf dem Wege dahin gehören eben dazu. So ist Demokratie? Ja, so ist Demokratie! Man konnte mit ihm lernen.

Die einzige wirkliche «exekutive Erfahrung» sammelte

Weizsäcker, wie er gern einräumt, in knapp drei Jahren als Regierender Bürgermeister Berlins. Helmut Kohl schlug ihm bereits im Frühherbst 1978 vor, als Spitzenkandidat der angeschlagenen Berliner CDU für das Amt zu kandidieren. Seine Partei wollte er systematisch von den Ländern her wieder aufbauen, mit Ernst Albrecht in Hannover, Gerhard Stoltenberg in Kiel, Walter Wallmann in Wiesbaden, und in dieses Schema passte die Weizsäcker-Idee prächtig. Berlins Christdemokraten fehlte jede Kraft zur Regeneration, sie brauchten dringend einen frischen Impuls von außen. Soweit die Ausgangslage, über die sie beide, Kohl und er, offen sprechen konnten.

Weizsäcker: Unausgesprochen zwischen Kohl und ihm blieb jedoch im Vorfeld, worum es nebenbei auch ging. Er suchte zu verhindern, dass Weizsäcker, dem er zwei Mal eine Kandidatur für das Präsidentenamt angetragen hatte, daraus etwa den Anspruch ableite, das im Jahr 1979 noch ein drittes Mal für sich zu reklamieren. Dieses Mal hatte der christdemokratische Kandidat Chancen in der Bundesversammlung, und da ausgerechnet zuckte Kohl zurück. Das Hauptinteresse des Oppositionsführers galt einer anderen Front – Strauß wollte selbst Kanzlerkandidat werden und Kohl ausbooten, also musste Kohl alles tun, um Strauß unter Kontrolle zu bekommen oder doch zu besänftigen.

Franz Josef Strauß aber, das stand fest, würde mit aller CSU-Macht verhindern, dass Weizsäcker gewählt würde. Er hatte die Brachialstrategie der Union gegen die Ostpolitik und die sozialliberale Koalition durchgepaukt, die Weizsäcker ständig durchkreuzte, und einen anderen, konservativen Favoriten hatte er auch schon im Auge: Professor Karl Carstens. Kohl wollte sich dem nicht widersetzen.

Vor allem die *FAZ* jubelte lauthals über den «Berliner Coup» Helmut Kohls. Er schaffe sich damit den ewigen Dualismus von Ost- und Deutschlandpolitikern in den eigenen Reihen vom Halse, hieß es. Was ja stimmte, aber nebenbei auch an die Skepsis im Hause *FAZ* gegenüber der deutschlandpolitischen Haltung Weizsäckers erinnerte. Allerdings: weil er für eine liberalere, moderne Union stand, hatte Kohl ihn einst an sich binden wollen. Genau deswegen störte er nun.

Weizsäcker ließ sich darauf ein, der Vorschlag mit Carstens habe ihm immer eingeleuchtet, argumentierte er. Und – Berlin bleibt Berlin, die Stadt reizte ihn. 1979 kandidierte er in der geteilten Stadt. Am 21. März 1981 wurde er zum Landesvorsitzenden der Berliner CDU gewählt. Rosig waren die Aussichten nicht, gegen den Sozialdemokraten Dietrich Stobbe die Wahlen zu gewinnen. Tatsächlich erzielte die CDU trotz ihres Kandidaten kaum Zugewinne, Weizsäcker war zunächst gescheitert. Auf dem Umweg über ein Volksbegehren gegen den amtierenden Senat kam er im gleichen Jahr doch noch ins Ziel – gegen Hans-Jochen Vogel, der inzwischen von außen zur Rettung der maroden Sozialdemokratie eingeflogen worden war.

* *
*

Unter dem Titel *Die deutsche Geschichte geht weiter* veröffentlichte Richard von Weizsäcker 1983 bei Wolf Jobst Siedler in Berlin eine Sammlung von Aufsätzen und Reden. Was Siedler erhofft hatte, lösten die Texte ein: Der Autor, inzwischen in den Fußstapfen großer Vorgänger wie Ernst Reuter und Willy Brandt Regierender Bürgermeister, dokumentierte, was für ihn im Mittelpunkt seines Denkens stand: Berlin, die deutsche Frage und das Verhältnis zum Osten. Aber wichtiger: Zu entnehmen war dem Tenor der Essays zugleich auch, dass er auf Kontinuität in der Deutschland- und Ostpolitik drängen wollte.

Klar war das Schicksal der Entspannungspolitik zu diesem Zeitpunkt, in der ersten Hälfte der 80er Jahre, keineswegs. Inzwischen war Strauß zwar als Kanzlerkandidat angetreten und an Schmidt glatt gescheitert, aber nach dem Regierungswechsel 1982 – von Schmidt zu Kohl – hütete Kohl sich, sich zur außenpolitischen Kontinuität vorbehaltlos zu bekennen. Er wollte die Politik fortsetzen, aber er wollte es auch verschleiern. Den Kuchen essen und behalten – das war Kohl.

Nur: Konzedieren muss man, dass sich schon zu Schmidts Zeiten die Rahmenbedingungen für die Entspannungspolitik verdüsterten, und sie hellten sich für Kohl nicht auf. Im Dezember 1980, ein knappes Jahr nach dem Einmarsch in Afghanistan, hatte General Jaruzelski das Kriegsrecht in Polen verhängt, um den Massenzulauf für die Gewerkschaftsbewegung Solidarnoć zu stoppen – vor allem aber wohl auch, um einen russischen Interventionsbeschluss zu verhindern. 1983 wurden mehrere hundert neuer Atomraketen, Pershing II und Cruise Missile, in Südwestdeutschland stationiert. Schmidt hatte den Beschluss angestoßen, Kohl trug ihn mit. In Washington verschärfte Ronald Reagan noch den Ton gegenüber dem «Reich des Bösen». Vom deutschen Kanzler war nicht zu erwarten, er werde dem hörbar widersprechen. Obendrein aber sandte auch Moskau äußerst widersprüchliche Signale, die Falken dominierten auch dort.

Man dürfe sich nicht beirren lassen, lautete in dem Moment Weizsäckers politische Botschaft. Um den entspannungspolitischen Kurs führe kein Weg herum. Er war schließlich Bürgermeister Berlins, Kohl hatte das so gewollt. Und im Interesse der Stadt, durch welche die Mauer lief, lag es gewiss nicht, dass der Kalte Krieg wieder kälter wird. Also wurde er deutlicher als der Kanzler, wenn auch nur auf dem Papier. In einem Buch, weiter nichts?

Der Text aus diesem Mund, das war durchaus ein Politikum. Niemand kenne zwar einen «politisch gangbaren Weg», ließ er in der Einleitung seiner Aufsatzsammlung die Gedanken flottieren, wie der Auftrag in der Präambel des Grundgesetzes zur Vollendung der Einheit und Freiheit einzulösen sei. Gegen Sebastian Haffners Verdikt, das Kapitel eines deutschen Nationalstaates in der Mitte Europas sei nun abgeschlossen und 1945 sei der Endpunkt einer einhundertdreißigjährigen «nationalstaatlichen Episode» gewesen, hielt er seine Grunderfahrung: Eine Frage höre nicht deshalb auf zu bestehen, «weil niemand eine Antwort auf sie weiß».[2]

Nicht von einer Beseitigung der Mauer sprach er, nicht von «politischer Vereinigung», sondern ganz im Tonfall Brandts und Bahrs von Wegen, die Gründe für die Teilung zu «vermindern». Egon Bahrs Bilanz nach zehn Jahren neuer Ostpolitik, sie habe erwartungsgemäß den Weg zur Nation nicht versperrt, sondern eher belebt, sei «nicht leicht abzutun».[3]

Sein Vorschlag: Wir müssten uns auf eine «positive Politik», auf gute Beziehungen zur Sowjetunion konzentrieren und dürften nicht warten, bis sie sich in eine freie Gesellschaft verwandelt habe und die Menschenrechte so schütze wie wir. Unsere Unabhängigkeit von ihr sollten wir zu einem guten Verhältnis mit ihr einsetzen, nicht zur Abgrenzung, fuhr er fort. Mehr noch: Über die konkreten Schritte darin könne es im Bündnis Konflikte geben, aber denen dürfe man «nur um der guten Atmosphäre willen» nicht aus dem Weg gehen.[4] Die Geschichte, raffte er das alles zusammen, habe zu Hitler geführt, die Teilung war «die Antwort auf ihn». Eine isolierte nationale Antwort auf die deutsche Frage werde es nicht geben.

Diese Überzeugung hatte Weizsäcker bereits 1972 in der gemeinsam mit Erhard Eppler verfassten Denkschrift der Kammer für öffentliche Verantwortung der EKD über die «Friedensaufgaben der Deutschen» formuliert. Dass Eppler Sozialdemokrat und Minister in Brandts Kabinett war, störte ihn nicht nur nicht, im Gegenteil – er schätzte ihn und wollte es demonstrieren. Gute Ideen machen nicht halt vor Parteigrenzen. Ja, auch in der Ostdenkschrift der EKD 1965 und im Tübinger Memorandum 1962 war das letztlich schon angelegt.

Vorsichtig im Ton, in der Sache jedoch eindeutig, hat Weizsäcker damit den Kurs festzuklopfen versucht, den Brandt und Schmidt verfolgten. Ja, auf dem Papier – aber in der Praxis als Bürgermeister hielt er es nicht anders. Überwinden wollte er die politischen Folgen, die der Rüstungs-Streit zwischen West und Ost haben könnte, noch bevor sie wirklich dramatisch sichtbar wurden. Egon Bahrs berühmtes Wort vom «Wandel durch Annäherung», das er anfangs monierte, hatte er inzwischen als «gesellschaftspolitische Definition von Außenpolitik überhaupt»[5] akzeptiert. In diesem Text machte er bei allen rhetorischen Konzessionen an seine Parteifreunde unmissverständlich klar, was das für ihn heiße. Aus der Deutschland- und Ostpolitik, die er für richtig hielt, unabhängig von den wechselnden Konjunkturen, wollte er sich nicht ausklinken.

Er bewies seine Autonomie – trotz Partei.

Später hat Weizsäcker oft beteuert, er habe sich durchaus vorstellen können, auf Dauer in Berlin zu bleiben. Schließlich: In Wilmersdorf ging er zur Schule, seine Stadt war es geworden, vom Lebensgefühl her und als politischer Fixpunkt. Die großen nationalen Fragen waren es, die den «Regierenden» faszinierten. Aber der Alltag sah anders aus: Besetzte Häuser, ein verfilzter Bausenat, Korruption, das türkische Kreuzberg, die finanzielle Abhängigkeit vom Bund, das gehörte zur exekutiven Erfahrung. Er kniete sich hinein. So schwer sei es ihm gar nicht gefallen, sagt er. Kleine taktische Kompromisse schloss er, wie sie in der Welt der Parteipolitik üblich sind. Weil er einige Senatoren wie Norbert Blüm oder Hanna-Renate Laurien von außen zur Bluttransfusion mitbrachte, musste er auch dem Berliner Parteiaffen Zucker geben: Zum Innensenator kürte er ausgerechnet Heinrich Lummer, den Rechtsaußen, national gefärbt und von jenen verehrt, denen das multikulturelle Zusammenleben ein Greuel war. War das noch der liberale Weizsäcker? Er überhörte die Kritik, so ist nun mal die Parteiendemokratie, belehrte er Neugierige.

Wirklich gebannt aber war er nur davon, wenn er am Tatort Berlin direkt etwas zu spüren bekam vom Ost-West-Konflikt und von den beiden deutschen Staaten, die dort zusammentrafen. Praktisch war es gar nicht so einfach, den Worten Taten folgen zu lassen und die deutsch-deutsche Annäherung fortzuführen. Er musste sich positionieren und machte es auch: Die Friedensbewegung hatte ihn nicht überzeugt, auch Kirchenfreund Erhard Eppler und Willy Brandt nicht, den Nato-Doppelbeschluss aus den Kanzler-Zeiten Schmidts unterstützte er, neue Atomraketen wurden stationiert. Im selben Jahr, 1983, sollte er in Wittenberg anlässlich des 500. Geburtstages von Martin Luther sein «Ja» zu dieser harten Haltung begründen. Auf den Transparenten vis-a-vis der Rednertribüne las er: «Frieden schaffen ohne Waffen». Dennoch, er plädierte für die heftig befehdete «Nachrüstung». Währenddessen hämmerte Pastor Friedrich Schorlemmer im Hinterhof des Melanchthonhauses Schwerter zu Pflugscharen um. Nachrüsten oder verzichten? Zu seiner Position bekannte er sich, der anderen erwies er Respekt, eine Weizsäcker-Lösung. Die Freundschaft zu Schorlemmer, die daraus hervorging, blieb unbeschädigt bis heute.

Richard von Weizsäcker hatte sich positioniert, ihm leuchtete Helmut Schmidts Doppelstrategie ein, die auf dem Harmel-Bericht aus dem Jahr 1967 beruhte und gegenüber dem Osten ein Abrüstungsangebot mit Nachrüstungsankündigungen verknüpfte – und musste zur Kenntnis nehmen, wie sich die weitere Entwicklung der Kontrolle der Deutschen entzog. Darin hatte auch Helmut Schmidt sich getäuscht. Schon Ronald Reagans lockeres Reden über die Gewinnbarkeit eines Nuklearkrieges passte nicht zu seiner Denkwelt. Der Bruder, Carl Friedrich, hatte sich exakt zum Lebensthema gemacht, das zu verhindern, und dann schwadronierte einer, der am Drücker saß, einfach drauf los?

Umso entschiedener wollte er vom Schöneberger Rathaus seinen kleinen Beitrag zur innerdeutschen Détente leisten. So umstritten das in seiner eigenen Partei also auch war, er traf sich 1983 in Pankow mit Erich Honecker, allein schon um zu demonstrieren, dass man sich von den Launen der Großen unabhängig mache. Er konnte davon ausgehen, dass Kohl ähnlich dachte, auch wenn er öffentlich vorsichtiger blieb.

Dem Gesprächsprotokoll zufolge wollte der Ostberliner Gastgeber den Zündstoff entschärfen und den Verdacht in Moskau zerstreuen, die Deutschen trieben es zu weit mit der Annäherung. Honecker: «Was sprechen wir von Wiedervereinigung. Wir wissen doch, dass sie nicht auf uns wartet.» Weizsäcker, zurückhaltend: «In der Geschichte sind auf die Frage nach der politischen Struktur Zentraleuropas immer neue Antworten erfolgt … Die Teilung ist zwar in besonderer Weise durch die beiden Großmächte zementiert. Aber daraus die Schlussfolgerung zu ziehen, dass es nun für die Geschichte keiner neuen Phantasie in der Zukunft bedürfe, das halte ich, abgesehen von dem, was man sich wünschen mag, für unhistorisch.» Honecker: «Ja, wenn Sie es so schildern, möchte ich Ihnen zustimmen.»

Sonderlich beeindruckt zeigte er sich vom SED-Generalsekretär nicht. Eine gute Note bekam er allenfalls dafür, dass er das Reiterdenkmal Friedrichs des Großen doch wieder Unter den Linden aufstellen ließ.

Kein Durchbruch, aber auch kein Fiasko: So, in kleinen Schritten, hätte es weitergehen können. Auf dieser Baustelle Berlin ließ sich Politik machen. Die «deutsche Frage» verdichtete sich dort konkret. Sie bildete – wie einst für Brandt – auch aus seiner Sicht weiterhin den Dreh- und Angelpunkt des Ost-West-Problems. Nur wenn sich für Berlin und die beiden deutschen Staaten etwas ändert, würde sich im Ost-West-Verhältnis etwas stabilisieren; und nur wenn sich im Ost-West-Verhältnis etwas verbessert, konnte sich das positiv auf Berlin und die Frage der «Nation» auswirken. Das machte das Amt des «Regierenden» so reizvoll.

Aber noch in diesem Jahr geriet etwas in Bewegung: Überraschend kündigte Karl Carstens an, für eine zweite Amtszeit als Bundespräsident nicht mehr zur Verfügung zu stehen. Richard von Weizsäcker wollte zwar, wie er zuvor vielfach beteuert hatte, endgültig in Berlin bleiben. Aber die Entwicklung verselbständigte sich. Durchgesetzt hat sich das Bild, er selbst habe unbedingt Präsident werden wollen, und dies am Ende gegen Kohl auch erkämpft. War es so?

Automatisch rührt man damit an das ganze Verhältnis von Richard von Weizsäcker und Helmut Kohl, und welches Politikum sich darin verbirgt. Helmut Kohl hat in seinen *Erinnerungen* auf eine Weise, die alles Übliche sprengt, Weizsäcker fast nur böse Worte nachgerufen. Das Bild eines Undankbaren zeichnete er, den er doch seit Anfang der 60er Jahre in die Politik gelotst habe und dem er schließlich 1969 einen Listenplatz in Rheinland-Pfalz verschaffte. Folgte man Kohl, war Weizsäcker allein sein Geschöpf und ein Produkt der Parteienmaschinerie, der er sich nach einigem Zaudern 1969 willig anheim gab.

Weizsäckers Weg nach Berlin 1981, so Kohl in seinem ersten Erinnerungsbuch, sei ein «klassisches Beispiel für die Wirksamkeit einer Personalpolitik, die später von ihm und anderen oft als ‹System Kohl› geschmäht wurde». Er, Kohl habe für die «Erfüllung eines Traums» gesorgt.[6]

Genüsslich breitete Kohl im nächsten Band seiner *Erinnerungen* dann aus, am 8. Juni 1983 habe ihn ein «leicht verschlüsseltes Selbstbewerbungsschreiben für das Amt des Bundespräsidenten» vom Regierenden Bürgermeister erreicht. Dieses «leidenschaftliche Auftreten in eigener Sache» sei ihm absolut neu und wohlüberlegt erschienen. Mit Rücksicht auf Berlin, auf die CDU-Wähler und auf Strauß, der den «adligen Diplomatensohn nicht mochte» und sich auch noch als «Abweichler vom Unionskurs» im Streit um die Ostverträge profilierte, habe er gezögert, Weizsäcker jedoch habe nicht lockergelassen.[7]

Damit nicht genug: Auf SPD-Linie sei Weizsäcker auch 1987 in den Gesprächen mit Honecker gegangen, «damit wich er nicht nur von der gängigen Regierungslinie ab, sondern fiel unserer Politik geradezu in den Rücken».[8]

Der Bundespräsident, kein Patriot? Richard von Weizsäcker hat zu alledem viele Jahre öffentlich geschwiegen.

1982 war Kohl im Wege des konstruktiven Misstrauens als Nachfolger Schmidts zum Kanzler an der Spitze einer CDU/CSU-FDP-Koalition gewählt geworden, 1984 wählte die Bundesversammlung Weizsäcker als Nachfolger von Karl Carstens zum Präsidenten. Beide befanden sie sich noch in ihren Ämtern, Bonner Nachbarn im Park am Rhein, als die Mauer fiel, und auch, als im Oktober 1990 die beiden deutschen Staaten vereinigt wurden.

Es greift sicher zu kurz, wollte man den Zwist nur damit erklären, dass Helmut Kohl 1984, als die Chance auf das Amt des Bundespräsidenten erstmals wirklich greifbar nahe rückte, eine Kandidatur Ernst Albrechts vorzog und Weizsäcker gerne in Berlin festhalten wollte. Eine eigentümliche Pointe bleibt es, dass ausgerechnet Kohl Weizsäcker «Selbstbewerbung» nachrief. Kaum jemand hat sein Leben lang derart hart und zielstrebig um Ämter gekämpft wie er, zuerst in Mainz und dann gegen Strauß auch in Bonn.

Sicher ist richtig: Ohne Weizsäckers Entschlossenheit – und

Konrad Adenauer blockiert ihm den Weg, Helmut Kohl jedoch komplimentiert ihn in die politische Arena. Nach 20 Jahren in der Privatwirtschaft und beim Kirchentag zieht es ihn auch dorthin. Weizsäcker
und Kohl: Eine spannungsreiche Beziehung wurde später daraus. Auf
dem Foto Kohl und das Ehepaar Weizsäcker, 1992, der Kanzler und der
Präsident des geeinten Landes.

Albrechts Nähe zu Weizsäcker – wäre er nicht in die Villa Hammerschmidt gelangt. Einzig einem Kandidaten Hans Maier hätte
sich zu dem Zeitpunkt Weizsäcker wohl nicht entgegengestellt,
wie er später einräumte. Aber zwei Mal zu verlieren und sich
dann abspeisen zu lassen – das ging zu weit. Er zögerte allerdings –
wegen Berlin.

Aber als er sich entschieden hatte, stand fest: Nicht noch
einmal wollte er als bloßer Zählkandidat antreten, siegen wollte
er. Mit großer Energie. Die «eiserne Faust» schaute heraus aus
dem Samthandschuh.

172

Konstruktiv hat der Kanzler das außergewöhnliche Prestige nie genutzt, das Weizsäcker über beide Amtszeiten bis 1994 genoss. Wie sich zeigte, hing das keineswegs nur mit der Vorgeschichte, dem umstrittenen Wechsel von Berlin ins Präsidentenamt zusammen; oder mit den Metamorphosen Kohls, den er als jungen Mainzer anders kennengelernt hatte, offen für Neues, ein Modernisierer in innen- und außenpolitischen Fragen, der aber allmählich in erbitterten Auseinandersetzungen enger wurde, sich einbunkerte und Partei- sowie Machtinteressen Priorität gab.

Allenfalls ahnen konnte man davon etwas in den Oppositionsjahren der Christdemokraten. Nach dem Scheitern der Kanzlerkandidatur von Strauß wurde deutlicher, was sie trennt: Wenig war kompatibel in ihren Grundhaltungen, ob es den Umgang mit der eigenen Vergangenheit betraf, das Verständnis von Politik überhaupt, die künftige Deutschlandpolitik oder die Frage der polnischen Westgrenze.

Weizsäcker und Kohl: Da kollidierten nicht einfach zwei Freunde von gestern, und es erklärt auch nichts, wenn man sagt, ein selbstbewusster Präsident und ein mächtiger Kanzler seien zwangsläufig zusammengeprallt. Weizsäcker hat diesen Zwist 1992[9] unverhohlen offengelegt, ohne den Namen Kohls zu nennen, und er hat auch seine Argumente dafür benannt. Die Parteien seien zu oft «machtversessen und machtvergessen» zugleich, damit erklärte er sich auch den gewachsenen Parteienverdruss.

Ungewöhnlich war eine derart geharnischte Kritik aus der Villa Hammerschmidt durchaus. Obendrein war Kohl weltweit als «Kanzler der Einheit» gefeiert worden. In den Vordergrund hatte Weizsäcker gerade jene Inhalte der Politik gerückt – die Einheit Deutschlands, den Umgang mit der Vergangenheit, das Ende des Ost-West-Konflikts und die Folgen für Deutschland, schließlich die Zukunft Europas –, die er für zentral hielt. Er bemängelte nicht allgemein nur die Machtfixierung der Parteipolitik. Europas und Deutschlands Einheit, dieses historisch Einmalige, drohte aus seiner Sicht im Bonner Alltag unterzugehen. Der Kanzler versprach blühende Landschaften im Osten, wollte die Wahlen gewinnen – und das war es dann auch. Macht, aber wozu?, fragte der Präsident zurück. Weizsäcker wollte vorexerzieren, wie man diese Frage beantworten könne, und das – ohne exekutives Amt – nur mit Worten.

Das Kanzleramt schwieg offiziell, aber grollte. Der Bruch war nicht mehr zu reparieren. Niemals, blaffte Kohl erst in seinen Tagebüchern zurück, wäre er in das höchste Staatsamt gekommen, «wenn die Unionsparteien in ihrer ‹Machtversessenheit› nicht Wahlen gewonnen hätten, um mit ihrer Stimmenmehrheit in der Bundesversammlung Richard von Weizsäcker zum Bundespräsidenten zu wählen». Ihn erinnere das an die «unselige Tradition der Parteienverachtung», gegen die sich zu Recht die Mitglieder des Parlamentarischen Rates gewandt hätten.[10]

Aber Kohl irrte. Es war nicht Parteienverachtung. In die Arena der Parteiendemokratie hatte sich der CDU-Politiker Weizsäcker und der Regierende Bürgermeister ohne prinzipielle Vorbehalte begeben. Was Kohl nicht sehen wollte, war eine Deformation im Parteiensystem, zu der er selbst beigetragen hatte. Tatsächlich war aus dem Blick geraten, ob es der Politik um mehr als Macht, Pfründe und taktische Vorteile gehe. Diese Kritik war verbreitet in seiner eigenen Partei, nicht zuletzt deshalb wuchs die Kritik bei Parteifreunden wie Heiner Geißler, Lothar Späth, Ernst Albrecht oder Rita Süssmuth. Die nahende Einheit 1989 rettete ihm letztlich sein Amt.

Nachdrücklicher bestätigt als erwünscht sah Richard von Weizsäcker sich in seiner Kritik, als bald nach dem Abschied vom Kanzleramt, Ende November 1999, das obskure Spenden-

und Geldsystem samt Verstecken in Liechtenstein und der Schweiz bekannt wurde, mit dem der Kanzler seine Macht absicherte. Angela Merkel distanzierte sich am 22. Dezember in einem offenen Brief vom Ehrenvorsitzenden der CDU, er habe seiner Partei «Schaden zugefügt». Den Parteivorsitzenden Schäuble hatte sie davon nicht unterrichtet. Am 10. Januar 2000 gestand Kohl in der ARD, dass er von der Spendenpraxis wusste, weigerte sich jedoch, die Namen der Spender für seine «Schwarzen Kassen» zu nennen. Für dieses Mal durchbrach Weizsäcker sein selbstauferlegtes Schweigen: Unter der Überschrift «Macht, Recht, Ehre» mischte er sich in die Debatte ein. Kohls «Ehrenwort», mit dem er sich gegenüber den anonymen Geldspendern zum Schweigen verpflichtet hatte – das war zuviel. Der Präsident a. D. nahm kein Blatt vor den Mund – in der Zeitung, die Kohl lange unterstützt und Weizsäcker nicht gerade verwöhnt hatte.

Bestätigt sah er vor allem seinen Argwohn, weitgehend hätten die Parteien sich auf schleichende Weise die Herrschaft über die Verfassungsorgane angeeignet. Er bescheinigte Kohl zwar, «Erscheinung und Kraft, Verstand und Gemüt, Instinkt und Fortüne» hätten ihn lange Zeit ausgezeichnet. Konsequent und trittsicher habe er die Aufstiegsleiter zur Macht bestiegen und in die moderne diskussionsoffene Union Leute wie Geißler, Vogel, Frau Laurien, aber auch Biedenkopf und Herzog geholt. Und, ja, auch ihn. Aber dann sei allmählich ein «System» daraus entstanden, mit dem Aufstieg in die Bundespolitik habe er seine Eroberung der Partei «perfektioniert». Nun bildete er Seilschaften, Solidarität wurde eingefordert, Kritiker galten als «undankbar» und wurden des Hofes verwiesen. Zum Glück hätten sich einige erfolgreich solcher Vereinnahmung widersetzt.

Weizsäcker: Die außenpolitischen Weichen zur deutschen Einheit zu stellen, den europäischen Zusammenschluss zu forcieren, seine Landsleute zum Euro zu überreden, das alles sei

Kohl gelungen. Das Ziel der Macht im Inneren aber habe «absoluten Vorrang» gewonnen und sich verselbständigt, bis er – der als Kanzler den Schwur auf Verfassung und Recht geleistet hat – das «Recht bricht» und das auch noch mit einem Ehrenwort bekräftige. Eine Zumutung sei es, «sich den Mitmenschen gegenüber auf ein solches ‹Manneswort› zu berufen». Auch zu seinem eigenen Wohle müsse man diesen «Tiefpunkt» überwinden. Weizsäckers Vorschlag damals: das Amt des Parteivorsitzenden auf ein vernünftiges Zeitmaß zu begrenzen.[11]

Der Ausgang ist bekannt: Kohl verlor den Ehrenvorsitz und riss seinen Nachfolger an der Spitze von Partei und Fraktion, Schäuble, mit in den Abgrund – Angela Merkel rückte noch im Frühjahr an die Spitze der Union. Ein mitleiderregender, sichtlich gealterter Kohl, im Rollstuhl, sehr undeutlich sprechend, saß zur Feier des 20. Jahrestages von «1989» am 31. Oktober 2009 bei einer Veranstaltung der Adenauer-Stiftung und der BILD-Zeitung neben Michail Gorbatschow und George Bush auf der Bühne des Friedrichstadtpalastes. Er habe allen Grund, bei allem Ärger und Verdruss, stolz zu sein. «Ich habe nichts Besseres, um stolz zu sein, als die deutsche Einheit», schloss er seinen fünfminütigen Rückblick ab, und handelte sich damit den tröstenden Applaus der 1800 Besucher ein.

Bei der Veranstaltung fehlten, kaum bemerkt, drei prominente Gäste: Richard von Weizsäcker, der damalige Bundespräsident, Hans-Dietrich Genscher, der Außenminister und Erfinder der Zwei-plus-Vier-Verhandlungen über die deutsche Souveränität, mit dem er sich so blendend verstand, und Wolfgang Schäuble, der die Vereinigung der beiden deutschen Staaten organisierte. Getrost kann man davon ausgehen, dass sie die Gelegenheit gerne versäumten: Keiner der drei folgte der Geschichtsdeutung, wonach sich die Einheit 1989 plötzlich als Ergebnis der Beharrlichkeit Kohls ergeben habe.

«Erklärlich» findet Weizsäcker Kohls Kritik an ihm rückblickend. Beteiligen möchte er sich an dieser Kontroverse aber weiterhin nicht. Kohl gilt als «Kanzler der Einheit», dagegen hat er nichts. Die Geschichte sei nicht immer gerecht: Helmut Schmidt hat sie weder die West- noch die Ostpolitik oder «1989» zugespielt. Und dennoch bleibt er für ihn der stärkste und eindrucksvollste Kanzler. Punkt.

Ja, Helmut Kohl hatte aus Weizsäckers Sicht einen schweren Start, schon bevor er ins Amt kam, das zerrte an ihm. Spätestens aber mit seinem Regierungsantritt mit dem Anspruch auf «geistig-moralische Führung» machte er Fehler. Kanzler, findet er, haben gelegentlich die Eigenschaft, zu übertreiben, so wie auch Brandt mit dem Wort, jetzt, 1969, fange die Demokratie erst richtig an. Bei Brandt allerdings folgte der «Anmarsch zum Gipfel», der Friedensnobelpreis und die Ostpolitik, bei Kohl nach der Einheit, diesem Wunder – die Spendenaffäre.

Um den Parteichef und Schatzmeister der CDU zu entlasten, intervenierte Heiner Geißler mit seinem Wort von der «geistigen Umnachtung» – und rettete Kohl den Hals. Am tiefen Missvergnügen, das auf die Weise bei Kohl entstand, sei er allerdings nicht schuld. Das lag schon an ihm selber.

In diesem Kontext stellt Weizsäcker auch die Frage, wie er Präsident geworden sei und ob er sich das Amt gegen den Willen Kohls erkämpft habe. Präsident «von Kohls Gnaden»? Dass ihn das umtreiben muss, ist klar. «Kohl konnte nicht alles durchsetzen. So war es auch bei meiner Wahl zum Bundespräsidenten, denn sein Kandidat war bis zuletzt nicht ich, sondern Ernst Albrecht, was dieser in seinen Erinnerungen ebenso klar wie fair beschreibt.»

Kohl wollte vernünftigerweise, «dass die CDU gut dasteht». Sie stand aber fast nirgends gut da, außer in Berlin. Nie habe Kohl ihm eine Zusage für die Carstens-Nachfolge gemacht, das betont er. Zwar hätte es nahe gelegen, deshalb war ja bereits 1968 Bruno Heck zu ihm gekommen mit dem Ansinnen, er möge kandidieren. Aber das ist eine andere Frage, nicht wahr?

Als 1968 die Wahl eines Lübke-Nachfolgers anstand, so stellt sich die Geschichte für Weizsäcker dar, entwickelten Kohl und Barzel im Wettbewerb um die Oberherrschaft in der Union die Idee, der Kirchentagspräsident Richard von Weizsäcker solle als Kandidat antreten, aber Strauß habe erfolgreich mit der Bemerkung gebremst, von dem habe er noch nie etwas gehört. Vom Bruder schon, und nichts, was ihm gefallen hätte.

Wenn die CDU ihn nominiere, versicherte ihm damals brieflich der Vorsitzende der FDP-Fraktion, Knut Freiherr von Kühlmann-Stumm, werde er für eine Mehrheit bei der Wahl sorgen. Als klar war, dass Strauß seine Kandidatur ebenfalls unterstützte, empfahl ihm Kohl: Verzichten solle er, verzichten zugunsten Gerhard Schröders. «Da mache ich nicht mit!», habe seine Antwort gelautet.

Was aber die Entscheidung angeht, nach nur zwei Jahren in Berlin für das Präsidentenamt zu kandidieren – «ich habe niemandem gesagt, ich hätte das Präsidentenamt gewollt, ich habe das auch nicht so empfunden.» Als Carstens ankündigte, er trete nicht ein weiteres Mal an, «hat weder Kohl gesagt, ich solle, noch ich, ich wolle».

Vielmehr entbrannte eine öffentliche Diskussion, und rasch kursierte auch sein Name, schließlich war er seit 1968 mit schöner Regelmäßigkeit genannt worden. Es meldeten sich aber auch prompt Gegenstimmen, manche wollten, «dass ich in Berlin bleibe». Ausgelöst hatte das vor allem ein Anonymus in der *FAZ*. Tief enttäuscht hielt ihm der Autor Verrat an Berlin und an seinen Überzeugungen vor. Schnell machte das Gerücht die Runde, der Verfasser stamme aus Weizsäckers Freundeskreis – Wolf Jobst Siedler. Der Regierende Bürgermeister, schrieb er, habe der

Stadt Vertrauen an sich selbst zurückgegeben und das Klima gewendet, wenn er nun gehe nach dem langen Anvisieren, dann dementiere er damit seine eigene Person. Die Weizsäcker-Debatte wogte.[12]

Auch Parteifreunde wie Wolfgang Schäuble, die ihn schon als Kirchentagspräsidenten bewundert hatten, bedrängten ihn zu bleiben. Schäuble erinnert sich, ihn gefragt zu haben: «Und was machen wir, wenn Helmut Kohl gegen einen Baum fährt?» Was ist schon das Präsidentenamt, wollte er durch die Blume sagen, vielleicht werde er doch noch einmal als Kanzler gebraucht.

Für Helmut Kohls Zögerlichkeit zeigte Weizsäcker später durchaus Verständnis. In Hessen und Bremen hatte die CDU eine empfindliche Schlappe bei den Landtagswahlen erlitten. Seine Ansicht sei nur gewesen, «wir müssen Klarheit schaffen». Kohl jedoch fragte weder ihn noch andere, wie man vorgehen solle. Seine Haltung, Weizsäcker zufolge, man solle einfach weiter abwarten. Das wurde die Stunde von Franz Josef Strauß. Ausgerechnet der notorische Weizsäcker-Kritiker überraschte bei einer Pressekonferenz in Berlin die Öffentlichkeit mit einer lockeren Kehrtwende: Dem Spiel müsse ein Ende gemacht werden, wenn Weizsäcker kandidiere, würde er für ihn stimmen. «Das hatte er mit Kohl und mir nicht besprochen, machte Kohl aber eine Verweigerung schwer.»

Weizsäcker erinnert sich, er selber sei es gewesen, nicht der Kanzler, der in der nächsten CDU-Präsidiumssitzung das Thema zur Sprache brachte. Wenige Tage später gab der Kanzler die Nominierung bekannt. «Ich sage nicht, ich war abgeneigt.» Erfahrungen, fand er, hatte er nun hinreichend gesammelt. Besonderen Wert hatte es, dass SPD und FDP ankündigten, keinen Gegenkandidaten aufzustellen, falls er sich zur Wahl stelle.

Noch etwas kam hinzu, aber das Argument führen andere

ins Feld, nicht Weizsäcker: Hans-Dietrich Genscher verbürgte zwar als Außenminister ein Maximum an Kontinuität, keineswegs aber galt es als ausgemacht, dass die Ost- und Entspannungspolitik wirklich in dem veränderten Klima zwischen den «Großen», Washington und Moskau, noch eine Chance habe. Die Christdemokraten hatten ihren Kurs immer noch nicht gefunden. Angesichts dieser ungewissen Perspektiven konnte man die Nominierung Weizsäckers als Brückenschlag verstehen, sie war selbst ein Politikum.

* *
*

Exekutive Macht haben sie nicht, die Kompetenzen sind begrenzt – einflusslos müssen Bundespräsidenten deshalb aber keineswegs sein. Weltfremd erscheint daher der Gedanke keineswegs, ob Richard von Weizsäcker auch promoviert werden sollte von Freunden außerhalb seiner Partei. Wollte ihn der protestantische Zirkel, in dem er sich so zu Hause fühlte, gerne an die Spitze der Republik katapultieren?

«Georg Picht, Marion Dönhoff, Ludwig Raiser – das ist auch mein Nest, aus dem ich geschlüpft bin», gesteht Richard von Weizsäcker freimütig. «Vollkommen erfüllt» haben ihn die Debatten mit Kurt Scharf, Erhard Eppler, Hellmut Becker, aber auch mit seinem Bruder Carl Friedrich, über Polen, das geteilte Deutschland, die Lehren aus der jüngsten Vergangenheit. Das alles hat mit der Frage aber gar nichts zu tun, ob sie ihn zum Präsidenten «machen» wollten.

Als einziger aus diesem Kreis hatte er sich in die Arena der fremden, wenn nicht verpönten Parteipolitik gewagt. Alle wollten sie Einfluss auf die junge Bundesrepublik nehmen, das Schicksal der *Res Publica* betrachteten sie durchaus als ihre Sache, und sie waren bereit, voranzugehen damit – aber an anderem Ort.

Unbestreitbar ist, dass aus dieser protestantischen Sicht die rheinische Republik unter Adenauers Ägide auch katholische Schlagseite hatte. Ein Hauch von Purpur wehte lange Jahre durch Bonn. Aber Einfluss versprachen sie sich weit mehr auf ihre Weise. Mit seinem epochalen Aufsatz zur «Bildungskatastrophe» hatte Georg Picht das exemplarisch vorexerziert. Pichts Thesen – in der Wochenzeitung *Christ und Welt* publiziert, die ZEIT lehnte den Text ab – setzten eine Lawine in Gang wie selten zuvor ein einziger Essay. Nicht einmal das Tübinger Memorandum hatte einen solchen Effekt.

Einfluss dieser Art war wichtiger als «Macht» oder ein repräsentatives Amt. Das schloss nicht aus, dass die älteren Freunde Richard von Weizsäckers Karriere mit Sympathie begleiteten. Marion Gräfin Dönhoff ließ in der ZEIT offen erkennen, wie sehr sie seine Stimme in der politischen Auseinandersetzung schätze. Aber jene Intellektuellen um Carl Friedrich von Weizsäcker oder Hellmut Becker, die Adenauer als «protestantische Mafia» verspottete, blieben letztlich ihrem Glauben an gesellschaftliche Wege der Mitsprache treu.

Nein, die Pointe ist nicht, dass ein Präsident «gemacht» wurde. Viel mehr wog: Richard von Weizsäcker brachte seine Erfahrungen, dieses Gehäuse der Worte, in dem er sich so zu Hause fühlte, in die Villa Hammerschmidt mit; seine idée fixe also, wie Politik zunächst im Kopf entsteht, und dann sucht man Mehrheiten, um sie umzusetzen. Um diese richtige Reihenfolge ging es ihm. Sie stellte Kohl später auf den Kopf. Das war die Konterbande, die er ins Amt schleppte, und daran hielt er fest. Das könnte man das «Altmodische» an Richard von Weizsäcker nennen, das wollte Kohl nicht verstehen. Mit «Parteienverachtung» ließ sich das nicht vom Tisch wischen.

«Es war vom Schicksal klug und weise», sagt Weizsäcker im Blick auf den Zeitpunkt seiner Wahl, früher wäre falsch ge-

Nach Theodor Heuss, Heinrich Lübke, Gustav Heinemann, Walter Scheel und Karl Carstens wird Weizsäcker am 23. Mai 1984 zum sechsten Bundespräsidenten gewählt – mit mehr Stimmen als je einer seiner Vorgänger.

wesen, die diversen Anläufe aber hatten nicht geschadet, «ich hatte 1974 wirklich noch keine Erfahrung».

Am 23. Mai 1984 wurde Richard von Weizsäcker, vierundsechzig Jahre alt, nach Theodor Heuss, Heinrich Lübke, Gustav Heinemann, Walter Scheel und Karl Carstens zum sechsten Bundespräsidenten gewählt. Er erhielt 832 von 1040 Stimmen. Solche Vorschusslorbeeren hatte es noch bei keiner Wahl eines Präsidenten gegeben.

Ganz vorbei waren die Selbsterziehungsjahre der Republik noch nicht. Die Flick-Affäre, die Helmut Kohl bald einholte, mit ihrer «Pflege der Bonner Landschaft» im Wege heimlicher finanzieller Zuwendungen, ließ das Versprechen der geistig-moralischen Wende als hohl erscheinen. Kaum weniger fatal wirkte der Versuch, Spendensünder mit Hilfe einer Generalamnestie freizukaufen. Das Wort von der «Parteienverdrossenheit» stand bereits hoch im Kurs, als er in die Villa Hammerschmidt einzog, erinnert Weizsäcker sich. Er hat das nicht erfunden.

In dieser Republik herrschte 1984 sichtlich Integrations- und Erklärungsbedarf. Sie hatte etwas kulturell Unversöhntes. Zudem wurde der Kalte Krieg wieder kälter. Und, richtig, auch mentale «Anstöße» und «Herausforderungen» konnten nicht schaden, zumal Kohl notorisch undeutlich beim Formulieren von politischen Zielen blieb. In die Villa Hammerschmidt zog jemand ein, der die Entspannungspolitik befürwortete; ja sogar die Friedensbewegung nahm er ernst, ernster als Helmut Schmidt oder Helmut Kohl, obwohl er ihre Kritik an der Nachrüstung nicht teilte.[13]

Gemessen an Helmut Kohl, kannte man Weizsäckers Positionen aber auch zu den großen nationalen Streitfragen meist erheblich genauer. Populär war Weizsäcker nicht, weil er «Moden» folgte, wie das Kanzleramt ihm tuschelnd nachsagte. Populär war er von Anbeginn, weil das Amt ihm auf den Leib geschnitten war. Zudem nahm er seine Integrationsrolle ernst, das kannte er bereits vom Kirchentag.

Zeitweise drehten sich die Rollen zwischen Präsident und Kanzler fast um: Vor allem bei dem Versuch, die deutsch-deutschen Beziehungen zu bewahren vor einer neuen Eiszeit zwischen den Supermächten, trat Weizsäcker an die Öffentlichkeit, sichtbarer als Kohl. Von Kohl wusste man zwar, dass er das Verhältnis zu Ostberlin nicht einfrieren und den Kurs Schmidts fortsetzen wolle, sich aber mit Rücksicht auf Franz Josef Strauß und die Hardliner in seiner Fraktion öffentlich zurückhielt. Weizsäcker hingegen schirmte die Politik nach außen und innen ab. Keiner musste ihn dazu extra ermuntern.

Schon in seinem ersten Präsidentenjahr, 1984, spitzte sich das zu: Den geplanten Besuch Erich Honeckers – der dann vielfach verschoben wurde – deuteten gerade die Verbündeten im Westen, vor allem in Washington, London und Rom, als Indiz dafür, dass Deutschland sich nunmehr mit Macht wiedervereinigen wolle. Tenor: Bedauerlich sei zwar, dass Deutschland geteilt ist, an einem wiedererstarkten «germanischen Block» bestehe aber kein Interesse.

Pangermanismus? Weizsäcker, der ja ein Jahr zuvor mit Honecker als Regierender Bürgermeister gesprochen hatte, hielt in Interviews unermüdlich dagegen: Die Partner sollten endlich begreifen, dass die Deutschen für das geteilte Land besondere Verantwortung trügen. Sie könnten nicht so tun, als existiere die deutsche Frage nicht. Umgekehrt adressierte er an die heimische Politik den dringenden Wunsch, nicht gebetsmühlenartig den Brief zur deutschen Einheit aus dem Jahr 1970 zu repetieren, mit dem seinerzeit der Moskauer Vertrag vor dem Veto der Christdemokraten gerettet wurde. Die Formel, die darin gebraucht wurde, Ziel der Politik sei es, «auf einen Zustand des Friedens in Europa hinzuwirken, in dem das deutsche Volk in freier Selbstbestimmung seine Einheit wiedererlangt», konnte in der Tat Spekulationen auslösen. Wollten die Deutschen Europa nur, um die staatliche Einheit zu erreichen? Ging es verschleiert um ein rein nationales Ziel, wenn auch «im Namen Europas»? Weizsäcker versuchte, die Sorgen zu entkräften.

Wichtiger sei es, argumentierte er wie Egon Bahr, die Landsleute in der DDR könnten endlich wieder frei leben. Ein Beitrag dazu wiederum sei die Fortsetzung der Entspannungspolitik zwischen den Großen. So weit allerdings war die regierende CDU damals noch lange nicht. Nur: Er näherte sich damit nicht, wie Kohl ihm in seinen *Tagebüchern* vorhielt, der SPD an, er verteidigte vielmehr einen Weg, den schon die Ostdenkschrift der EKD skizziert hatte.

Ein «Hochplateau» bildeten sowieso die sechs Jahre von Kohls Regierungsantritt bis zum Fall der Mauer für Vergangenheitsdebatten. Kohl demonstrierte eine neue Unbefangenheit – nicht, weil er einen Schlussstrich ziehen wollte, sondern weil er überzeugt war, die westdeutsche Demokratie habe sich bewährt, und er selber gehöre als erster Kanzler («Gnade der späten Geburt») doch auch nicht mehr zur Soldatengeneration.

Allein schon das Treffen mit US-Präsident Ronald Reagan auf dem Bitburger Friedhof 1985, das er erzwang, machte eine Differenz zum Präsidenten deutlich. Der Händedruck Reagans mit dem deutschen Kanzler über den Gräbern von SS-Offizieren sollte aller Welt amerikanische Anerkennung für die Deutschen dokumentieren. Eine solche symbolische und demonstrative «Vergangenheitspolitik» war Weizsäcker völlig fremd.

Ob Auschwitz seine konstitutive Bedeutung behalten werde für jüngere Generationen, denen es immer weiter entrückte, war Stoff leidenschaftlicher Diskussionen. Zudem milderte sich dank Gorbatschows Perestroika «die Schärfe der Ost-West-Konfrontation und damit auch die Neigung, die eigene totalitäre Vergangenheit nur noch durch das ablenkende Prisma des Antikommunismus wahrzunehmen».[14] Das war der Zeitgeist, in dem die Rede vom 8. Mai 1985 vorbereitet wurde.

Im Präsidialamt brüteten darüber mehrere Redenschreiber, vor allem Michael Engelhard, den er sich aus dem Auswärtigen Amt entliehen hatte. Vierzig Jahre Kriegsende – Weizsäcker nahm das sehr ernst, es ging ihm um viel. Der 8. Mai war von vornherein Chefsache.

Niemand sollte uns – im Unterschied zu Bitburg – ein Testat ausstellen, die Deutschen seien nun bewährte und anständige Demokraten. Er hatte darauf bestanden, sie sollten im Parlament dieses Jahrestages untereinander gedenken, mit seiner Ansprache, diesen Tag aber nicht zu einer gemeinsamen Sache mit Reagan und der Nato machen, wie Helmut Kohl es ursprünglich anstrebte. Das Motiv des jungen Mannes aus Nürnberg klang da noch einmal unmissverständlich durch, man müsse die Kraft zu einem moralischen Neuanfang doch aus sich heraus haben. Dritter bedürfe es nicht. Endlich – mit einer kleinen Verzögerung von vierzig Jahren – war es so weit.

Auch die internationale Lage spielte hinein. Detaillierter noch als in seinen *Erinnerungen* hat Weizsäcker die Rahmenbedingungen, wie er sie wahrnahm, in einem Gespräch mit Jan Roß erläutert. Als er vor zwanzig Jahren, am 8. Mai 1985, im Bundestag über das Kriegsende und seine Folgen sprach, sei das Land noch geteilt gewesen, die Souveränität der vier Siegermächte war nicht aufgehoben. Zugleich zeichneten sich jedoch Veränderungen ab, die auch uns Deutsche betrafen. Weizsäcker: «Gorbatschow war Generalsekretär der KPdSU geworden. Zweifellos war der Kalte Krieg nach wie vor auf höchst bedrohliche Weise präsent. Breschnew hatte neue Raketensysteme entwickeln lassen. Der amerikanische Präsident Reagan hatte vom ‹Totrüsten› der Sowjetunion gesprochen, in Polen herrschte Kriegsrecht. Und dennoch änderte sich die Situation. Reagan traf sich mit Gorbatschow in Reykjavik; plötzlich lag das Einvernehmen in der Luft, gemeinsam abzurüsten. Im Verhältnis der beiden Staaten zueinander wurde nach Schritten gesucht, von der Mitte Europas her Frieden und Entspannung zu fördern. Kurz, wir durften und mußten uns damals in Bonn darauf vorbereiten, einer voll souveränen außenpolitischen Verantwortung und Interessenvertretung gerecht zu werden. Ich war der Überzeugung, ein ehrliches Verständnis der Nazizeit und des Krieges sei eine notwendige Voraussetzung dafür.» Die eigene künftige Handlungsfähigkeit sollte dadurch gestärkt werden. Deshalb durften wir «nach meinem Empfinden nicht, wie zunächst vorgesehen, den 8. Mai 1985 im Bundestag gemeinsam mit Reagan als Feier der Nato-Partnerschaft begehen».[15] Er ließ sich beraten, verwarf, korrigierte, zauderte, viele feilten mit, letzte Hand behielt er. Osmotisch war der Text entstanden für diesen Tag im Parlament, und dennoch trug er nur eine Handschrift.

Es wurde *die* Rede daraus.

Richard von Weizsäckers zentrale Argumente aus der Rede im Plenarsaal des Bundestages in Bonn zum 40. Jahrestag der Beendigung des Zweiten Weltkrieges am 8. Mai 1985 sollen hier noch einmal kurz im Wortlaut wiedergegeben werden.

«Wir Deutsche begehen den Tag unter uns, und das ist notwendig. Wir müssen die Maßstäbe allein finden. Schonung unserer Gefühle durch uns selbst oder durch andere hilft nicht weiter. Wir brauchen und wir haben die Kraft, der Wahrheit, so gut wir es können, ins Auge zu sehen, ohne Beschönigung und ohne Einseitigkeit. Der 8. Mai ist für uns vor allem ein Tag der Erinnerung an das, was Menschen erleiden mussten. Er ist zugleich ein Tag des Nachdenkens über den Gang unserer Geschichte. Je ehrlicher wir ihn begehen, desto freier sind wir, uns seinen Folgen verantwortlich zu stellen.»

Seine Grundüberzeugung hielt Richard von Weizsäcker damit gleich zu Beginn fest, der Reinigungsprozess müsse von innen kommen. Ja, erinnert fühlt man sich beim Wiederlesen an jene Anekdote aus Nürnberg 1945, als Axel von dem Bussche und er sich empörten, dass der Prozess von den Amerikanern geführt und das Justizgebäude von ihnen bewacht werde – als könnten das nicht die Deutschen.

«Der 8. Mai ist für uns Deutsche kein Tag zum Feiern. Der eine kehrte heim, der andere wurde heimatlos. Dieser wurde befreit, für jenen begann die Gefangenschaft ... Verbittert standen

Deutsche vor zerrissenen Illusionen, dankbar andere Deutsche für den geschenkten neuen Anfang.»

«Die meisten Deutschen hatten geglaubt, für die gute Sache des eigenen Landes zu kämpfen und zu leiden. Und nun sollte sich herausstellen: Das alles war nicht nur vergeblich und sinnlos, sondern es hatte den unmenschlichen Zielen einer verbrecherischen Führung gedient.»

«Und dennoch wurde von Tag zu Tag klarer, was es heute für uns alle gemeinsam zu sagen gilt: Der 8. Mai war ein Tag der Befreiung. Er hat uns alle befreit von dem menschenverachtenden System der nationalsozialistischen Gewaltherrschaft.»

Eindeutig hat Weizsäcker damit Position ergriffen in einer Kontroverse, die über Jahrzehnte hinweg offen geblieben war. Dem nationalkonservativen Milieu der Republik widerstrebte es, von «Befreiung» zu sprechen. Zu viel Ehre erwies das den «Siegermächten», und es klang ja auch an, man habe die Kraft dazu von innen nicht gehabt. Der 8. Mai bezeichnete nach Ansicht gerade mancher Parteifreunde Weizsäckers, voran der nationalkonservative Alfred Dregger, nicht nur das Ende der nationalsozialistischen Gewaltherrschaft, sondern zugleich auch den Beginn von Vertreibungen und neuer Unterdrückung im Osten und der Teilung unseres Landes. Darauf legten sie besonderen Nachdruck.

Einwenden hätte man bei Weizsäcker seinerzeit können – hie und da geschah es auch in liberalen Gazetten –, dass der Begriff «Befreiung» zweideutig sei. Denn die Alliierten wollten zunächst ganz Europa von den deutschen Okkupanten befreien, und Deutschland wollten sie besetzen, um eine Wiederholung dauerhaft unmöglich zu machen. Von «Befreiung» sprachen auch manche, die sich gerne der herrschenden Meinung anpassten, ein Quäntchen Opportunismus konnte sich dahinter verbergen.

188

In der Mentalitätsgeschichte der Republik jedoch hat der Streit «Befreiung oder Kapitulation» seinen eindeutigen Stellenwert, und Richard von Weizsäcker legte damit erfolgreich Widerspruch ein gegen die unausgesprochene These, man dürfe die neuen Herren, die «Besatzer» und «Siegermächte», nicht auch «Befreier» nennen.

Er habe den 8. Mai als «Kapitulation», als «Niederlage», als katastrophales Ende empfunden, hat Helmut Schmidt auf diese Frage stets erwidert, aber für ihn habe sich eindeutig herauskristallisiert, dass Deutschland befreit worden war und befreit werden musste. In der Hinsicht hatte er keine Einwände gegen die Rede.

Weizsäcker fügte der Passage über die «Befreiung» etwas hinzu, was man die Quintessenz seiner ganzen Rede nennen könnte: «Niemand wird um dieser Befreiung willen vergessen, welche schweren Leiden für viele Menschen mit dem 8. Mai erst begannen und danach folgten. Aber wir dürfen nicht im Ende des Krieges die Ursache für Flucht, Vertreibung und Unfreiheit sehen. Sie liegt vielmehr in seinem Anfang und im Beginn jener Gewaltherrschaft, die zum Krieg führte. Wir dürfen den 8. Mai 1945 nicht vom 30. Januar 1933 trennen.»

Mit diesem Datum, 1933, insbesondere widersetzte sich der Redner der verbreiteten Neigung, die Geschichte von Opfern und Tätern, von Vertriebenen und Flüchtlingen aus Deutschland sowie den Ermordeten und Verfolgten aus ganz Europa in einem undifferenzierten Gesamtbild ineinander aufgehen zu lassen.

Losgelöst hat Richard von Weizsäcker sich mit seinen Formulierungen von den vagen Umschreibungen der 50er und 60er Jahre, wonach der Nationalsozialismus als eine Art Fatum über Europa gekommen sei, etwas abgründig Böses, das fast alle mitriss. Auch sein Vater bemühte in den *Erinnerungen* 1952 solche Metaphern: Danach war es das «Dämonische», «Allgemeinmenschliche», was in das Verhängnis geführt hatte, das «deutsche Unglück» im Thomas Mann'schen Sinne als «Paradigma für die Tragik des Menschen überhaupt», die Deutschen waren «Verführte», denen es erging wie Adrian, der sich dem Teufel verschrieb.[16]

Weizsäcker wechselte den Code endgültig. Es hätte der ganzen Studentenbewegung und ihres Protestes gegen die Verdrängungen der älteren Generation nicht bedurft, bescheinigte ihm Außenminister Joschka Fischer nach dem rot/grünen Wahlsieg 1998, wenn diese Rede früher gehalten worden wäre.

Namentlich nannte der Redner, wen er meinte. Nicht umsonst ist seine Aufzählung der Opfer übernommen worden für die Neue Wache Unter den Linden, dem offiziellen Mahnmal der Bundesrepublik seit der Vereinigung:[17] Sechs Millionen Juden, die in deutschen Konzentrationslagern ermordet wurden, die Opfer in der Sowjetunion und in Polen, die eigenen Landsleute, Sinti und Roma, Homosexuelle, Geisteskranke, religiös und politisch Verfolgte, Geiseln, Opfer des Widerstands (auch der Kommunisten).

«Gewiß, es gibt kaum einen Staat, der in seiner Geschichte immer frei bleibt von schuldhafter Verstrickung in Krieg und Gewalt. Der Völkermord an den Juden jedoch ist beispiellos in der Geschichte.»

Besonders an diesem Satz muss der Historiker Ernst Nolte Anstoß genommen haben, er stand im Zentrum seines Versuchs, eine Revision der Geschichte vorzunehmen, die Vergangenheit zu relativieren und aufzuheben in der bolschewistischen «Ursünde». Daraus wurde der Stoff für den «Historikerstreit» im Jahr 1986.

«Die Ausführung des Verbrechens lag in der Hand weniger. Vor den Augen der Öffentlichkeit wurde es abgeschirmt. Aber jeder Deutsche konnte miterleben, was jüdische Mitbürger erleiden mussten, von kalter Gleichgültigkeit über versteckte Intoleranz bis zu offenem Hass. Wer konnte arglos bleiben nach den Bränden der Synagogen, den Plünderungen, der Stigmatisierung mit dem Judenstern, dem Rechtsentzug, der unaufhörlichen Schändungen der menschlichen Würde? Wer seine Augen und Ohren aufmachte, wer sich informieren wollte, dem konnte nicht entgehen, dass Deportationszüge rollten.»

Er bezog sich mit ein. Als Gymnasiast in Berlin hat er die brennende Synagoge erlebt. Von einem der Dramen an der Ostfront, dem Mord an dreitausend Zivilisten, hatte ihm Axel von dem Bussche berichtet. Gerade dieser Satz, «wer seine Augen und Ohren aufmachte …», trug ihm besonders heftige Widerworte ein. Für ihn beispielsweise gelte das nicht, gab ein indignierter Helmut Schmidt ihm spontan zu verstehen. Vielleicht habe er sich ein wenig zu ungenau ausgedrückt, meint Weizsäcker heute dazu, nicht in jedem Einzelfall müsse das wörtlich gelten, dass sie «Deportationszüge rollen» hörten. Grundsätzlich aber, sagt er, stehe er zu seinem Urteil von damals.

«Es gibt viele Formen, das Gewissen ablenken zu lassen, nicht zuständig zu sein, wegzuschauen, zu schweigen. Als dann am Ende des Krieges die ganze unsagbare Wahrheit des Holocaust herauskam, beriefen sich allzu viele von uns darauf, nichts gewusst oder auch nur geahnt zu haben.»

Bezog er sich mit ein? Ich denke, ja. Was er nicht wusste, erfuhr er in den Nürnberger Jahren, der Lektion für ein Leben, von der Kempner gesprochen hatte.

«Das jüdische Volk erinnert sich und wird sich immer erinnern. Wir suchen als Menschen Versöhnung. Gerade deshalb müssen wir verstehen, dass es Versöhnung ohne Erinnerung gar nicht geben kann.»

«Auf dem Weg ins Unheil wurde Hitler die treibende Kraft. Er erzeugte und er nutzte Massenwahn. Eine schwache Demokratie war unfähig, ihm Einhalt zu gebieten. Und auch die europäischen Westmächte, nach Churchills Urteil ‹arglos, nicht schuldlos›, trugen durch Schwäche zur verhängnisvollen Entwicklung bei.»

Ernst von Weizsäcker, der Vater, hatte sich verzweifelt bemüht, England einzubinden in die Koalition gegen Hitler. Er hoffte, Hitler werde den «großen» Krieg nicht wagen, wenn er England damit zur Intervention gegen das Deutsche Reich zwinge. Gerade an dieser Stelle aber wurde klar, dass man Weizsäckers Rede nicht verstehen, nicht nachvollziehen kann, ohne mitzudenken, wie und aus welchen Motiven heraus der Vater agierte.

«Am 23. August 1939 wurde der deutsch-sowjetische Nichtangriffspakt geschlossen. Das geheime Zusatzprotokoll regelte die bevorstehende Aufteilung Polens. Der Vertrag wurde geschlossen, um Hitler den Einmarsch in Polen zu ermöglichen. Das war der damaligen Führung der Sowjetunion voll bewusst. Allen politisch denkenden Menschen jener Zeit war klar, dass der deutsch-sowjetische Pakt Hitlers Einmarsch in Polen und damit den Zweiten Weltkrieg bedeutete.»

Allen politisch denkenden Menschen – sein Vater zählte dazu.

«Dadurch wird die deutsche Schuld am Ausbruch des Zweiten Weltkriegs nicht verringert. Die Sowjetunion nahm den Krieg anderer Völker in Kauf, um sich am Ertrag zu beteiligen. Die Initiative zum Krieg aber ging von Deutschland aus, nicht von der Sowjetunion. Es war Hitler, der zur Gewalt griff.»

Auch das hatte er bereits im Elternhaus gelernt, es hatte sich schrecklich bestätigt.

«Die Spaltung Europas in zwei verschiedene politische Systeme nahm ihren Lauf. Es war erst die Nachkriegsentwicklung, die sie befestigte. Aber ohne den von Hitler begonnnen Krieg wäre sie nicht gekommen.»

«Wir können des 8. Mai nicht gedenken, ohne uns bewusst zu machen, welche Überwindung die Bereitschaft zur Aussöhnung den damaligen Feinden abverlangte. Können wir uns wirklich in die Lage von Angehörigen der Opfer des Warschauer Ghettos oder des Massakers von Lidice versetzen? Wie schwer musste es aber auch einem Bürger in Rotterdam oder London fallen, den Wiederaufbau unseres Landes zu unterstützen, aus dem die Bomben stammten, die erst kurze Zeit zuvor auf seine Stadt gefallen waren?»

«Der erzwungenen Wanderschaft von Millionen Deutschen nach Westen folgten Millionen Polen und ihnen wiederum Millionen Russen. Es sind alles Menschen, die nicht gefragt wurden, Menschen, die Unrecht erlitten haben, Menschen, die wehrlose Objekte der politischen Ereignisse wurden und denen keine Aufrechnung von Unrecht und keine Konfrontation von Ansprüchen wiedergutmachen kann, was ihnen angetan worden ist.»

«Gewaltverzicht heißt heute, (...) den widerstreitenden Rechtsansprüchen das Verständigungsgebot überzuordnen.»

«Wir Deutschen sind ein Volk und eine Nation. Wir fühlen uns zusammengehörig, weil wir dieselbe Geschichte durchlebt haben.»

«Auch hier erlauben Sie mir noch einmal einen Blick auf das Alte Testament, das für jeden Menschen unabhängig von seinem Glauben tiefe Einsichten aufbewahrt. Dort spielen 40 Jahre eine häufig wiederkehrende, eine wesentliche Rolle. 40 Jahre sollte Israel in der Wüste bleiben, bevor der neue Abschnitt in der Geschichte mit dem Einzug ins verheißene Land begann. 40 Jahre waren notwendig für einen vollständigen Wechsel der damals verantwortlichen Vätergeneration. An anderer Stelle aber (Buch der Richter) wird aufgezeichnet, wie oft die Erinnerung an erfahrene Hilfe und Rettung nur

40 Jahre dauerte. Wenn die Erinnerung abriß, war die Ruhe zu Ende.»

Mit dem Rückgriff auf das Alte Testament und Israel wollte er auch klarmachen, weshalb über die Vergangenheit zwar immer debattiert wurde, diese Kontroversen aber, je weiter sie wegrückten, umso lebhafter geworden sind – und, mehr noch, weshalb nun etwas ausgesprochen werden könne und müsse, was in vierzig Jahren herangereift war.

Ohne Schnörkel hat Weizsäcker in seinen *Erinnerungen* selbst diese Rede seine «politischste und zugleich die persönlichste» seiner Amtszeit genannt.[18] Zweifellos trifft das zu. Gerade diese Kombination machte ihr Besonderes aus. Zu jedem Satz konnte man sich stumm etwas aus seinem Leben, aus dem des Vaters oder der gesamten Familie ergänzen.

Es ist nur noch eine Fußnote der Geschichte: Seine ursprüngliche Absicht jedoch, in dieser Rede die Begnadigung von Rudolf Heß zu verlangen, hätte ihn wahrscheinlich um einen Großteil der Wirkung betrogen. In letzter Sekunde hatte Weizsäcker auf den Rat aus dem Amt heraus gehört und den Passus aus dem Text gestrichen.[19] In seiner Weihnachtsansprache vom 20. Dezember 1985 holte der Präsident das nach: Auf einem Weihnachtsmarkt habe er vor ein paar Tagen mit Berliner Bürgern über einen Häftling im Spandauer Gefängnis gesprochen, Rudolf Heß. Als Hitlers Stellvertreter wurde er zu lebenslanger Haft verurteilt, so habe es unserem Rechtsempfinden entsprochen. Doch nun verbüße er seine Strafe seit 44 Jahren, er sei ein zweiundneunzigjähriger Greis. Gnade sei die Stütze der Gerechtigkeit, sie solle auch ihm zuteil werden. (Heß beging wenige Wochen später in der Haft Selbstmord.)

Viel kritisches Echo löste er damit noch aus, zumal er sich in seiner Weihnachtsansprache auch ausdrücklich für die inhaftierten Sacharow und Mandela stark machte, und Heß nun, un-

194

gewollt, mit ihnen in einer Reihe stand. Aber letztlich wurde das Plädoyer akzeptiert, er selber hatte mit seiner Rede vom 8. Mai Zweifel an seinen Motiven ausgeräumt.

Weshalb seine Rede weltweit derartige Resonanz fand, hat Helmut Dubiel überzeugend erläutert, und jeden Satz von ihm möchte ich unterstreichen. Noch nie in der Geschichte der Bundesrepublik habe bis dahin einer ihrer Repräsentanten sich mit einer solchen Eindringlichkeit und Präzision zu der besonderen Verantwortung der Deutschen für ihre NS-Vergangenheit bekannt, schrieb er. Dubiel: «Die meisten bundesdeutschen Politiker hatten sich über vier Jahrzehnte mit hartnäckiger Penetranz eines Musters der Erinnerung bedient, das von falschen Identifikationen bestimmt war. Entweder integrierten sie die Deutschen in die Gemeinschaft der Opfer des Krieges und der sogenannten Gewaltherrschaft, oder (und oft auch zugleich) sie identifizierten sich im Rahmen eines – gegenüber der NS-Zeit nur neu codierten – Antikommunismus mit den siegreichen Westmächten. Weizsäcker hingegen spricht aus der Perspektive der ihre Verantwortung reflektierenden Tätergeneration. Und in dieser rückhaltlosen Form geschieht das zum ersten Mal in der Geschichte der Bundesrepublik.»[20]

Nahezu alles, was er mit der Definitionsgewalt seines Amtes apodiktisch feststellte, war tatsächlich seinerzeit noch umstritten. Fazit: Die thematischen Eckpunkte seiner Rede richteten sich «frontal gegen jene Deutungsmuster, mit denen sich die konservativen Eliten der Republik seit vierzig Jahren ihre Schuldgefühle vom Leibe zu halten versuchten».[21]

Damals, entsinne ich mich, entstand für Zuhörer im Plenarsaal unmittelbar der Eindruck, Weizsäcker habe zwar keine Wahrheiten artikuliert, die nicht vertraut waren. Uns jungen Journalisten, die sich vielleicht ein paar mehr Verstöße gegen die herrschenden Denkmuster gewünscht hatten, wurde dennoch unmittelbar bewusst, dass nichts davon eine Selbstverständlichkeit war. Das war die Paradoxie: Neu waren die Einsichten nicht, und trotzdem zogen sie einen Schleier weg. Man atmete durch.

Führte Brandts Kniefall zur Rede vom 8. Mai? Ich denke, einen inneren Zusammenhang gibt es tatsächlich. Brandts Geste erfolgte, wie er immer erklärt hat, spontan. Am Morgen des Tages, an dem er das Mahnmal aufsuchen und den Vertrag unterzeichnen sollte, sei ihm klar geworden, dass das nicht nur im Rahmen des Üblichen ablaufen könne, erklärte der Kanzler a. D. Brandt später. Weizsäckers Rede stand im Kontext einer innen- und außenpolitischen Debatte, und er hatte sie wochenlang akkurat vorbereitet.

Als Chiffre gewann der Kniefall seine bleibende Bedeutung, weil es die Reaktion eines Mannes war, der gegen Hitler gekämpft hatte, der aber die Verantwortung für alle Deutschen mitübernahm – und der dennoch in der Bundesrepublik nicht eine Sekunde mit dem Finger anklagend auf die «Mehrheitsdeutschen» zeigte. Er zwang sich dazu, nach vorne zu blicken. Und er glaubte, das «andere Deutschland» gebe es und es werde sich durchsetzen.

Als Chiffre gewinnt Weizsäckers Rede ihre Bedeutung insofern, als er selbst am 1. September in Polen einmarschiert war; zudem entstammte sein Vater jener Elite, die politisch und unpolitisch zugleich war, und die in Nürnberg angeklagt wurde. Unausgesprochen spielte das alles hinein. Rudolf von Thadden sagt respektvoll, mit KOMPENSATION allein sei vieles im Leben des Sohnes still überschrieben. Warum sollte man dem widersprechen?

Willy Brandts Wortlosigkeit vor dem Warschauer Ghetto-Mahnmal kann man lesen als Gegenbild zu dem ausgefeilten Text von Richard von Weizsäcker im Bonner Parlament. Brandts

196

«wir nehmen die Verantwortung an», ohne von kollektiver Schuld zu sprechen, und Weizsäckers Appell, sich durch genaues Erinnern ehrlich zu machen – im Rückblick gewinnt das eine innere Logik, als hätte nicht nur der Zufall Regie geführt. Gemeinsam ist beiden, dass es sich um Schlüsselstationen auf dem Weg zur Selbstverständigung über unser Verhältnis zur Vergangenheit und damit über das eigene Land handelte. Genauer: es sind die zwei Stationen, die bleiben. Beides hat beigetragen zum nationalen Konsens über das, was konstitutiv für die Bundesrepublik sein soll.

Brandts wortlose Geste war unhintergehbar und irreversibel, die Resonanz weltweit, aber sie wirkte besonders nach innen. Weizsäckers Rede fand vermutlich sogar breitere Zustimmung, das Echo war einmalig, auch in der DDR, aber sie wirkte vermutlich noch mehr nach außen.

Ausdrücklich begrüßte Weizsäcker übrigens, dass die Grünen am Tag zuvor anlässlich des 40. Jahrestages des Kriegsendes nach Auschwitz gereist waren. Nicht als Gegenprogramm empfand er diese Geste der jüngsten Partei, wie er der damaligen Sprecherin der Fraktion, Antje Vollmer, versicherte; komplementär passte die Reise nach Auschwitz zu dem, was er als Repräsentant jener Generation, die am Krieg beteiligt war, vermitteln wollte.

Vergeblich spottete Franz Josef Strauß über den «Spezialgewissensträger» im Präsidentenamt. Die «ewige Vergangenheitsbewältigung als gesellschaftliche Dauerbüßeraufgabe» schmeckte ihm nicht.[22] Aber mit solcher Kritik war zu rechnen, dagegen war Weizsäcker inzwischen immun.

Weil sie geglückt war, entlastete diese Rede. Sie entlastete die Bundesrepublik, weil sie keinen Schlussstrich zog, ohne mit Auschwitz als «Moralkeule» – wie Martin Walser das Jahre später formulierte – zu argumentieren. Weder waren die Vergangenheitsdebatten damit beendet, das konnte auch gar nicht sein, noch war er selber die private Bürde los, die sich mit dem Namen des Vaters verband.

Als Schlusspunkt einer langen Phase der deutschen Suche, mit der Vergangenheit angemessen umzugehen, hatte Weizsäcker seine eigene Rede vom 8. Mai auch nicht betrachtet. Ihm war klar, dass es in der Geschichte Schlussworte nicht gibt. Bald sollte sich erweisen, wie richtig das war. Den Historikerstreit von 1986 konnte man als Echo auf Weizsäckers Rede verstehen.

Er aber hielt sich später zurück. Die Geschichte gehöre nicht den Historikern allein, meldete er sich beim Deutschen Historikerkongress recht zurückhaltend zu Wort, alles vollziehe sich im Geflecht historischer Abläufe, und doch sei alles in der Geschichte singulär. Auf dem Punkt vor allem, den Ernst Nolte ins Zentrum seines Plädoyers gestellt hatte, die Vergangenheit vergehen zu lassen, beharrte er jedoch nachdrücklich, und so wiederholte er es mehrfach öffentlich: «Was soll es für uns bedeuten, ob Auschwitz einen Vergleich mit irgend etwas anderem in der Welt aushalten könnte? Auschwitz bleibt singulär. Es geschah im deutschen Namen durch Deutsche. So ist es unumstößlich und so wird es auch nicht vergessen.» Im Westen hätten wir das Glück gehabt, schon länger in einer Demokratie zu leben, die sich nicht zuletzt «in der Offenheit gegenüber ihrer Geschichte» bewährt.[23]

Fortan wurde auch er selbst an der Elle gemessen, die er selber an den Umgang der Deutschen mit der Vergangenheit angelegt hatte. Verlangte er Ehrlichkeit bloß von anderen, oder machte er sich auch selbst hinreichend ehrlich?

Zu spüren bekam solche Rückfragen der Präsident erstmals, als er eingeladen wurde zu einer *Commencement Speech* an der Universität Harvard (Cambridge/Ma.). Dort wollte man ihm zugleich die Ehrendoktorwürde verleihen. Wütend atta-

1987 wird der Präsident eingeladen zu einer Festrede und zur Verleihung der Ehrendoktorwürde an der Universität Harvard. Weltweit wurde er gelobt für seine Rede vom 8. Mai 1985, dem 40. Jahrestag des Kriegsendes. Aber in Harvard schlägt ihm auch heftige Kritik entgegen – wegen der Rolle seines Vaters im Dritten Reich, und weil er ihn verteidigte.

ckierte ihn Alan Dershowitz, einer der Professoren der Harvard Law School, im Vorfeld: Richard von Weizsäcker sei nun einmal der Sohn von «Hitlers Chef-Diplomaten», eines verurteilten Nazi-Kriegsverbrechers.[24] Es «entehre» die Universität, wenn sie diesen Sohn auszeichne. Besonders verübelt wurde Richard von Weizsäcker, dass er den Vater verteidigte, der geschrieben hatte, von den Konzentrationslagern habe man gewusst, «aber wir wussten nichts darüber, was dort geschah». Diese Meinung vertrete heute auch der Sohn, führte Dershowitz gegen den Besucher ins Feld. Einerseits habe Richard von Weizsäcker seine eigene Schuld und die seiner Generation anerkannt, nämlich in seiner Rede vom 8. Mai, andererseits habe er darauf bestanden, sein Vater habe «nicht gewusst», das sei nicht zu akzeptieren.

Wenige Tage später legte er noch nach. Nein, Weizsäcker sei kein Kurt Waldheim, polterte er. Der Präsident solle nicht auf die Liste derjenigen kommen, die nicht einreisen dürfen. Er müsse in Harvard reden dürfen, aber das sei die Grenze. «Vielleicht», fuhr Dershowitz fort, «sollte ein Sohn nicht verurteilt werden, weil er sich blind macht vor der Schuld des Vaters. Aber umgekehrt kann er deswegen auch nicht geehrt werden.»[25]

Die Universitätszeitung *The Harvard Crimson* wetterte ähnlich streng: Als Chefdiplomat müsse er gewusst haben, was in den Konzentrationslagern geschah. Man könne aber nicht den Völkermord «prinzipiell» eingestehen, hieß der Vorwurf, während man die «Schuld der Allernächsten» leugne.[26] Fairerweise berichtete die Studentenzeitung allerdings auch, dass der deutsche Präsident gerade von jüdischen Stimmen wegen der Rede zum Kriegsende und generell wegen seiner Haltung in Vergangenheitsfragen als «einzigartig» im neuen Deutschland gepriesen worden war.

Auch Verteidiger meldeten sich zu Wort, «Weizsäcker» war über Nacht ein amerikanisches Thema geworden. Henry Rosovsky, ein in Danzig geborener Jude, Ökonom an der renommierten Universität, wehrte alle Vorwürfe mit dem Argument ab, Weizsäckers 8.-Mai-Rede müsse als «einer der großen politischen und moralischen» Beiträge zur aktuellen europäischen Geschichte gelten. Ein Stein sei ihm vom Herzen gefallen, als er seine Rede gehört habe, gestand er.

Rosovsky muss damit das breite Empfinden getroffen und wiedergegeben haben: Zwanzigtausend Menschen hörten auf dem Rasen des Campus von *Harvard Yard* dem Deutschen zu, erhoben sich nach der Ehrung durch den Universitätspräsidenten Derek Bok und spendeten demonstrativ Beifall.[27]

Den Weizsäcker-Konsens, den die Rede stiftete, hat in Wahrheit niemand mehr ernsthaft in Frage gestellt, weder Helmut Kohl noch Gerhard Schröder oder Angela Merkel.

Nach außen hat er für einen politisch bedeutsamen Vertrauensgewinn gesorgt, der schwer zu beziffern ist. Hans-Dietrich Genscher, selber in der zweiten Hälfte der 80er Jahre unermüdlich unterwegs in Sachen Vertrauenswerbung, bewertet das so: Wie wenig anderes habe Weizsäckers Rede geholfen, um Bedenken der Nachbarn gegen ein geeintes Deutschland zu überwinden, damit zähle sie zu den Faktoren, die den 9. November 1989 erst möglich machten.

Und war damit nicht auch etwas wieder gut gemacht? Ein politisch waches Bürgertum «im Sinne des Citoyens» hatte in Weimar nach Richard von Weizsäckers Urteil bitter gefehlt. Das war das deutsche Versäumnis. Und darin war auch sein Vater involviert. Ihm warf er ja nicht das vor, wofür er in Nürnberg bestraft wurde, «Verbrechen gegen die Menschlichkeit». Das hielt er wie sein Bruder für einen schwer begreiflichen Irrtum.

Neben der strafrechtlichen Schuld gab es aber noch eine andere, juristisch nicht fassbare. Es war, urteilte einer seiner Biographen, «die Verweigerung des inneren Beistands gegenüber den guten und redlichen Kräften von Weimar gewesen». Hierin scheine Richard von Weizsäcker das schwerwiegende Versäumnis beim Vater zu sehen, «nicht im Mittun im Hitler-Reich, sondern in der Distanz zur Weimarer Republik, nicht in der bestraften Beteiligung, sondern in der straffreien Verweigerung».[28]

Warum hatte Ernst von Weizsäcker sich verweigert, fragte Harald Steffahn in einem Portrait des Sohnes. Die Antwort liege auf der Hand: Sein eigener Vater, Ministerpräsident in Stuttgart, war gestürzt worden. Die gewohnte Ordnung wurde von unbestimmbaren Kräften über den Haufen gerannt. Jetzt aber, unter Hitler, wurde Unterstützung gebraucht gegen ganz andere, noch weit unberechenbarere Kräfte. Dafür aber fehlte das Gespür. Der jüngste Sohn habe auf die Trümmer gesehen, auf das gescheiterte Weimar und das gelingende Bonn, und es sehe so aus, als habe er «die Reserviertheit des Vaters in die eigene Vorbehaltlosigkeit umsetzen wollen».[29] Ich denke, dieses Urteil leuchtet ein.

Kein Meisterplan führte von Nürnberg 1947 nach Bonn zur Bundestagsrede vom 8. Mai 1985 Richard von Weizsäckers. So wenig, wie Brandt den Kniefall geplant hatte. Innerlich aber dürfte für ihn früh festgestanden haben: Der Auftritt seines Vaters in Nürnberg, das sollte nicht das letzte Wort der Weizsäckers in diesem Lande sein.

VIII. *Einheit*

Eine souveräne Bundesrepublik wünschte er sich, in der aber der Gedanke an die historisch gewachsene «Nation» nicht preisgegeben werde. An die Nation, nicht der an die staatliche Einheit.

Für die Dialektik, die in der Anerkennungspolitik steckte, fehlte dem nationalkonservativen Flügel seiner Partei der Sinn. Dass er sich als politischer Präsident versteht, hatte Weizsäcker aber nicht allein dadurch dokumentiert. Rasch galt er als eine Art Garant einer außenpolitischen Kontinuität, ähnlich wie Außenminister Hans-Dietrich Genscher, mit dem er sich nahezu auf Zuruf verstand. Man kann auch sagen: Beide arbeiteten sie an den Richtlinien mit, ohne Richtlinienkompetenz zu haben, Genscher dank seiner Routine und Autonomie im Auswärtigen Amt, Weizsäcker mit der Autorität seiner Stimme. Zugleich kannte er aber auch inzwischen die verschlungenen Wege der Einflussnahme im Apparat und per gelegentlicher Einmischungen in Interviews oder Reden. Er ging deshalb bewusst sparsam damit um.

Gewiss zählte er als Bundespräsident nicht mehr zur «gewählten Politik», weder zum Parlament noch zur Regierung.

Aber seine erste Amtsperiode fiel in dieses einzigartige Jahrzehnt, das zwischen Verschärfung des Kalten Krieges und Gorbatschows Perestroika, zwischen Aufrüstungsrunden und Friedensbewegung, Entspannungspolitik und Drohgebärden bis zum Finale von 1989 oszillierte.

In diesem Konflikt zwischen den Großmächten hatten die Deutschen zuerst mit Brandts Ostpolitik seit 1969 und dann mit Schmidts Londoner Rede zur Nachrüstung im Jahr 1977 mehr oder minder offen eine gewisse Mitsprache-, wenn nicht gar eine heimliche Führungsrolle beansprucht. Kohl, seit 1983, unternahm einen Versuch in diese Richtung erst gar nicht, glaubte aber – nicht ganz zu Unrecht – durch freundschaftliche Umarmung Einfluss auf Ronald Reagan und George Bush nehmen zu können. Latent schwelte aber ein Konflikt zwischen dem Kanzler einerseits sowie seinem Außenminister und indirekt auch dem Präsidenten andererseits, besonders seit in Moskau ein neuer Generalsekretär antrat und von «Glasnost» und «Perestroika» sprach.

Lange nahm Kohl Michail Gorbatschow und seine Bekenntnisse zu Offenheit und Umbau nicht sonderlich ernst, Ende 1986 zog er in einem Interview mit dem US-Nachrichtenmagazin *Newsweek* sogar Parallelen zwischen Goebbels als Meister der Public Relations und dem sowjetischen Generalsekretär. Der Schaden war beträchtlich, den er in Moskau damit anrichtete, Gorbatschow zahlte es lange mit Misstrauen gegenüber dem Deutschen heim, noch 23 Jahre danach, bei der Feierlichkeit in Berlin mit Helmut Kohl und George Bush zum Jahrestag des Mauerfalls 2009, konnte sich der Präsident a. D. eine Anspielung auf den Affront von Seiten des deutschen Kanzlers nicht verkneifen. Man müsse Gorbatschow beim Wort nehmen, suchte Genscher eilig im Januar 1997 den Schaden wiedergutzumachen.

Der Präsident und der Außenminister, Weizsäcker und Genscher, verstehen sich blendend und spielen sich die Bälle zu. Nicht nur 1987 (Foto) bei der Moskau-Mission, sondern gerade auch in den zwei dramatischen Jahren vor dem 9. November 1989 – und danach. Sie ahnen Umbruchszeiten und drängen weiter auf Entspannung statt eines neuen Rüstungswettlaufs.

Richard von Weizsäcker wurde rasch (mit Genscher) zu einem vorverlegten Staatsbesuch nach Moskau entsandt, um die Erregung zu dämpfen. Er gewann wie der Außenminister den Eindruck, ein Umbruch zeichne sich ab. Die Wiedervereinigung am Horizont? Das glaubte keiner, auch er nicht, aber das Wort wurde doch plötzlich enttabuisiert – von Gorbatschow. Weizsäcker erinnert sich gut an die kleine Bemerkung Michail Gorbatschows während dieses Gesprächs: Eine «offene deutsche Frage» existiere nicht, aber man solle die Lösung doch getrost der Geschichte überlassen, wer wisse denn, was «das nächste Jahrhundert» bringe. Wieder ein neuer Ton!

Wer weiß, was die Geschichte so bringt? Noch ein zweites Mal kam es in diesem entscheidenden Jahr 1987 – im Rückblick das Jahr, in dem die Weichen gestellt wurden – zum Konflikt über den weiteren Weg. Wieder witterten die einen die Chance, die Entspannungspolitik zwischen Ost und West könne Früchte tragen, die anderen suchten erst recht die Konfrontation mit einer schwankenden Sowjetunion, der man den letzten Stoß versetzen könne. Die einen wollten eine Transformation mit Gorbatschow, weil sie fürchteten, alles andere werde den Kalten Krieg verlängern; die anderen wollten gegen Gorbatschow eine politische Kapitulation unter ökonomischem Druck und neuen Rüstungsdrohungen erzwingen. Weizsäcker und Genscher setzten auf Entspannung und Kooperation, Kohl schwankte, weil er sich von Washingtons Kurs nicht abkoppeln wollte.

Zum Eklat kam es, als sich unvermittelt ein internationales Abrüstungsabkommen abzeichnete, das seit der Stationierung der Pershing-Raketen 1983 in unerreichbare Ferne gerückt zu sein schien. Empört wehrten sich Franz Josef Strauß (dreißig Jahre zuvor schon der Kontrahent gegen die Göttinger Physiker), die rechte CDU und einige publizistische Stimmen, man dürfe Moskau nicht entgegenkommen, Deutschland werde seinen atomaren Schutzschirm verlieren, wenn die USA einlenkten.

Öffentlich konnte Richard von Weizsäcker, inzwischen Bundespräsident, sich nicht äußern, das verbot ihm sein Amt, aber intern versuchte er, die politischen Widerstände gegen diese Abrüstungschance zu ersticken. Als Washingtons Falken sogar mit der Stationierung neuer atomarer Kurzstreckenraketen auf deutschem Boden drohten, reagierte der Außenminister heftig.

Feuerwehreinsatz: Nachdem Kanzler Kohl den sowjetischen Generalsekretär mit Goebbels und dessen Propagandakünsten verglichen hat,
müssen 1987 der Präsident und der Außenminister, Hans-Dietrich Genscher, eilig zu einem Staatsbesuch nach Moskau reisen, um im Kreml das
zerschlagene Porzellan zu kitten. Noch bei den Feiern zum 20. Jahrestag
des Mauerfalls 1989 erinnert Gorbatschow öffentlich an den Affront,
aber auch an die geglückte Mission der beiden Besucher aus Bonn.

Dem Kanzler stellte er in Aussicht, es werde zur Koalitionsfrage,
wenn er auf die amerikanische Linie einschwenke. Dem französi-
schen Korrespondenten des *Figaro*, Jean-Paul Picaper, gestand
Weizsäcker seinerzeit freimütig, jetzt stelle sich heraus, dass die
Stationierung der Pershing II in Europa gar nicht als eine Antwort auf die sowjetischen SS-20-Raketen gedacht war. Die Null-
Lösung stand auf dem Papier, sie war von Washington nicht
ernsthaft gewollt, erkannte er. Aufrüsten wollten die Falken, um

Moskau in die Knie zu zwingen, nicht beiderseitige Abrüstung, wie Helmut Schmidt das ursprünglich anvisierte.[1]

Am Horizont zeichnete sich noch nicht die deutsche oder die europäische Einheit ab. Aber es lag etwas in der Luft. Weizsäcker hatte sich für die Nachrüstung stark gemacht, aber das hieß eben nicht, dass er sich von einer «Politik der Stärke» etwas versprach. Sie hatte versagt, da war er sich mit Schmidt einig. Brandt und Eppler hatten stets davor gewarnt, die Abrüstungsbekenntnisse aus Washington ernst zu nehmen, sie wollten Moskau in Wahrheit nieder rüsten! Weizsäcker aber machte es keine Probleme, Positionen zu räumen, die sich als irrig erwiesen. Ein viel zu diskursives Naturell war er dazu. Und Genscher bestärkte seinerseits auch den Präsidenten in seinem Widerstand gegen die neue Rüstungsrunde.[2]

Gegenüber Francois Mitterand, den er sehr schätzte, bemerkte der Präsident: Er hoffe, Kohl habe «gute Freunde», die ihn vor der Gefahr einer Isolierung der Bundesrepublik im Falle einer Ablehnung der großen Abrüstungsrunde warnen. Das war ein Wink mit dem Zaunpfahl.

Am 13. Mai 1987 sprachen Kanzler und Präsident offen darüber. Macht hatte Weizsäcker nicht. Aber einig war er sich immerhin mit dem Außenminister und FDP-Chef Genscher in der Sache, und der nahm diese Frage so ernst, dass er dafür eine Zerreißprobe in der Koalition riskiert hätte. Zwei Tage nach der Unterredung lenkte der Kanzler auf den Kurs des Vizekanzlers ein.[3] Bonn stimmte den Washingtoner Plänen nicht zu, die die beiden deutschen Staaten zum potentiellen Austragungsort eines atomaren Konfliktes gemacht hätten – der endgültige Beschlusstermin wurde um Jahre hinausgeschoben, inzwischen fiel die Mauer. Gesiegt hatten die Entspannungspolitiker.

Schon seinerzeit konnte man sehen: Weizsäcker war zwar ein überzeugter Transatlantiker, das hieß aber nicht, er hätte sich mit Europa als einer abhängigen Variablen zufrieden gegeben. Was wir westlich nennen, sei nicht amerikanisch, sondern europäisch, und das, was die Amerikaner westlich mache, sei auch europäisch, argumentierte er gerne. Was er damit meinte, zeigte sich nach dem 11. September: Weizsäcker ging auch damals nicht auf antiamerikanischen Kurs, nicht im Traum, aber er insistierte darauf, dass Europa souverän entscheiden müsse, wie es in Sachen Afghanistan oder Irak verfahren wolle. Antiwestlich konnte das deshalb nicht sein, weil Europa doch den Westen selber ausmacht – und weil dieses Europa in Amerika steckt.

Mehr noch: Wie Deutschlands Einheit zu erreichen sei – wenn überhaupt – darüber müssten die Deutschen mitreden können, das war seine feste Überzeugung. Wieso sollten die Deutschen sich dann in dem Moment, in dem etwas in Bewegung kam, ganz auf den Washingtoner Ratschluss verlassen?

Plötzlich erwies sich, was diese Generation von Weizsäcker und Schmidt, Genscher und Bahr, Brandt und Dönhoff, heimlich verband. Transatlantisch dachten sie mehr oder minder alle. Aber dass die Deutschen den «moralischen Neuanfang» selber in Gang setzen müssten – diese Gewissheit hatte ihre Generation verinnerlicht, und das führte trotz aller Westbindung dazu, dass sie auf selbstverständliche Weise mitreden wollten. Diesen Impuls verspürte Kohl nicht, der Kanzler aus der nächsten Generation.

So erklärt sich, wie mir scheint, dass einige der «Alten» in der zweiten Hälfte der 80er Jahre sich sensibilisierter zeigten als andere. Ihnen, die das immer hatten beweisen wollen, bot sich unerwartet die historische Chance, die Jalta-Ordnung Europas doch noch einmal zu korrigieren oder zumindest – Herr im eigenen Hause zu sein.

Richard von Weizsäcker, der am 9. Juli 1987 den Piskarjowskoje-Friedhof in Leningrad besuchte, hatte selber als zweiundzwanzigjähriger Oberleutnant zu jenen deutschen Belagerern gehört, die bis auf fünfzehn Kilometer an die Stadt herangerückt waren. 470 000 Menschen lagen dort unter der Erde. Bei einem früheren Besuch, 1973, hatte er bekannt, er habe im Zweiten Weltkrieg zu den «deutschen Hunnen» vor den Toren der Stadt gehört.

Am Abend dieses Besuchstages spielte er erneut darauf an: «Ich selbst bin im Krieg als junger Soldat nicht weit von hier gewesen. Uns haben die Leiden des Krieges, die wir miterlebt haben oder ahnen mussten, tief geprägt. Ich bin heute hier, um alles in meinen Kräften Stehende dazu beizutragen, dass künftigen Generationen erspart bleibt, was der Krieg an Gewalt, Not und Tod mit sich gebracht hat.» Für welche andere Politik als eine des Ausgleichs, die sich um «Entfeindung» bemüht, hätte er an dem Ort werben können? Dass für jemanden wie ihn (oder Genscher) instinktiv das Beben in Europa eine andere Rolle spielen musste als für die nächste Generation, zu der auch Kohl zählte, lag das nicht nahe?

Welche Empfindungen das für ihn gewesen sein mögen, als er als Präsident erstmals Moskau einen Staatsbesuch abstattete? Auf die knappe Bemerkung in seinen *Erinnerungen* beschränkte Richard von Weizsäcker sich, im Winter 1941/42 sei er «einer der vordersten deutschen Infanteristen gewesen, die bis in Sichtweite an das Flakfeuer über Moskau herangekommen waren, bevor uns der Widerstand der Russen und die grimmige Kälte zum Rückzug zwang».[4]

Dass er den zweiten deutschen Staat als Faktum anerkenne, hatte Weizsäcker schon in der Kontroverse Anfang der 70er Jahre um Willy Brandts Politik, und 1983 auch im Schöneberger Rathaus als Regierender Bürgermeister Berlins klar gemacht – und diese Haltung wollte er als Präsident nicht kaschieren.

Wo auch immer der Präsident auftrat, an der entspannungspolitischen Idee hielt er fest. Entsprechend dieser Grundhaltung, hochumstritten in den 80er Jahren, hielt er auch den SED-SPD-Dialog für richtig. Obwohl er öffentlich zurückhaltend blieb, hinter den Kulissen zögerte Weizsäcker nicht, in solchen Fragen Position zu beziehen – auch wenn «seine» Partei, die CDU, solche Gespräche zwischen den Sozialdemokraten und der Sozialistischen Einheitspartei als Verrat an der Einheitsidee anprangerte. Angeregt hatte den Dialog Erhard Eppler, Weizsäckers Vertrauter aus EKD-Zeiten.

Zwar hatte der Kanzler sich prinzipiell dazu durchgerungen, selbst den dialogischen Kurs – zumal gegenüber Ostberlin – fortzusetzen, öffentlich aber wollte er nicht darauf verzichten, der sozialdemokratischen Opposition allzu große Nähe zu den kommunistischen Regimen vorzuwerfen. Darin verfolgte er konsequent Adenauers Methode, die Widersacher zu brandmarken. Selbst Willy Brandt wurde 1985 vorgehalten, dass er nicht demonstrativ einen Abstecher von Warschau nach Danzig gemacht habe, um seine Solidarität mit Lech Walesa zu beweisen. Auch das diente als Beleg dafür, dass die SPD sich in Wahrheit den Kommunisten annähere. Da Kohl seinen Kurs nicht offensiv verteidigte, nahm in seiner Partei die Neigung in der Gorbatschow-Ära unversehens wieder zu, zur alten Politik der Drohgebärden und Konfrontationsrhetorik zurückzukehren.

Weizsäcker zählte – wie Genscher – zu denen, die sich mehr Liberalisierung im Osten versprachen, wenn man nicht destabilisiere, sondern Vertrauen schaffe. Mit den Erfahrungen von 1953 in Ostberlin, 1956 in Ungarn und 1968 in Prag im Kopf, vermochte er sich wie die meisten Ostpolitiker der ersten Stunde nicht vorzustellen, wieviel Eigendynamik die Opposition von unten entfalten könne. Umso größer und unverhohlener seine Begeisterung 1989, dass die Oktoberrevolutionäre von Leipzig, oder Tadeusz Mazowiecki und Bronislaw Geremek bei der Solidarność in Danzig sowie Unbeirrbare wie Vaclav Havel in Prag, unter Berufung auf die Schlussakte von Helsinki (1975) einen entscheidenden Beitrag dazu leisteten, die friedliche Revolution unumkehrbar zu machen.

Dass Helmut Kohl bald nach dem Mauerfall beherzt die Chance ergriff und keinen Zweifel aufkommen ließ an der europäischen Einbettung der Bundesrepublik, hat Richard von Weizsäcker stets vorbehaltlos gewürdigt. Ausdrücklich erkannte er sogar an, als Nachfolger Schmidts habe Kohl im Kanzleramt seit Ende 1982 die deutschlandpolitische Kontinuität seiner Vorgänger verlässlich gewahrt. Ein Urteil, über das man durchaus streiten könnte, Hans-Dietrich Genscher würde es eingedenk zahlreicher Konflikte mit dem Kanzler vermutlich zurückhaltender formulieren. Weizsäckers Respekt galt erst recht dem Kanzler, der seit dem Zehn-Punkte-Plan vom 27. November 1989 und bis zu den Gesprächen mit Gorbatschow im Kaukasus im Frühjahr 1990 umsichtig und zielstrebig das Vereinigungsziel ansteuerte.

Das hieß für ihn aber nicht, Kohl habe im konzeptionellen Sinne eine Deutschlandpolitik mit dem Ziel «Einheit» von Amtsantritt an verfolgt. Aus Weizsäckers Sicht war Helmut Kohl ohnehin kein strategisch planender Kanzler, und sein Umgang mit der «deutschen Frage» bildete auch keine Ausnahme von der Regel. Er habe jedenfalls keine lange Linie verfolgt, um «von 1961 zu 1989» zu gelangen, vom Mauerbau zum Mauerfall, und das konnte man auch nachträglich nicht in diese Politik hineingeheimnissen. Darin war er sich sicher. Ehre, wem Ehre gebührt: Es war doch nicht wenig, dass Kohl sich – obgleich unter Druck – pragmatisch auf eine Fortsetzung der Politik von Brandt und Schmidt einließ, nicht wahr?

Fünf Jahre war Richard von Weizsäcker im Amt, als das Politbüromitglied des ZK, Günter Schabowski, vor den TV-Ka-

«Herr Bundespräsident, ich melde gehorsamst, in meinem Abschnitt keine besonderen Vorkommnisse!», begrüßt am 11. November 1989 ein Major der Volksarmee den westdeutschen Präsidenten, der über die Grenze nach Ostberlin schlendert. «So zackig, als hätte er es in meinem Infanterieregiment gelernt», amüsiert Weizsäcker sich noch in der Erinnerung 20 Jahre darauf. Offiziell wird er im Oktober 1990 erster Präsident des wiedervereinigten Deutschland.

meras aus aller Welt mitteilte, er hätte da fast etwas vergessen, nämlich – die Grenzübergänge seien geöffnet, und auf die Frage, ab wann, in seinen Zetteln kramte und ruschelte, «das tritt nach meiner Kenntnis … ist das sofort, unverzüglich».

Am 3. Oktober 1990 wurde er der erste Bundespräsident des wiedervereinigten Landes. Die «deutsche Frage», die ihn seit den Zeiten des Tübinger Memorandums begleitet hatte, oder sollte man besser sagen, seit den Auseinandersetzungen des Vaters mit «Versailles», war unverhofft von der Geschichte beantwortet worden: Deutschland war wieder ein Staat, nicht ganz in den alten Reichsgrenzen, das konnte auch nicht sein, wohl aber geeint und einer, der garantierte, sich europäisch einzubetten.

Wem gebührt die Palme dafür, dass dies möglich wurde und die europäischen Nachbarn (mit Ausnahme Margret Thatchers) den Deutschen auch vertrauten? Weizsäckers Respekt für die zivilgesellschaftlichen Kräfte, die Werftarbeiter in Danzig wie die Montagsdemonstrationen mit ihrem überraschenden Anteil an der Umwälzung, ist gleichermaßen gewaltig.

Aber, resümiert er im Gespräch, keiner habe die Einheit «aktiv betrieben». Weizsäcker: «Die CDU hatte nicht die Kraft, sich ganz von der Wiedervereinigungs-Rhetorik zu trennen, die SPD hatte nicht ganz die Kraft, sich auf die Zwei-Staaten-Politik uneingeschränkt einzulassen, aber das heißt eben auch, dass keiner wirklich die Einheit ‹wollte›.»

Und dennoch: Weizsäcker hat Recht, wenn er daran erinnert, noch kurz zuvor habe Brandt die Wiedervereinigung eine «Lebenslüge» genannt. Ähnlich habe Kohl gegenüber vorlauten Parteifreunden zornig darauf insistiert, die «deutsche Frage» stehe nicht auf der Tagesordnung, und sie sollten das auch gefälligst nicht laut hinausposaunen. Alles kam überraschend für alle, sagt er, wenn man ehrlich ist.

Willy Brandts Wort vom 9. November, jetzt wachse zusammen, was zusammengehört, drückte sicher auch seine Gefühle nach dem Mauerfall aus. Mit Genuss hat Weizsäcker oft die Anekdote erzählt, wie ihm beim Schlendern über den Potsdamer Platz Richtung Ostberlin ein Oberstleutnant der Volkspolizei wenige Tage nach Mauereröffnung entgegenkam und zackig salutierte, «so als hätte der das in meinem Potsdamer Infanterieregiment gelernt: ‹Herr Bundespräsident, ich melde gehorsamst: keine besonderen Vorkommnisse.›» Wunderbar!

Brandts Satz vom Zusammenwachsen, rasch ein geflügeltes Wort, ergänzte er jedoch bald: Zusammenwachsen solle Deutschland schon, aber bitte «nicht zusammenwuchern». In diese Richtung zielte auch sein Rat, «innezuhalten». Verlangsamen wollte er, die Verantwortlichen sollten klären, was sie wollen. Mit offener Sympathie begleitete er daher den Versuch ostdeutscher Bürgerrechtler, eine gemeinsame Verfassung zu erarbeiten, die das Grundgesetz ersetzen sollte.

Kurzum: Erkennbar anders stellte Richard von Weizsäcker sich diesen Anfang in Deutschland vor, als er sich konkret abzeichnete, und anders als Kohl ihn gestaltete. Beim Präsidenten kulminierte das in dem Plädoyer, die DDR solle nicht einfach der Bundesrepublik nach Artikel 23 des Grundgesetzes beitreten, als handele es sich lediglich um ein neues Bundesland. Vorgezogen hätte er unmissverständlich eine Vereinigung auf der Grundlage von Artikel 146. «Nicht so radikal wie Jürgen Habermas» habe er darauf gedrängt, sagt er im Rückblick, aber ja, gewünscht habe er es sich auch. «Sonnenklar» sei doch gewesen, «warum das nicht ‹Verfassung›, sondern ‹Grundgesetz› heißt, was wir haben.» Ebenso klar sei daher gewesen, dass «ein Abstimmungsvorgang angemessen war».

Verfassungsjuristen, unter ihnen Wolfgang Schäuble und Hans-Jochen Vogel, hielten dem aber entgegen: Erstens sei «eine Abstimmung der Gesamtbevölkerung über etwas anderes als den Grundgesetztext nicht möglich». Wenn Veränderungen in die Verfassung aufgenommen würden, wie zum Beispiel ein Grundrecht auf Beschäftigung, und das zur Abstimmung gestellt würde, so bleibe es dennoch nicht durchsetzbar. Zweitens: Die Zeit sei knapp, Gorbatschow müsse sich in Moskau zur Wiederwahl stellen, ohne seine Zustimmung sei aber auch das Ergebnis der Zwei-plus-Vier-Verhandlungen über die Souveränität Deutschlands gefährdet. Drittens schließlich: Der Wunsch der ostdeutschen Mehrheit, «ohne Verzögerung in der Bundesrepublik anzukommen und an deren Lebensstandard, auch deren Freiheiten zu partizipieren, erwies sich als überwältigend groß».

Weizsäcker zwanzig Jahre danach: Vom Wunsch nach einer Abstimmung, um dem Neuanfang mehr Legitimität zu verleihen, blieb somit nur noch die Wahl des nächsten Bundestages im Oktober 1990 übrig; mehr wollte die Regierung nicht, und auch nicht die Mehrheit der Ostdeutschen. Wahrscheinlich, räumt er inzwischen ein, habe Vogel mit seinen Einwänden gegen einen anderen Vereinigungsweg Recht gehabt. Ja, die Zeit fehlte und der breite Wunsch. Er habe das damals schlicht nicht gewusst.

Wenn zwanzig Jahre danach Jens Reich oder Friedrich Schorlemmer bilanzieren, der Vereinigung hafte seitdem ein demokratisches Defizit an, könne er nur erwidern: «Das stimmt. Aber den anderen Weg zu gehen, war nicht leicht.» Noch heute bedauert gerade er, die westdeutsche Öffentlichkeit habe die «bürgerschaftliche, vollkommen friedliche Bewegung Ostdeutschlands nicht so ernst genommen, wie sie es verdient hätte». Mindestens legitim fand Weizsäcker die Hoffnung der Oppositionellen, «wir müssen unsere DDR reformieren», weil sie sich eine deutsche Vereinigung schlicht nicht vorstellen konnten. Niemand stellte sich das vor, außer einigen weitsichtigen Polen. Den ostdeutschen Bürgerrechtlern aber wurde deswegen vorgehalten, sie seien realitätsblind – oder grenzenlos naiv, ja, in Wahrheit verberge sich dahinter wohl auch ihr heimlicher Vorbehalt gegen eine Vereinigung der getrennten Staaten.

Solche herablassenden Urteile gegenüber der Opposition in Ostdeutschland hätte man von Weizsäcker nie zu hören bekommen – er hat ja auch von sich nicht behauptet, er habe die Einheit erwartet. «Aber eine Tatsache bleibt auch, dass dem die Jubelnden vor der Frauenkirche in Dresden am 19. Dezember entgegenstanden, die nicht warten wollten.» Nicht einmal Kohl hatte damit gerechnet, aber instinktsicher ging er auf deren Empfindungen ein. In Dresden war jedes Wort Kohls richtig und keines zu pathetisch. Weizsäcker: Aber den Deutschen die Wahrheit zu sagen über das, was auf sie zukommt, «das wäre nicht nur nötig, das wäre auch möglich gewesen».

Innehalten, nicht zusammenwuchern, fairer Lastenausgleich, kein «Beitritt» per Grundgesetzartikel 23 – der Kanzler registrierte solche Einlassungen des Präsidenten nach dem 9. November mit Sicherheit sorgfältig, und er muss sie in der Summe als eine Art präsidialen Widerstand gegen die Staatsgewalt empfunden haben. Wagte es der Nachbar etwa, ihm in den Arm zu fallen? «Einer muss den Hut aufhaben!», hatte er dekretiert – und das konnte nur er als Kanzler sein.

In seinen *Tagebüchern* folgte dann auch prompt die Abrechnung in dieser Frage mit dem widerspenstigen Richard von Weizsäcker. Kohl: Eigentlich habe Weizsäcker die Fortdauer zweier deutscher Staaten favorisiert. Kein Wort darüber, dass er selbst noch im Zehn-Punkte-Plan von «konföderativen Strukturen» auf längere Zeit gesprochen hatte. Kein Wort, dass auch Brandt noch bis zum Januar von einem «Deutschen Bund» träumte. Und schon gar kein Wort, dass die «deutsche Frage» – neben Polen – zum Lebensthema für Weizsäcker geworden war. Wer wollte die Einheit? Kohls Antwort: Nach Adenauer vor allem – Ich! Und sonst sehr wenige. Selbst noch als alter, krankheitsgezeichneter Mann, zur 20. Jahresfeier des Mauerfalls 2009 im Friedrichstadtpalast, blieb er bei dieser Version. George Bush beschwor den Mut der freiheitssuchenden Völker, Michail Gorbatschow erklärte bescheiden, der 9. November sei nicht vom Himmel gefallen, und zur Vorgeschichte gehörten viele. Nur

Kohl illuminierte die Einheit als sein Werk – und das des lieben Gottes.

Pünktlich an dem Tag, an dem Richard von Weizsäckers Amtszeit als Präsident endete, am 1. Juli 1994, veröffentlichte die *FAZ* in ihrem Magazin einen ungewöhnlich vergifteten Rückblick auf die zehn Jahre aus der Feder von Brigitte Seebacher-Brandt, der Witwe Willy Brandts. Darin wurde erstmals offen artikuliert, was sonst nur hinter den Kulissen vom nationalkonservativen Flügel getuschelt worden war: Der Bundespräsident habe die Einheit nicht gewollt, sondern habe sich auf der Suche nach dem «Eigenen» der DDR befunden, das er anzuerkennen wünschte. Kurzum: die Einheit traf ihn auf dem falschen Fuß. Daher habe er sich gegen den raschen Beitritt gewehrt. Mit denen oben, zumal in Ostberlin, habe Richard von Weizsäcker paktiert, die DDR habe er durch die Brille seiner protestantischen Kirche gesehen. Auf «Volkes Stimme» wollte er nicht hören, weil er nur von oben herab blickte, und die Ostdeutschen wollten nun einmal schnurstracks integriert werden, Weizsäcker hingegen habe sich mit dem Zeitgeist versöhnt und zu bremsen versucht.

† 1992

Drei Jahre war Willy Brandt gerade tot, als dieser Text publiziert wurde. Natürlich knüpfte sich daran die Frage, ob das etwa auch die Meinung ihres verstorbenen Mannes gewesen sei, die sie da verspätet streue? Richard von Weizsäcker hatte mit ihr über seine zehnjährige Amtszeit gesprochen. Aber ihr Urteil brachte sie offenbar schon von vornherein mit.

Erwähnenswert ist diese Episode nur, weil sie belegt, mit welchem politischen Konfliktstoff seine Präsidentschaft entgegen einem verbreiteten Bild aufgeladen war. Vielleicht nicht offen, aber unter der Oberfläche doch. Brigitte Seebacher-Brandts kaum verpacktes Pamphlet war eine Ausnahme. Und Kohls Eruptionen folgten erst Jahre später, als der Präsident längst aus dem Amt geschieden war.

218

Er hat die «Nation», aber nicht die Einheit gewollt? Für Richard von Weizsäcker spiegelte sich in dem Neuanfang noch einmal etwas von jenem deutschen Beginnen wieder, bei dem er als junger Mann dabei war. Nach dem 8. Mai 1945, als Zaungast in Nürnberg, der endlich den Vater wiedersehen wollte.

Sein damaliger Impuls war es, die Jungen sollten den Anfang selbst in die Hand nehmen. Ähnlich sah er es auch nach dem Mauerfall. Sie sagten überraschend mutig: Wir können das! Er war sich sicher, sie konnten das auch wirklich! Einige kannte er ja, Schorlemmer beispielsweise. 1945 sah er sich von Freunden umgeben, die ihm bestätigten, dass es ein «anderes Deutschland» gebe. Und das wiederholte sich – auf anderer Ebene, aber immerhin, seit dem Oktober 1989 in Ostdeutschland.

Zum Respekt für die Minderheit kam hinzu, dass er kein moralisches Urteil über die Mehrheit fällen wollte. «Natürlich», sagt er auch zwanzig Jahre später noch emphatisch, «es gab ein richtiges Leben im falschen.» Wenn dieser Satz für die Nazi-Jahre galt, wie sollte er nicht erst recht für die DDR gelten, die sich mit den Hitler-Jahren, darin ist er sich ganz sicher, überhaupt nicht vergleichen ließ?

Dass das Leben danach, nach den «Jugendsünden», gar nicht auf die Waagschale gelegt werden sollte, wollte er nicht akzeptieren. Das betraf ihn schließlich auch selber. Wenn es aber ein richtiges Leben im falschen gab, dann sollte auch nicht die große Stunde der Abrechnung schlagen.

Die Nation mit ihrer Mittellage in Europa und den ungewöhnlich vielen Nachbarn: Letztlich blieb das in allen Reden, Essays, Büchern sein Thema. Inhaliert hatte er das im Elternhaus, den Fehler Versailles, das Scheitern Weimars, den Mangel an Demokraten – es blieb die Erfahrung für immer. Nach dem Krieg dominierte anderes – Deutschland war gespalten, aber es war auch nicht klar, ob es sich nicht für ewig moralisch diskreditiert hatte.

Für ihn war das Weimarer Problem von dem Bonner nicht zu trennen. Beides zusammen machte für ihn die «deutsche Frage» aus.

«Heinrich Heine gehört überhaupt niemandem», behauptete der Präsident ungewöhnlich entschieden 1991 im Düsseldorfer Rathaus bei Entgegennahme des Heine-Preises, und dieser Satz blieb im Ohr hängen. Das hieß: Wenn er niemandem gehört, gehört er jedem, Weizsäcker reklamierte Heine für sich. Und zwar jenen Heinrich Heine, der in sich und in uns immer wieder den kritischen Zweifel wecke, um uns vor Dogmen zu bewahren. Dann fügte Weizsäcker hinzu: «Nicht gefühllos zu denken und gedankenlos zu fühlen; den Heilslehren mit ruhestörendem Zweifel zu begegnen; aber ohne Zögern vom Gedanken die Tat zu fordern, wo es sittlich und menschlich geboten ist. Auch darin ist Heine für uns alterslos. Doch können wir bei ihm keine Konzepte für die Probleme unserer Zeit nachlesen.»

Weizsäcker: Courage sei die Botschaft, und die habe in jedem Leben Platz. Auf diesem Weg – ein Heine ohne Stachel? – gelangte der Heine-Preisträger sehr rasch bei seinem wirklich großen Thema an, der Lage der Nation. Also: Deutschlands Geschichte, Identität und politischer Weg in der Teilung. Weizsäcker fragte: «Was ist schmerzhafter? Die ‹Wunde Heine› (Theodor W. Adorno) im Empfinden der Deutschen? Oder die ‹Wunde Deutschland› im Leben Heines?»

Ihn beschäftigte, ganz klar, die Wunde Deutschland. Theodor W. Adorno, den Emigranten und Heimkehrer in den frühen 50er Jahren, beschäftigte die Wunde Heine. Darin erkannte er die eigenen Lebensfragen wieder.

Bei Heine, so hatte Adorno geurteilt, habe Aufklärung den gesellschaftlichen Stachel noch nicht verloren, sie sei nicht umgeschlagen ins «untertänig Affirmative». Er sei ein Sinnbild des «Ausgestoßenen», ein Gleichnis der Heimatlosigkeit und der heraufdämmernden Barbarei. Düster fügte er an, die Wunde

220

Heine werde sich erst schließen in einer Gesellschaft, «welcher die Versöhnung gelang».

Noch weiter ging Jürgen Habermas in einem Portrait Heinrich Heines, das sich seiner gängigen Vereinnahmung verweigerte: Dem Romantiker Heine hätten die Deutschen nicht verziehen, vermutete er, «dass er das romantische Erbe dem fatal Volkstümelnden, der falschen Historisierung, der verklärenden Sentimentalität entführt und den eigenen radikalen Ursprüngen zurückgegeben hat». Verbunden habe er die «Partei der Blumen und Nachtigallen» mit der Revolution. Erst nach 1945 habe Heines intellektuelles Erbe traditionsbildend gewirkt. Habermas: Wenn Heine auch in dem Sinne von Konservativen akzeptiert wäre, gehöre er «vielleicht wirklich bald allen».

Heine solle man seinen radikalen Ursprüngen zurückgeben? So sah der Präsident das nicht. Er spürte der Frage nicht nach, wie tief der Riss zwischen dem Ausgestoßenen und den Mehrheitsdeutschen ging. Für ihn, darf man vermuten, war Heine auf durchaus sympathische Weise ein Dissident, eine Art Vaclav Havel der Vorzeit, den der Obrigkeitsstaat ins Pariser Exil und in die Matratzengruft jagte. Von ihm schwärmte er als Dichter, Intellektuellem, Politiker, der die Differenz in sich selbst überbrückte. Der in der Wahrheit lebte – und auf der Grenze. Nicht Adornos oder Habermas' Fragen trieben Weizsäcker um, wann und ob sich die Deutschen innerlich mit Heine – als Chiffre für Ausgrenzungen, Minderheiten, Intellektuelle, Juden – versöhnt hätten, sondern die nach der Wunde Deutschland, und nach der Versöhnung von Macht und Geist, Politik und Moral, Bürger und Citoyen. Verständlich, gewiss, denn Richard von Weizsäcker ging es um *seine* Lebensfragen.

Dazu brauchte er Heinrich Heine. An der «Wunde» Deutschland litt er also, wenn auch aus anderen Gründen. Gelegentlich bezog er das Wort Paul Tillichs vom «Leben auf der

Grenze» auch auf sich selber. An der Grenze zwischen diesen Polen, zwischen Intellekt und Parteipolitik, sah er sich selber. Und das war keineswegs vermessen.

Nicht zufällig hat ihm das Wort von Jens Reich von der «konzeptiven Gewalt» so gefallen, die vom Präsidentenamt ausgehe. Ja, das sah er so, und so verstand er seine Rolle. Solche Reden wie die über Heine hatten aber noch einen anderen Nebeneffekt. Es setzte sich das Bild vom intellektuellen Weizsäcker durch, was ihn abhob vom antiintellektuellen Bonner Betrieb. Und vom Nachbarn, dem Amtsinhaber.

«Wir lasen zusammen den ‹Schwierigen›, in dem wir anderen mühelos Richard von Weizsäcker wiedererkannten: den Ahnungsvollen, den Gefassten, den gegen die Schamlosigkeit der Wörter Empfindlichen.» So hat Hartmut von Hentig (Jahrgang 1925), der Freund und Pädagoge, aus den gemeinsamen Jahren im Infanterieregiment 9, nach dem Krieg einmal berichtet. Unmittelbar nach dem Krieg wohnte Axel von dem Bussche bei Carl Friedrich in Göttingen, und in diesem Haus traf er Richard zum ersten Mal; von dem Bussche hatte zum Frühstück eingeladen und «rührte mit seinem Krückstock in einem CARE-Paket».[5] Was hieß dieser Satz von Hentigs von der Schamlosigkeit der Wörter? Was bedeutete das wenige Jahre nach dem Krieg?

Die Frage lag nahe, wie Richard von Weizsäcker all das Erlebte, Geahnte, Gewusste verarbeitete. Sehr schnell kam er ab 1945 in der Welt des Intellekts, des Geistes, in der Wortwelt an. Sie gab Halt und Orientierung, sie war Trutzburg und Fluchtpunkt zugleich. Der Ort, an den er sich zurückziehen und von dem aus er neu ausschwärmen konnte, sich wieder zurückziehen, wieder neu ausschwärmen …

Diese Erfahrung hat vermutlich dazu geführt, dass der Sohn jedenfalls in der öffentlichen Arena oft so auftrat wie bei einem Dauerbalanceakt. Seine Präsidentschaft konnte man auch als Antwort auf diese «Wunde» begreifen. Weizsäckers Perfektion wirkte so, als wolle er sich gegenüber allen Absturzgefahren immunisieren. Seine Sehnsucht nach Fehlerlosigkeit und einem unbeschädigten Bild scheint mit jener Erfahrung untrennbar zusammenzuhängen.

Hing das mit dem Vater zusammen? Das «Wesen» des Vaters sei das Entscheidende gewesen, nicht sein «Handeln», hat der Sohn gesagt. Dieses «Wesen» jedoch blieb verhüllt. Das verteidigte der Sohn, nicht die Handlungen.

Zeigte sich da die Schattenseite der erwünschten Versöhnung von Geist und Macht? War das die Wunde in der Wunde, die Verlockung und Verführbarkeit, der auch der Intellekt erliegt? Macht die Nähe zur Macht blind? So besehen, wäre gerade nicht das Unangepasste das Problem, und Heine war ein großer Unangepasster, sondern das «verborgen Affirmative», das in der Versöhnung von Geist und Macht auch stecken kann. Die «Wunde Heine» bedeutet, dass man sich mit der Macht nicht bei Aufgabe der eigenen Prinzipien versöhnen kann. Daher sein Exil.

Richard von Weizsäcker hingegen wollte gerade zeigen, dass diese «Versöhnung» möglich ist. Auch darin übrigens verstand er sich so gut mit Marion Dönhoff. Er suchte geradezu nach Belegen dafür – einen fand er 1989 in Vaclav Havel.

Aber so wurde er der Präsident, den nicht nur die «Nation» umtrieb, sondern der auch eine gewisse Maßstäblichkeit einforderte in der Politik. Das trug ihm Bewunderung ein – und den Verdacht gerade aus den Reihen der aktiven Politiker, er setze sich von ihnen ab.

..*

Besonders heftig wurde die Kritik, weil er den Ostdeutschen Steffen Heitmann Ende 1993 als möglichen Nachfolger verhindert haben sollte. Vorstellen mochte Weizsäcker sich damals tatsächlich gewiss nicht, dass ausgerechnet jemand wie Heitmann in das Präsidentenamt einziehe. Nichts von der langsam gewachsenen, selbstlernenden Demokratie hatte der ostdeutsche Kandidaten-kandidat verinnerlicht. Beschützen müsse man ihn vor einer Herausforderung, in der er nur verlieren könne, fand Weizsäcker. Wie gerne er hingegen gerade einen Ostdeutschen in seinem Amt gesehen hätte, wurde klar, als die Grünen den Genforscher Jens Reich nominierten, der Mitbegründer des *Neuen Forums* war. Gejubelt hätte er über einen solchen Bürgerrechtler, der alles verkörperte, was er sich unter einem politisch aufgeklärten Bürgertum vorstellte. Heitmann nein, Reich ja – in solchen Fragen war Weizsäcker kompromisslos. Er nahm das Amt ernst.

Wie war ihm das Kunststück geglückt, als ein politischer Präsident betrachtet zu werden, sich aber in gewissem Sinne auch unangreifbar zu machen? Ohne laut aufzutrumpfen, machte er vertraut mit seinen Positionen in brisanten Fragen, der Integration von Muslimen, der Mauer zwischen Ost und West, der Osterweiterung. Zu Extremen neigte er ohnedies nicht. Aber man musste den Eindruck gewinnen, er besetze jeweils die Mitte – Kohl gewann zwar regelmäßig Mehrheiten bei Wahlen, aber doch indem er Fronten aufbaute. Motto: Wer nicht für mich ist, ist gegen mich. Das Diskursive, das er beherrschte, war ihm fremd geworden. Dafür aber stand Weizsäcker. Das war der Grund, weshalb die liberale Öffentlichkeit den «konservativen» Präsidenten mit Vehemenz verteidigte.

Folgte Weizsäcker damit bloß dem Zeitgeist, wie seine Kritiker – bis hin zum Kanzler – ihm unterstellten? Nein, anders herum wird ein Stiefel daraus: Er versuchte, ihn mitzudefinieren. Er wollte die Mitte besetzen. Mit Worten. Diese Position war vakant in der Republik.

Die «geistig-moralische Führung», das war die Ironie dieser Konstellation, war tendentiell abgewandert zum Präsidenten.

Darin erkannte die breite Mehrheit der Republik sich wieder, sie hatte sich – von der Einheit ganz abgesehen – kulturell stark verändert, sie war offener und liberaler geworden, auch grüner. Mit Kohl aber, dem verkörperten Status quo, ging man auf Nummer sicher im politischen Geschäft, als gäbe es die alte Bundesrepublik noch.

Der Präsident im Amt: Den Auftritt, der seine Präsidentschaft prägte, hatte er mit der Rede vom 8. Mai, also gerade ein Jahr, nachdem er das Amt von Karl Carstens übernahm. Damit bereits wurde er ein «politischer» Präsident. Er hatte die Bundesrepublik nach innen und außen positioniert.

Merkwürdigerweise nur wenige Wochen nach seiner Rede mit dem weltweiten Echo meldete sich ein Kritiker, den er ernst nahm, mit dem Vorwurf zu Wort, er laufe Gefahr, zum «unpolitischen» Präsidenten zu werden. Auffällig jedoch, wie der Autor, Ludolf Hermann, ein früh verstorbener Journalist, jeden Bezug auf seine Rede vermied.[6] Auf allen Seiten wolle der Präsident stets «positive Ansätze» entdecken, lautete das zentrale Argument. Das sei zwar nicht liebedienerisch, aber: «Die Gefahr, dass eine allzu verbindliche Suche nach Harmonie die Depressionen, unter denen die Bundesrepublik leidet, auf Dauer nicht verscheuchen, sondern eher verstärken wird, muss immerhin erwähnt werden. Der Bundespräsident muss darauf achten, dass die Mehrheit, die er sich sucht, nicht die Mehrheit der Unpolitischen ist. Dass die politischen Fronten sich heute unergründlich darstellen, weil sie ihre Substanz zu verleugnen suchen und schwach im Format sind, darf nicht dazu verleiten, sie von der Warte eines scheinbar überlegenen Relativismus noch zusätzlich verächtlich zu machen.» Zu weit ging ihm, wie er andeutete, der Toleranzbegriff mit dem protestantischen Unterton, der aus der Familie Weizsäcker stamme. So, wie der Präsident öffentlich auftrete, gehe das auf Kosten «moralischer Entschiedenheit».[7]

Ein «politischer» Präsident wollte er sein, und wie er sich das vorstellte, das hatte er mit dem Auftritt im Parlament (ohne Reagan!) und auch mit dem ausgefeilten Text selbst illustriert. Aber zugleich, das war spürbar, schien er bereits zu diesem frühen Zeitpunkt derart perfekt und untadelig aufzugehen in seiner Rolle, dass man meinen konnte, er entrücke ins Unangreifbare. Der 8. Mai beförderte das noch. Weizsäcker sah diesen Widerspruch und wollte ihn auflösen. Schon der bloße Verdacht des Unpolitischen traf ihn.

Die herbe Kritik an seiner Zeitgeist-Präsidentschaft ließ ihn nicht ruhen, also griff er zur Feder. Einen Hang zum Unpolitischen beobachte auch er im Land, entgegnete er Ludolf Hermann, aber er trage dazu nicht dadurch bei, dass er nach Harmonie suche. «Ich bin wirklich verblüfft, dass Sie mir sozusagen ins Stammbuch schreiben, Freiheit ohne die Kraft zur Unterscheidung habe auf die Dauer keinen Bestand. Glauben Sie, ich widerspreche dem Satz?»[8]

Tatsächlich konnte man den Vorwurf, dass er politische Unterschiede verwische, gerade an der Rede zum 8. Mai nicht festmachen. Was unser Verhältnis zur Vergangenheit angeht, klärte sie mehr und machte mehr verbindlich als die bewusste «Vergangenheitspolitik» Kohls, die im Fiasko, dem demonstrativen Händeschütteln am Friedhof in Bitburg, gemündet war.

Mehr noch: Keineswegs litt die Republik unter «Depressionen», vielmehr hatte sich das Schlagwort von der Unregierbarkeit breitgemacht, weil nach Frauen-, Friedens- und Kernenergiebewegung sowie den Grünen sich im Parlament ein selbstverständlicher Mitsprachewunsch durchsetzte. Das verriet mehr Lebendigkeit. Konfliktfreudiger, ja liberaler wurde das Land.

Seine Vorbehalte gegenüber der 8. Mai-Rede wollte der Kritiker vermutlich nicht offen eingestehen. Letztlich liefen alle Einwände ja darauf hinaus, Weizsäcker folge einem «Zeitgeist», zu deutsch: politischen Moden, und drücke sich davor, Partei zu ergreifen. Daran war nur richtig, dass er mit der inneren Befindlichkeit der Republik weitgehend harmonierte. Sie hatte sich in fünfzehn Jahren des Außerparlamentarischen Protestes, der Bürgerinitiativen, der Frauenpower und der Grünen gewandelt, und zu diesen Metamorphosen stand der Kanzler quer – der Präsident nicht. Wenn sein Kritiker gemeint haben sollte, es fehle ein Präsident, der der Kanzlerpolitik moralisch und intellektuell beispringt, dann konnte er auf Besserung in der Villa Hammerschmidt nicht hoffen. Zum Regierungssprecher mit Titel «Bundespräsident» taugte Weizsäcker nicht.

Allerdings, er konnte eben nur reden. Damit ließ sich bestenfalls das Klima beeinflussen, nicht die Politik. Kühl beseitigte die CDU/FDP-Koalition den Kern des Grundrechts auf Asyl, das auch der Präsident gerade zuvor für «absolut unantastbar» erklärt hatte. Weizsäcker wurde als Präsident zwar eine Instanz, die man nicht einfach ignorieren konnte – aber über Macht verfügte er nicht, wie sich daran zeigte.

Die liberale Republik hätte sich diesen respektierten Präsidenten gleichfalls manchmal parteiischer, entschiedener gewünscht, aber aus einem anderen Motiv heraus. Die «Schamlosigkeit der Wörter», die im Streit über die Fremden in Deutschland und das Asyl zu hören waren, die Ressentiments, die nach der Vereinigung in den Mordanschlägen von Mölln, Solingen und Hoyerswerda gipfelten – in der Republik brodelte etwas bis in die frühen 90er Jahre hinein. Es reichte nicht, dass die Regierung milde mit dem Zeigefinger drohte.

Weizsäcker stellte sich nicht an die Spitze des Protestes. Zumindest aber konnte man sich darauf verlassen, dass der Präsident die richtigen Worte fand, wenn es um den Umgang mit Fremden, Anzeichen eines neuen Nationalismus, antieuropäische Ressentiments oder unser Verhältnis zur Vergangenheit ging. Richtig, am Ende war man, wie es Hans Magnus Enzensberger formulierte, froh darüber, dass wenigstens der Präsident «die moralische und ästhetische Situation der Republik erträglicher machte».

Den Prozess der Wiederannäherung zwischen West und Ost wünschte er sich spürbar anders – aber «Macht», das unmittelbar zu beeinflussen, hatte er nicht. Unmittelbar vor dem Mauerfall und danach beruhigte er besorgte Gemüter: Keine Bange, das «hässliche Deutschland» kehrt nicht zurück, in nationaler Versuchung sind wir nicht! Das kann als sein größter Beitrag zu dieser ungewöhnlichen europäischen Revolution und der Vereinigung Deutschlands in den Jahren 1989 und 1990 gelten.

Die Nachbarn könnten den Deutschen vertrauen, warb er. Sein eigener Lebensweg seit 1938 oder der seines Vaters, das sollte sich schnell erweisen, bildete keine Barriere bei seinen Bemühungen, den Franzosen, Holländern, Italienern oder auch den Israelis verständlich zu machen, bei der europäischen Einbettung des Landes bleibe es. Ein kleines Symbol dafür: Zwischen ihm und dem ersten nicht-kommunistischen Ministerpräsidenten Polens, Tadeusz Mazowiecki, entwickelten sich freundschaftliche Bande, die bis heute halten.

Der tschechische Mazowiecki hieß Vaclav Havel. Ein Bruderpaar Gleichgesinnter meinte man mit ihnen vom Tag ihrer ersten Begegnung an vor Augen zu haben, ironisch, manchmal verschmitzt, und weltläufig, die ihre Marotten kennen – aber nicht vergangene Kriege noch einmal führen, sondern aus der europäischen Chance etwas machen wollen.

Geradezu das Idealbild des Bürgers im Präsidentenamt verkörperte Havel für ihn, ein autonomer Geist, unverkrampft, und ein Mann, der das Wort liebte. In der Wahrheit leben, und das ohne Pathos – von wem sonst ließe sich das so sagen? Umgekehrt Havel, wenn er sich zwanzig Jahre danach zurückerinnerte an ihre erste Begegnung: Richard von Weizsäcker habe ihn gelehrt, was ein Präsident überhaupt sei.

Zu schön, um wahr zu sein? Lesen muss man das immerhin vor dem Hintergrund der komplizierten deutsch-tschechischen Vergangenheit, in der wiederum der Vater des Präsidenten Spuren hinterlassen hatte. Ernst von Weizsäcker stimmte nämlich dem Einmarsch in die Tschechoslowakei 1938 noch zu. Ja, besonders gegen den tschechoslowakischen Außenminister und späteren Staatspräsidenten, Edvard Benes, den er im Völkerbund kennenlernte, entwickelte er nach dem Ersten Weltkrieg eine starke Abneigung, «die er – anscheinend unbewusst – auf den ganzen Staat übertrug».[9]

Der Vater aber war «kein Thema» zwischen Havel und ihm, sagt Weizsäcker. In Kontakt kamen die beiden, als dem Prager Autor, der die «Charta 77» ins Leben gerufen hatte und sich mutig auf die KSZE-Schlussakte aus Helsinki berief, im Oktober 1989 der Friedenspreis des Deutschen Buchhandels zuerkannt wurde. Weizsäcker sollte die Laudatio halten. Aber Havel verzichtete auf die Reise nach Frankfurt, nachdem ihm mitgeteilt worden war, ausreisen dürfe er, zurückkehren jedoch nicht. In dem Brief, den er Weizsäcker schrieb, verriet er ihm, was er in der Paulskirche hatte sagen wollen: Dass er die Vertreibung der Deutschen 1945 aus seinem Land zutiefst bedaure, man könne die Verbrechen der einen Seite nicht dadurch ahnden, dass man sich ebenso falsch verhalte wie sie. Weizsäcker war enthusiasmiert von der Tonlage. Und für Havel wiederum hatte Richard von Weizsäcker sich ganz offensichtlich einen eigenen Namen erworben, der völlig unbelastet war von jeder familiären Vorgeschichte.

Prompt trudelte der nächste Brief bereits wenige Monate später ein, als Havel bereits vom Dissidenten zum Präsidenten auf der Burg befördert worden war: Er wünsche sich herzlich, dass Weizsäcker ihn besuche, damit sie zur Erinnerung an den Jahrestag 1939, an dem Hitler den Hradschin in Prag mit Panzern okkupierte, gemeinsam aus der Altstadt zu Fuß hinauf auf die Burg pilgern könnten. Versteht sich, dass Weizsäcker der Einladung spontan folgte.

Vor allem die Bundesrepublik in ihrem gewachsenen Selbstverständnis verteidigte er von vornherein vehement gegen diejenigen, die ihr seit dem Golfkrieg 1991 und den beginnenden Balkan-Kriegen «Memmenhaftigkeit» oder «Krämerseligkeit» vorhielten. Immerhin zielte solche Kritik auf ein Land, an dessen Lernprozessen er sich selber beteiligt hatte. Darin beispielsweise dachte er nicht anders als Kohl, Genscher oder auch Schmidt. Ungewohnt offenherzig schlug Weizsäcker zurück, wenn den Deutschen Feigheit vorgehalten wurde – vor allem von Rechtsintellektuellen im eigenen Land, die nach der Vereinigung auf den großen «Auftritt» der Bundesrepublik hofften und meinten, sie müsse ihre neue nationale Größe anders zur Geltung bringen – Ende der Zurückhaltung, so klang diese Melodie.

Weizsäcker: In historisch-moralischer Kontinuität müsse die Bundesrepublik die Aufgaben begreifen, die die Vereinigung mit sich bringe. Die Zäsur sei «gewaltig», die der 9. November 1989 bedeute, eine Stunde Null aber gebe es in der Geschichte nicht. «Die Erfahrung mit dem Nationalsozialismus», fuhr Weizsäcker fort, «ist nun einmal Bestandteil unseres Bewusstseins, und wir wären arm daran, würden wir versuchen, dies abzuschütteln. Eine Elle für andere Staaten, sich daran zu messen, werden wir daraus nicht machen. Ebenso wenig freilich dürfen wir uns nach der Vereinigung aufgrund unserer besonderen geschichtlichen Erfahrungen nun zu Verantwortungsimperialisten emporstilisieren.»[10]

Bei dieser Argumentationslinie ist Richard von Weizsäcker

während der Balkan-Kriege, im Kosovo-Konflikt sowie nach dem 11. September 2001 strikt geblieben. Weder schloss das eine Teilnahme deutscher Soldaten an *out-of-area*-Einsätzen außerhalb des Nato-Gebiets aus, noch hätte er es je als Zeichen eines endlich wiedererstarkten nationalen Selbstbewusstseins begriffen, dass Deutsche sich demonstrativ an solchen Interventionen beteiligen. Nein, ein neues Kleid wollte er der Bundesrepublik nicht zurechtschneidern, sie war schon vor 1989 kein Puppenheim, das hatte sie mit der Westintegration, der Ostpolitik und mit dem verantwortlichen Umgang mit ihrer Geschichte bewiesen – und sie hatte auch allen Grund, konsequent bei dieser Grundhaltung zu bleiben, einer Gratwanderung zwischen Selbstbewusstsein und Zurückhaltung. Gegen alle nationalen Untertöne war und blieb er immun.

«Er war ein Präsident für alle Bürger», rief Marion Gräfin Dönhoff ihm nach, als er sich nach zehn Jahren verabschiedete, «besinnungslos hartnäckig» habe er sie in ihrer Gesamtheit vertreten. Er sei von hoher Intelligenz und Lauterkeit, souverän in seiner geistigen und politischen Einstellung, auch in Stil und Geste. Aber was ihn wirklich zur Integrationsfigur mache, sei seine Glaubwürdigkeit. Ihr Fazit: «Der Präsident muss Orientierungshilfen geben in Zeiten der Ratlosigkeit, muss Schneisen schlagen in das Dickicht unserer Tage. Genau dies hat Richard von Weizsäcker während der letzten zehn Jahre getan. Sein Menschenbild und seine Weltvorstellung wurzeln in einer tieferen Dimension, als das normalerweise bei Politikern der Fall ist, und wahrscheinlich wurde er gerade darum von allen akzeptiert.»[11]

Das sei die Eloge einer engen Vertrauten aus den Kindertagen der Republik am Ende einer Dienstreise gewesen, könnte man sagen. Sicher erkannte sie bei ihm vieles wieder von dem, was ihr besonders am Herzen lag, die Grundhaltung vor allem, man müsse sein Leben ernst nehmen, aber dürfe sich selbst nicht überschätzen. Ihr preußisches Idealbild steckte in diesem Satz.

Aber solchen Applaus spendete nicht nur sie, er erhielt ihn von allen Seiten, fast ausnahmslos. Woher kam das? Als Präsident war Weizsäcker zwar «populär», aber er stellte zugleich auch Distanz her; er war kein Kumpel, sondern Repräsentant, mehr Staatspräsident, weniger Bürgerpräsident. Vielleicht machte gerade das, dieses kleine Stück Distanz, überhaupt erst möglich, dass er zur Identifikationsfigur wurde für so viele? Eine Autorität hat er sich jedenfalls erworben, die – ähnlich wie bei Schmidt – über das Amt hinausreicht.

IX. «a. D.»

1994 verabschiedete er sich von seinem Amt. Aber «Präsident» ist Weizsäcker einfach geblieben, auch ohne Schloss Bellevue. Er hat das Kunststück fertiggebracht, zwischen Sichtbarkeit und Unsichtbarkeit seine Rolle außer Dienst so auszutarieren, dass er dabei keinem amtierenden Präsidenten in die Quere kommt.

Eine «Stimme» für sich ist er geworden, auch ohne öffentliche Funktion. Wie hat sein Freund Vaclav Havel über ihr gemeinsames Schicksal gespottet, während Weizsäcker schmunzelnd danebensaß? Präsident – das fange irgendwann an und ende auch irgendwann. Präsident a. D. aber, das bleibe man bis zum Ende des Lebens.

Aber als Vaclav Havel zum 20. Jahrestag der europäischen Revolution zu Besuch kam nach Berlin, traten sie natürlich gemeinsam auf vor großem Publikum. Während der Rede von Claudio Magris zur Verleihung des Friedenspreises des Deutschen Buchhandels in Frankfurt/Main saß er in der ersten Reihe der Paulskirche, als hätte er dort seinen Stammplatz. Zum Inventar der Republik gehört er auf selbstverständliche, unangestrengte Weise.

2009: Der erste frei gewählte tschechoslowakische Präsident Vaclav
Havel und Richard von Weizsäcker blicken nach 20 Jahren in Berlin
gemeinsam auf die geglückte Revolution in Europa von 1989 zurück.
Havel: Von Weizsäcker habe er gelernt, was das wirklich ist, ein Präsident. Weizsäcker: Von Havel wisse er, die Präsidentschaft ende zwar
irgendwann, aber Präsident a. D. bleibe man immer.

Manchmal spricht er, weil andere nicht reden. Oder – weil
sie etwas zu sagen vergessen. Weizsäcker war es, der enthusiasmiert dem US-Präsidenten Obama zum Nobelpreis gratulierte
und den «Ermutigungspreis» zum Anlass nahm, die lethargi-
schen Europäer anzustacheln, nach den katastrophalen Erfahrungen mit Bush junior sollten sie ihn entschlossener und selbstbewusster unterstützen. Zornig machte ihn die Mäkelei, bislang
habe Barack Obama «nur geredet». Was soll das? Viel geschul-
tert habe er sich, und den Europäern wünsche er dringend, ihm
mit «Rat und Tat» zur Seite zu stehen und ihre Stimme einzu-
bringen. Viel zu lethargisch sind sie ihm, die Berliner wie die

234

Brüsseler, ein Stück von Obamas Elan könnte ihnen nicht schaden. Haben die Kritiker denn nicht zugehört, was er beispielsweise in Kairo zum Verhältnis zwischen muslimischer und westlicher Welt gesagt hat? Und versucht er nicht außenpolitisch eine Kurskorrektur auf allen Ebenen? Unterstützung braucht er, Unterstützung von sehr selbstbewussten Partnern!

Als Berlin betreten schwieg zur Idee, Tony Blair zum gemeinsamen europäischen Präsidenten zu befördern, rief Richard von Weizsäcker locker «Halt!»: Unter anderem stoße das auf die Schwierigkeit, prophezeite er, «dass dieser historisch erfahrene britische Politiker erstaunlich intensiv dazu beigetragen hat, Goerge W. Bush auf seinem Holzweg zum Irak-Krieg voranzutreiben».[1]

Als Helmut Schmidt, der unermüdliche Buchautor, ihm vorschlug, sie müssten doch – in Buchform – ihr politisches Vermächtnis zu Papier bringen, erwiderte er ihm, ein solches Testament trage er gar nicht mit sich herum. Und schrieb dann natürlich doch sein Buch.

Überhaupt, DIE ZWEI: Fast wortlos scheinen sie sich inzwischen zu verstehen, spielen sich die Bälle zu, nicht immer einer Meinung, aber immer in trauter Eintracht. Dieses ungewöhnliche deutsche Duo Weizsäcker & Schmidt, der eine, der als der «ideale» Präsident, der andere, der als der «ideale» Kanzler galt – seit wann sind sie sich denn so nahe, und wie erklärt es sich?

Respektiert haben sie sich gewiss schon seit längerem, regelmäßig zusammen gesessen aber haben sie erst in der Mittwochsgesellschaft, die Marion Gräfin Dönhoff 1993 ins Leben rief. Nach dem Abschied vom Präsidentenamt stieß Weizsäcker hinzu.

Marion Dönhoff hatte Schmidt in den 50er Jahren in Hamburg kennengelernt, wenige Jahre, nachdem sie erstmals Weiz-

Antje Vollmer, die zu den Gründungsmitgliedern der Grünen gehörte, verkörpert für Weizsäcker das Idealbild einer neuen, selbstbewussten und engagierten Bürgerlichkeit. Wie Helmut Schmidt gehört sie zur «Mittwochsgesellschaft», die sich einmal im Monat abseits der Öffent-

säcker traf. Erst in ihrer Gesellschaft saßen sie einmal im Monat Mittwochs alle drei an einem Tisch, der Christdemokrat, der Sozialdemokrat und die Journalistin. Zugehört und respektiert haben sich Weizsäcker und Schmidt lange zuvor schon, aber was genau sie trennt und verbindet, den «Muschkoten» und den «Freiherrn», um es in Schmidts Worten zu sagen, das dürften sie erst an dem Tisch entdeckt haben. Und in der Republik wuchs die Nachfrage nach Stimmen mit Autorität.

Als sei das schon immer so gewesen, treten Weizsäcker und Schmidt daher seit einigen Jahren auch gerne gemeinsam auf, edieren zusammen Bücher, setzen sich für Talkshows vor die Kamera als bildeten sie eine heimliche Koalition. Sagen wir, eine Weizsäcker/Schmidt-Partei, eine Partei der Altersweisen, die es

lichkeit trifft, um über die Lage der Nation zu sprechen. Marion Dönhoff brachte sie alle an einen Tisch. An ihren 100. Geburtstag erinnern
sie gemeinsam in Berlin (mit Fritz Stern, der auf dem Bild nicht zu sehen
ist).

genießen, dass die Einschaltquoten und Auflagenzahlen nach
oben schießen, obwohl die der Parteipolitik in den Keller gehen.

Marion Gräfin Dönhoff, die Älteste von ihnen, schätzte
den Hamburger wie den Stuttgarter gleichermaßen. Unversehens
ertappt man sich dabei, ihr Bild mit dazuzudenken, wenn man
den beiden, Weizsäcker und Schmidt, zusieht bei Sandra Maisch-
berger, wie sie geduldig alle möglichen Fragen über sich ergehen
lassen, die manchmal die Öffentlichkeit angehen, oft aber auch
nicht. Helmut Schmidt übernimmt dann den Part desjenigen, der
sich auf alles einlässt ohne Murren, Weizsäcker hingegen vermittelt den Eindruck, er wolle das Gespräch lieber abbrechen, weil
er das Intime, Persönliche ohnehin nicht nach außen wenden
mag, schon gar nicht vor laufender Kamera – bleibt aber sitzen

Respektiert haben sie sich stets, bewundert hat Weizsäcker Helmut
Schmidt als Kanzler par excellence, Freunde sind sie seit den 90er Jahren:
Hier gemeinsam mit Schmidts Ehefrau Loki.

wegen «Helmut». Schließlich – sie sind ja im Dienst. Marion
Dönhoff, die Journalistin, denkt man im Stillen, wäre dennoch
aufgestanden und gegangen.

Seinen großen Respekt für Weizsäcker entdeckte Schmidt
wohl, als dieser zum Präsidenten gewählt worden war – ohne im
Schatten Kohls unterzugehen. Ohnehin ist das Urteil von beiden
über Kohls Kanzlerschaft – mit Ausnahme der Vereinigungs-
phase – deckungsgleich. Was sie aber wirklich zusammenhält, ist
nicht Kohl, sondern die Entdeckung gemeinsamer Grundüber-
zeugungen, die sie mitbringen aus den Lehrjahren der Bundesrepublik.

Dorthin aber hatten sie sehr unterschiedliche Lebenswege
geführt. Das meiste einte sie, nur einige wenige Differenzen wa-

ren – bei aller Vertrautheit – nicht mehr wirklich zu überwinden. Gerne ließen sich Richard von Weizsäcker und Marion Gräfin Dönhoff auf Debatten über Zukünftiges ein, es schadete nichts, wenn es utopisch klang. Verfolgten nicht sogar von dem Bussche, Schulenburg oder Stauffenberg eine «Utopie»? Und das andere, geheime Deutschland der Doktorandin Marion Dönhoff, war das nicht auch eine «Vision»? Schmidt hingegen hatte das Leben gelehrt, sich alles Utopische zu verbieten, zu leicht war man als Jugendlicher verführbar! Er erkannte das an sich selber.

Missbehagt hat Richard von Weizsäcker sicher Joachim Fests spezifischer Blick auf die Hitler-Jahre mit einem unübersehbaren Faible für Leute wie Albert Speer. Der Tiefpunkt war aber nicht das, wirklich fremd an Fest blieb ihm, wie er alles «Utopische» denunzierte als falsches und ideologisches Denken. In dem Sinne blieb Weizsäcker – und darum geht es hier – zu einem gewissen Konservatismus stets auf Distanz, der nicht heraus will aus seinem Geborgenheitsgehäuse. Aus dieser nur allzu vertrauten «Bürgerlichkeit» hat er sich ohne viel Federlesens verabschiedet.

Trotz der Vorbehalte Schmidts gegenüber allem «Utopischem» – für Weizsäcker zählt er dennoch zu einer ganz anderen Kategorie. Tatsächlich betrachtete er den Kanzler im Dienst, von 1974 bis 1982, als «Macher», der alles gern abkappte, was nach Zukunftsentwurf aussah. Die «Theoretiker» der SPD, mit denen Schmidt sich so schwer tat, beispielsweise Erhard Eppler, standen schon immer Weizsäcker näher, zu Hause fühlten sie sich in einer gemeinsamen Welt. Umgekehrt fand Schmidt, solche realitätsfernen Denkübungen behinderten Pragmatiker wie ihn nur, Prinzipien ohne Folgen könnten ihm gestohlen bleiben. Bei jeder Gelegenheit zeigte Weizsäcker sich bereit, mitzulernen, wenn es denn lohne, aber dazu muss man halt erst mal hinhören, auch wenn es noch nicht ganz ausgereift klingen mag. Diese Neugier, die auch dem linksintellektuellen Diskurs, den 68ern oder den Grünen galt, machte vor Wenigem halt. Alle, die mitsprechen wollten und sich einmischten, hieß er daher prinzipiell willkommen. Auch von seiner eigenen Partei ließ er sich in den 70er Jahren und während des «deutschen Herbstes» während der Hoch-Zeit der RAF nicht hinreißen, eine ganze Generation der Gewaltbereitschaft zu verdächtigen, kritische Geister als fünfte Kolonne Moskaus zu diffamieren oder in die Klage einzustimmen, die jungen Protestierenden an der Frankfurter Startbahn West, beim Kernkraftwerk Wyhl oder auf der Bonner Hofgartenwiese mit ihren Anti-Atomraketen-Transparenten machten das Land unregierbar. Autorität müsse die Politik demonstrieren, hieß es, und sie dürfe dem «Druck der Straße» nicht weichen, auch der Kanzler, Helmut Schmidt, wollte am liebsten den Deckel draufhalten auf diese unruhige Republik, während Weizsäcker diese Lebendigkeit nicht schlecht gefiel. Geradezu verkehrte Rollen nahmen der sozialdemokratische Regierungschef und der christdemokratische Parlamentarier ein.

Sein Urteil über Schmidt hat Weizsäcker längst revidiert. Wohl, weil er eine andere Seite am Kanzler a. D. entdeckt, die er damals nicht sah – oder die Schmidt im Konflikt mit seiner Partei partout nicht offenbaren wollte. In der Mittwochsgesellschaft argumentiert sich's entspannter.

Der Dissens, der blieb: Anders als Weizsäcker, hat Schmidt konsequent beteuert, von dem Ausmaß der Verbrechen in den Hitler-Jahren nichts gewusst zu haben. Dennoch war er als Kanzler so wenig geschichtsvergessen wie Weizsäcker als Präsident. Wie man aus Hartmut Soells Biographie lernen kann, blieb aber eine Wunde aus der Erfahrung des großen Falschen in seinem Leben. Schmidt zog seine Konsequenzen und fand seine

Maßstäbe. Aber er schleppte eben eine ganz andere «Familiengeschichte» mit sich herum als Richard von Weizsäcker.

Gelitten hatte er unter dem teils ätzenden Spott über den «Leutnant» Schmidt im Kanzleramt, «Wilhelm II», oder über seine deutsche Verehrung für «Sekundärtugenden». Erst 1984, zwei Jahre nach dem Abschied vom Kanzleramt, wurde bekannt, dass er einen jüdischen Großvater hatte. Einfühlsam begründete sein Biograph Soell das lange Schweigen damit, Schmidt, mit dem Jüdischen unvertraut, sei diese Herkunft 1933 offenbart worden, also zu einer Zeit, «in der das Judesein zum Inbegriff des Negativen geworden war». Soell fragte, ob er es nicht schon vor der Soldatenzeit überspielen musste, abdrängen in die «Tiefe seiner Psyche»? Für überzeugend hielt er es jedoch nicht, wenn Schmidt in seinen *Kindheitserinnerungen* (1992) behauptete, seit dem Gespräch mit seiner Mutter über den jüdischen Großvater «war für mich entschieden, dass ich innerlich kein Nazi mehr werden konnte». «Äußerlich begeisterter Hitler-Junge, innerlich im Abseits?», wollte Soell wissen. Schmidts ausdrücklicher Verzicht auf Geschichtspolitik, sein Vorbehalt gegenüber allem Utopischem – vermutlich war das auch eine Antwort auf Idiosynkrasien in dem Lebenslauf, die ihn nicht losließen.

Bei aller Unterschiedlichkeit der Herkunft und der Lebensläufe – alle drei, Weizsäcker, Schmidt und Dönhoff, haben vergleichbare Konsequenzen gezogen, und das hat sie zueinander geführt. Für Weizsäcker und Brandt gilt das ja ähnlich. Ihren Grundkonsens bezog die Republik aus dieser Verständigung, die oft lange brauchte. Fest stand nur früh, dass sie der Ohne-mich-Haltung der jungen Bundesrepublik ein entschiedenes «mit uns» und «wir können das» entgegensetzten. Dieser Gründerimpuls verband sie. Und er führte später dazu, dass sie das gelungene Werk, die Bundesrepublik, wie sie gewachsen war, gegen ihre Verächter von allen Seiten verteidigten – sowohl gegen die APO

1968, wo sie in linke «Systemkritik» umschlug, als auch gegen die rechte Polemik der 90er Jahre, die Bundesrepublik verberge feige ihre neue Größe und müsse selbstbewusster mit Militär hinaus in die Händel der Welt.

Außer Dienst: Präsident a. D. Richard von Weizsäcker bezog ein standesgemäßes Büro, Am Kupfergraben in Berlin Mitte, schräg gegenüber vom Pergamon-Museum. Angela Merkel wohnt gleich nebenan. Politik blieb sein Leben, und sie ließ ihn nicht los. Die Autorität, die er im Amt erworben hatte, und sein internationales Prestige hallten nach.

Den inneren Dialog mit der Republik, den er immer geführt hat seit «Nürnberg», setzte er unverändert fort. Mal schweigend und zuhörend, mal indem er sich nachdrücklich und ungeduldig einmischte. So erklärt sich, dass man bis zur Stunde bei ihm den Eindruck gewinnt, jederzeit sei er präsent – ein gelungener Auftritt der Kanzlerin auf der Westerplatte am 1. September mit Tusk und Putin, das unverdiente Schicksal der SPD, der beklagenswerte Zustand Europas, das explosive Gemisch Pakistan, die innere Spaltung der Ukraine, oder die unpolitische Liebe seines Freundes Havel zum Dalai Lama, das ist der Stoff, aus dem seine Welt gemacht ist, und jeden Tag, morgens bei der Lektüre, kommt Neues hinzu.

Was heißt das unter dem Strich? Wenn der Vater jenem Bürgertum entstammte, das in Weimar die Kraft nicht hatte, das Unheil zu verhüten, dann stand er für eine ganz andere Bürgerlichkeit. Ich denke, Richard von Weizsäcker wäre es billig vorgekommen, wenn er dies durch Abgrenzung zum Vater hätte betonen sollen. Das wollte und will er nicht. So lächerlich es klingt – klarmachen musste er am Ende ohnehin selber, was diese gesuchte, benötigte andere Bürgerlichkeit sei. Das war, wie mir scheint, unausgesprochen das Ziel.

Dieses Land, heißt das, war bereit zu lernen, und machte es

auch wahr. Am eigenen Beispiel wollte er zeigen, dass er mitgelernt hat dabei. Ja, als «Lehrling» wollte er gerne gesehen werden, nicht als Erzieher oder einer, der früh «wusste».

Weizsäcker war tendenziell stets auf Seiten derjenigen zu finden, die – wo immer möglich – ins Gespräch kommen wollten mit kritischen Geistern. Warum sollte er nicht Jürgen Habermas zuhören? Oder Grass? Oder Winkler und Lepenies? Oder Schorlemmer, Gauck, Christa Wolf und Marianne Birthler? Es lag ihm an dieser wechselseitigen Akzeptanz. Und das waren letztlich ja auch die «Kreise», die er aus den Zeiten der Göttinger Erklärung, des Tübinger Memorandums und der Kirchentagsdebatten kannte und schätzte.

Wenn es ernst gemeint war, dass der Weimarer Republik die Demokraten abhanden gekommen waren, dann konnte man schlecht klagen, dass Intellektuelle oder die Grünen oder freche Journalisten und sonstige Unbefugte mitreden wollten über ihre Republik. So hatte er das verinnerlicht. Punkt.

Mit 1968 und mit 1989, fand er, war der Beweis erbracht: Verlassen konnte man sich darauf, dass sich eine neue Bürgerlichkeit herausgemendelt hatte, die nicht in die Innerlichkeit flüchtet, die im Prinzip nicht verführbar ist von falschen Autoritäten und schon gar nicht einfach pariert. Oder – die sich wehrt, so wie Anfang der 90er Jahre, als die Anschläge auf Muslime und Dunkelhäutige sich dramatisch häuften, und verzagten Politikern Rückgrat einzieht.

Nicht nur das: Weizsäcker gewöhnte sich auch an, sich mit dem auseinanderzusetzen, was die liberalen und kritischen Stimmen im Lande zur Debatte stellten. In den 60er Jahren fanden sie den Umgang mit der jüngsten Vergangenheit unzureichend, protestierten gegen den Vietnam-Krieg und den «Spätkapitalismus» oder das Regieren von oben nach unten in der Ära der Großen Koalition; dann, in den 70ern, machten sie Front gegen die Politik eines undifferenzierten Wachstums (mitsamt der Kernenergie, die als Gipfel des Fortschritts begriffen wurde) ohne Rücksicht auf die Natur; schließlich, Anfang der 8oer Jahre, verweigerten sie sich dem Rüstungswettlauf der Großen und weiteren atomaren Aufrüstungsrunden – auch wenn er anders dachte, das alles war doch nicht per se illegitim und nicht bedenkenswert, oder?

Keine der üblichen Klagen der etablierten Politiker über diese Unruherepublik bekam man von ihm zu hören, und so verweigerte er sich auch konsequent den wiederholten Anläufen, pauschal abzurechnen mit der «68er»-Generation, die 1998 doch noch in letzter Sekunde in Regierungsämter gewählt wurde. Weizsäcker polemisierte nicht gegen den *streetfighter* Fischer, als von ihm Fotos aus Frankfurter Rebellenjahren veröffentlicht wurden, nein, die rot/grüne Koalition mit Gerhard Schröder und Außenminister Joschka Fischer hatte einen frappierend wohlwollenden Begleiter mit ihm, schon weil er anerkannte, dass es sich um ein Stück kultureller Versöhnung zwischen den Generationen in der Ära nach Kohl handele. Das «Nein» das Kanzlers zum Irak-Krieg kam dann auch noch hinzu! Für Weizsäcker (wie für Schmidt) war es ein Akt der Vernunft, über den sich am Ende Europa – so zerrissen es in der Frage auch war – nur freuen könne, ja es werde die Europäer eher zusammenführen.

Zu viel Kritik? Zu viele Mitsprachewünsche? Nein, nicht für den Präsidenten a. D. Das konnte der Demokratie nur nutzen! Lebenslanges Lernen? Weizsäcker exerzierte es vor, wie Marion Dönhoff. Oft genug machten sie es gemeinsam.

Das erweckte den Eindruck, mit zunehmendem Alter entferne er sich noch weiter aus seinem konservativ-liberalen Milieu oder von der Partei, in die er als junger Mann, 1954, eingetreten war. Wo andere dazu neigten, im milden Abendlicht alte Zeiten zu verklären, – selbst Helmut Schmidt nannte seinen Gegner von

einst, Egon Bahr, nun aus vollem Herzen seinen «Freund» –
wuchs sein Enthusiasmus für Neues eher noch. Es durfte im
Zweifel auch «links» sein. Noch weniger bekümmerte es ihn,
welcher Seite er zuzuordnen war. Nur bei der Abgrenzung nach
rechts, zum nationalkonservativen Flügel der Christdemokraten
vor allem blieb es, und bei der Absage gegenüber allen, die den
Boden der diskursiven Auseinandersetzung verließen.

Weizsäcker: Loyalität und Dankbarkeit gegenüber Amerika, so tief sie auch gehen, würden nie einen «falschen Krieg»
gegen den Irak rechtfertigen, im Gegenteil, sie verpflichten, die
Vorbehalte auch offen auszusprechen. Und dass es von vornherein illusionär war anzunehmen, man könne ein solches
Land, religös tief gespalten, zu einem demokratischen Ganzen
zusammenzwingen, ohne Perspektive für den Tag nach einem
militärischen Sieg – daran ließ er vom ersten Tag der Debatte an
im Jahr 2002 keinen Zweifel. Auch Georgien muss integriert
werden in die Nato? Geklärt wüsste er lieber vorher, wie es
überhaupt zu dem kurzen Krieg mit Russland kam, welche
Rolle im Hintergrund Cheney und Bush spielten, und wie sich
die USA verhalten hätten, wenn vor ihrer Haustür – in Kuba
beispielsweise – Truppen des Warschauer Pakts stationiert worden wären.

Günter Grass nahm er in Schutz, als die Feuilletons über
ihn herfielen nach dem Eingeständnis, als junger Mann für ein
paar Monate zur SS gehört zu haben (Joachim Fest zählte zu denen, die triumphierten, die «moralische Institution» Grass sei
damit definitiv entlarvt, ein Argument mehr für ihn, zu Fest auf
Distanz zu gehen). Diesem Richard von Weizsäcker rückte beispielsweise Erhard Eppler politisch und intellektuell fast noch
näher als in den gemeinsamen Kirchentagszeiten, ob der nun
dem neoliberalen Marktradikalismus und den Abgesängen auf
«den Staat» widersprach, die Kosovo-Intervention befürwortete

oder das «Nein» zum Irak-Krieg unterstützte, das die Mehrzahl der Medien (auch die liberalen) für «antiamerikanisch» hielt. George W. Bush mit seiner Vorstellung, als Präsident die «göttliche Vorsehung» auf Erden zu vollstrecken? Wie vermessen. Wie bewertete er den «Brief der acht», unterschrieben von acht europäischen Regierungschefs, in dem sie sich solidarisch erklärten mit Bushs Vorgehen gegen Saddam Hussein? Einen «Bärendienst» hätten sie Europa erwiesen. Ein Raketenabwehrsystem in Polen und Tschechien, das vor Russland beschützen soll, und das ohne vorherige Konsenssuche in Berlin? Das geht nicht, demnächst will er es in Warschau auch sagen – abseits des Scheinwerferlichts.

Soll der Einsatz des Westens in Afghanistan erhöht und auch das deutsche Mandat ausgeweitet werden? Die Krisenzone weitet sich aus nach Pakistan, und «wenn wir glauben, dass wir aus Afghanistan so etwas wie eine rechtsstaatliche Demokratie nach dem Muster der Nato-Mitglieder machen müssen, jagen wir einem Ziel nach, das wir nach meiner Überzeugung nicht erreichen werden». Die Idee, dass wir unsere Freiheit am Hindukusch verteidigen, habe er «nie besonders einleuchtend gefunden», einen Boden für herumwandernden Terrorismus dürfe das Land zwar nicht abgeben, aber es sei auch nicht dazu da, «vom Westen geheilt zu werden».

Man könnte diese kleine Liste beliebig verlängern, in nahezu sämtlichen großen Streitfragen positionierte er sich, wenn auch nicht immer öffentlich. Hinter den Kulissen sprach er meist offener als davor, aber er wusste ja, dass auch das wirkt – manchmal sogar mehr. Ein «roter» Weizsäcker ist er darum nicht geworden, aber schon gar kein konservativer. Sagen wir so: Er hörte einfach nicht auf mit dem Zuhören und dem Lernenwollen und mit der Bereitschaft, sich einzumischen wo nötig.

«Zivilisiert den Kapitalismus!», drängte emphatisch Ma-

Freunde vom ersten Tag an, seit sie sich 1945 kennenlernten: Marion Gräfin Dönhoff und Richard von Weizsäcker. Die ZEIT-Herausgeberin schlägt auch die Brücke zwischen Weizsäcker und Schmidt. Rechts der ehemalige amerikanische Außenminister Henry Kissinger, der sich mit allen drei Deutschen blendend versteht.

rion Dönhoff in einem 1997 publizierten Büchlein; «Grenzen der Freiheit», lautete der Untertitel dieser «zwölf Thesen gegen die Maßlosigkeit». Ihr Leitmotiv: Wir lebten in einer Gesellschaft des Überflusses, die oft ausschließlich auf Zuwachs aus sei, die Politikverdrossenheit wachse, aber mit mehr Eigenverantwortlichkeit und Common Sense könne man sich der Ökonomisierung nicht nur des Wirtschaftens, sondern des gesamten Lebens erfolgreich widersetzen. Natürlich tauchten darin als leuchtende Beispiele die Namen einiger preußischer Widerständler und vor allem der «Alte Fritz» wieder auf. Sicher ging Marion Dönhoff damit voran, aber Richard von Weizsäcker, der selbst eine Karriere in der Industrie begonnen hatte, stimmte in diese Kritik der journalistischen Weggefährtin vorbehaltlos ein.

Der Sozialstaat sei die größte historische Errungenschaft Europas, argumentierte wiederum Helmut Schmidt, und er dürfe keinesfalls auf dem Altar einer globalisierten Ökonomie geopfert werden. Auch diesem «Vermächtnis» des sozialdemokratischen Freundes gewann Weizsäcker Geschmack ab, es knüpfte an seine eigene Suche nach sozialethischen Bindungen der Wirtschaft in der frühen Bundesrepublik an. Nicht ganz so grundsätzlich skeptisch wie Schmidt hingegen beurteilte er die Frage von Militäreinsätzen *out of area*, also außerhalb des Nato-Gebietes und des rein defensiven Auftrags; für weitestgehende Zurückhaltung warb auch er, aber vollkommene Abstinenz, wenn die Allianzmitglieder sich zu einer Intervention entschlossen haben? Das würde uns isolieren!

Fast immer handelte es sich um Leitmotive aus seinem Leben, denen er zuerst im Präsidentenamt, aber dann auch in den sechzehn Jahren danach begegnete, sie ließen ihn unverändert nicht los.

Der Vater, als Diplomat für ein paar Jahre zum Genfer Völkerbund delegiert, hatte offen die Schwächen der Weltorganisation beklagt und stand ihr prinzipiell ablehnend gegenüber. Der Sohn leitete Mitte der 90er Jahre gemeinsam mit dem früheren pakistanischen Ministerpräsidenten Moeen Qureshi auf Wunsch von Generalsekretär Boutros-Ghali eine Reformkommission der UN. Prinzipiell zählte er ohnehin zu den leidenschaftlichen Verfechtern einer starken Weltorganisation. In der Kommission suchten sie Wege, sie nicht nur effizienter, sondern auch politisch schlagkräftiger und durchsetzungsfähiger zu machen.

In ihren Strukturen, empfahl die Kommission, solle die UN einen umfassenden Begriff menschlicher Sicherheit widerspiegeln. Ein Wirtschafts- sowie ein Sozialrat sollten den Sicherheitsrat ergänzen. Vor allem müssten die Weltbank und der Internationale Währungsfonds stärker einbezogen werden, um nachhaltige Entwicklung, sozialen Ausgleich zwischen dem reichen Norden und dem armen Süden zu ermöglichen und Armut und Hunger erfolgreicher zu bekämpfen. Und das möglichst mit einer eigenen Eingreiftruppe, um ein weiteres Bosnien, Ruanda oder Somalia, zu verhindern.

In dem Sinne hielt Richard von Weizsäcker desinteressierten amerikanischen Senatoren eine kleine Gardinenpredigt: Sie möchten sich endlich entscheiden, schlug er bei einem Washington-Besuch vor, ob sie den Vereinten Nationen beitreten wollten, ja oder nein.

Dass die deutsche Politik auf der internationalen Bühne ein Wort mitzureden habe, dies dann aber auch wahrmachen müsse, hatte sich als feste Überzeugung herauskristallisiert. Selbstbewusst sollten die Deutschen in Brüssel einbringen, wie sie sich Europa vorstellen, und selbstbewusst sollten dann die Europäer in Washington klar machen, dass der Westen ihre gemeinsame Sache sei und sie über strategische Fragen mitentscheiden wollen. Ein Jahr nach dem Abschied aus dem Präsidentenamt gab er der damaligen Kohl-Regierung, aber auch der Opposition zu bedenken: «Man hört auf uns, sei es, dass wir schweigen oder dass wir reden.»[2] Vergessen dürfe man nicht, hieß das, Deutschland sei groß und habe Macht, und damit solle es auch umgehen.

Wünscht er sich eine kräftigere deutsche Stimme? Weizsäcker: «Ja, nachdrücklich! Wir Deutschen sind nicht mehr die gefürchteten Nachbarn, die wir seit der Gründung der deutschen Nation fast immer gewesen sind. Heute kann man zum Beispiel in einem Land wie Dänemark hören: Liebe Deutsche, es ist ja gut, dass ihr über Steuernachlässe und Hartz IV grundlegende Gespräche führt, aber wir hören von euch ein bisschen zu wenig in der Außenpolitik. Wir haben keine Sorge vor einer laut vernehmbaren deutschen außenpolitischen Stimme. Im Gegenteil, wir haben eine Sehnsucht danach.»[3]

Das Ende des imperialen, wilhelminischen Deutschland hatte Ernst von Weizsäcker noch als Offizier der Kaiserlichen Marine erlebt, und die nationale Hybris entging ihm keineswegs. Der Sohn wurde nicht müde, auch nach seiner Amtszeit – gegen die zaudernde Union, der er selbst angehörte – davor zu warnen, dass Staatsgrenzen zu Kulturgrenzen erklärt werden oder Kulturen sich hinter neuen nationalen Barrieren verschanzen. Wörtlich: «Unter dem Begriff des Multikulturellen etwas Gefährliches zu verstehen, ist eine der noch heute nicht ausgestorbenen bösen Spätfolgen jenes politischen Nationalismus, der um der eigenstaatlichen Selbstbehauptung willen die Unterschiede überbetont und die tief in der Geschichte wurzelnden Gemeinsamkeiten verdrängt hat.»

Er ging noch weiter: Rechtlich eingebürgert seien die sieben Millionen Menschen bislang nicht, zürnte er, obwohl die meisten bereits zehn Jahre hier lebten. Wir seien «ein Staat, der sich rühmt, mehr als jede andere Nation auf ein europäisches Zusammenwachsen zu drängen». Aber fast nur noch wir Deutsche vertrauten zugleich einem Staatsbürgerschaftsrecht, «das aus der unseligen Blütezeit des zum Nationalismus pervertierten Nationalstaatsdenkens stammt». Eine umfassende Zuwanderungspolitik sei nötig, im Bundestag gebe es (Kohl war noch Kanzler, als er das formulierte) eine Mehrheit dafür. Wir müssten endlich lernen, «ohne Angst verschieden zu sein», schrieb er den nationalen Besitzstandswahrern einen Satz von Adorno ins Stammbuch.[4]

Im Amt war er nicht mehr, in seinem Element war er schon. Er arbeitete an «Konzepten», er liebte es, mitzureden in kleinen Gesprächskreisen, und konzentriert war er auf Fragen, mit denen sich die deutsche und europäische Politik aus seiner

Sicht dringend befassen musste. Ja, Präsident a. D. bleibt man immer.

Der Grenadier des 23. Infanterieregiments, der um 4.45 Uhr bei Kriegsbeginn die Grenze bei Battrow überschritten hatte und im Eiltempo Richtung Weichsel marschieren musste, wurde «a. D.» noch häufiger Gast in Warschau, und einer, auf dessen Urteil die Nachbarn hörten.

Wer weiß, welches Bild von Polen der Neunzehnjährige hatte? War es gefärbt von dem vorherrschenden deutschen Hochmut? Plagten ihn Zweifel? Mit keinem Satz in seinen *Erinnerungen* hat Weizsäcker sich illuminiert, er habe früh etwas durchschaut oder sei fragend aus der Reihe getanzt. Im Gegenteil, er glaubte, was viele glaubten. Er behauptete auch nicht von sich, der Tod des Bruders habe ihn schlagartig eines Besseren belehrt. Soldat war er, den Eid hatte er geschworen. Umso bemerkenswerter die Konsequenz, mit der er Polen ins Zentrum rückte.

Früh begann das mit seinem Bekenntnis zur Grenzfrage, als Präsident hielt er zäh daran fest, und versicherte osteuropäischen Besuchern wie dem Rumänen Ceaucescu (1986), eine Grenzveränderung werde nicht mehr stattfinden; womit er empörten Protest des nationalen Flügels auslöste, während Kohl schwankte, wie er mit der Parole des Vertriebenenverbands «Schlesien ist unser» umgehen solle ...

Seinen Plan, einer polnischen Einladung zu folgen und zum 1. September 1989 auf die Westerplatte zu reisen, wo er als junger Soldat fünfzig Jahre zuvor unter ganz anderen Umständen schon einmal war, blockierte der Kanzler seinerzeit. Kohl wusste, dass in Warschau Weizsäckers Haltung im Grenzstreit bekannt war, die Geste ging ihm zu weit.

Als Präsident a. D. blieb Weizsäcker dieser Linie konsequent treu – keinerlei Sympathie ließ er beispielsweise für Erika Steinbachs Zentrum gegen Vertreibungen erkennen. Dafür, was

Wie Havel in Prag, ragt er in Warschau unter den polnischen Freunden heraus: Tadeusz Mazowiecki, der erste frei gewählte Ministerpräsident (Juni 1989), der schon als Berater von Solidarność Brücken zur Bundesrepublik schlug und den der Gedanke an eine deutsche Wiedervereinigung nicht erschreckte.

die Vertreibungen bedeuteten, war er nicht blind, das hatte er in seiner 8. Mai-Rede festgehalten. Aber dass Täter und Opfer, Ursache und Folgen des Krieges nicht verwechselt oder in eins gesetzt werden dürfen, stand im Mittelpunkt seines Textes – und das blieb seitdem seine Linie.

So erklärt sich wohl, dass er – neben Schmidt – bald zu denjenigen zählte, deren Stimme bei den Nachbarn allergrößten Respekt genoss und der es auch wagen konnte zu sagen, was er von polnischen Extravaganzen und Rückfällen hielt.

Von Berlin aus wiederum warb er unermüdlich um Verständnis für die Ungleichzeitigkeit: Polen war Ende des 18. Jahrhunderts drei Mal geteilt worden, Millionen wanderten aus in die frisch gegründeten Vereinigten Staaten, dass sie also zunächst ihre verspätete Staatlichkeit dermaßen verteidigten, sollten nicht gerade wir Deutschen das verstehen?

So, wie er später Warschau gern überzeugen wollte, sie sollten sich nicht nur vor dem Opfer der nationalen Souveränität auf dem Brüsseler EU-Altar fürchten, sie gewönnen Souveränität auf europäischer Ebene dadurch hinzu. Auch die Deutschen hätten das lernen müssen. Und Polen, nicht wahr, hatte sich moralisch nicht diskreditiert, anders als die Deutschen, es stand ohne eigene Schuld bis 1989 unter Fremdherrschaft, noch vor dem Mauerfall befreite es sich dann selber! Also bitte, Respekt!

Natürlich stellten auch manche derjenigen Polen, die ihn so schätzten, durchaus Rückfragen. Sein Urteil über Friedrich den Großen bezog sich stets auf einen zwar autoritären, aber doch auch aufgeklärten und liberalen Herrscher, aber überschattet wurde das für ihn ganz offensichtlich nicht dadurch, dass er zugleich die Schlesischen Kriege (1740/1744) auslöste und Polens Teilung zu verantworten hatte. Interessierte ihn diese Seite nicht, Friedrichs Spruch beispielsweise, die Polen seien die Irokesen Europas, das unheilvolle Prinzip, die Regeln des Westfälischen Friedens – das Gleichgewicht der Mächte, die Souveränität der Staaten – in den Wind schlagen zu können? Wieso durfte einfach eine Grenze zwischen Westen und Osten gezogen werden, der

Polen zum Opfer fällt? Und trug zur Unzufriedenheit mit «Versailles» nicht bei, dass darauf ein polnischer Staat gründete?

Sein Bild vom Alten Fritz haben solche Hinweise auf die eigentümliche Logik, einen «unpassenden» Staat liquidieren zu können, nicht wirklich getrübt. Auch das hatte er mit Marion Dönhoff gemein. «Über Friedrich II. können wir uns nicht einigen – ich weiß, die Teilungen, aber …», habe sie ihm lachend gesagt, wie Adam Krzeminski gelegentlich aus einem Gespräch mit ihr berichtete. Für ihn, fügte er noch hinzu, sei sie «die ungekrönte Königin von Preußen» gewesen, aber sowohl ihre Hochschätzung für Friedrich II. als auch für Kant (der den «Ewigen Frieden» 1795 schrieb, das Kreuz am Grabe Polens) habe dem Respekt in Polen für sie keinen Abbruch getan.[5]

Auf Richard von Weizsäcker lässt sich das nahtlos übertragen.

Vollständig ist das Bild aber auch nur, wenn man hinzufügt, mit welcher eisernen Konsequenz er – ebenso wie Marion Dönhoff, Helmut Schmidt oder Günter Grass, der in diese Reihe gehört – es stets als seine Pflicht und Schuldigkeit ansah, mit den Nachbarn zu sprechen, für sie zu werben oder sie zu verteidigen, auch wenn es sonst schon niemand mehr machte.

Einen besseren Fürsprecher als ihn konnte die Stiftung Genshagen, ursprünglich zum Zwecke der deutsch-französischen Beziehungen eingerichtet, kaum finden bei dem Bemühen, Polen als Dritten im Bunde einzubeziehen. Selbst während der Doppelherrschaft der Kaczyński-Zwillinge in Warschau seit dem Jahr 2005 blieb er es, der den Gesprächsfaden nicht abreißen ließ, während man sich bilateral nur noch anschwieg; ja, nach einem Gespräch mit dem deutschen Gast ohne Amt gestand der polnische Präsident, er habe vieles aus der deutschen Geschichte gehört, was er gar nicht wusste. Weizsäcker war es, der bis zur letzten Minute ausharrte beim Katholischen Kirchentag in Köln in einer Debatte,

in der der Unmut über die polnischen Nachbarn mit ihrem nationalkonservativen Doppelgestirn Wellen schlug. Seit fünf Jahren
unterstützt er die polnische Freya-von-Moltke-Stiftung, die sich
bemüht, die Erinnerung an Kreisau und die Gedenkstätte selber
wach zu halten, keine Mühe ist ihm zu viel.

Aus welchem Geist heraus das rührt, hat vielleicht noch of-
fenherziger als er Helmut Schmidt während der Kaczyński-Jahre
ausgesprochen – aber ganz gewiss spiegelt sich ihrer beider Denken darin wider. Auf die Frage, ob die Schuld, die die Deutschen
auf sich geladen haben, das gegenwärtige Verhalten der Brüder
an der Spitze in Warschau rechtfertige, erwiderte er lakonisch:
«Das müssen wir ertragen, ob es gerechtfertigt ist oder nicht. Sie
reden so, wie es ihrem Geschichtsbewusstsein entspricht. Nicht
nur die beiden Kaczyńskis, sondern auch manch andere Polen
haben ein Nachholbedürfnis nach Ausleben ihres Nationalismus.» Jedenfalls, fuhr Schmidt fort, müsse man mit ihnen reden.
Zuerst hätten nun einmal Russland, Österreich-Ungarn und
Preußen Polen unter sich aufgeteilt, dann kamen Hitler und Stalin – und die deutschen Beiträge der letzten 35 Jahre «wiegen die
200 Jahre davor nicht auf». Nicht nur, weil es ein Kollektiv-
gedächtnis der Polen gebe, sondern, wie er nicht hinzuzufügen
vergaß, auch einen «Rest von Überlegenheitsgefühlen» im kol-
lektiven Gedächtnis der Deutschen.[6]

So spielen sich Weizsäcker und Schmidt die Bälle zu. Und
wieder konnte man Weizsäcker dabei beobachten, wie er die Öffentlichkeit am eigenen Lernen teilnehmen ließ. Vergleichbar
nahe fühlte sich wohl neben den beiden nur noch Marion Dönhoff den polnischen Nachbarn, die Ostpreußin von Schloss
Friedrichstein, die die Ostpolitik leidenschaftlich unterstützte,
aber es nicht übers Herz brachte, Brandt zur Unterzeichnung des
Warschauer Vertrages zu begleiten. (Aber dass Weizsäcker den
Vertrag retten half, verfestigte nur noch die Freundschaft.) Gün-

ter Grass freilich nicht zu vergessen, der Danziger, den Brandt auch eingeladen hatte – und der mitfuhr.

Die Osterweiterung der EU, insbesondere die rasche Integration Polens, das war eine Herzenssache. Von der ersten Stunde an fand man ihn auf der Seite derjenigen, die für eine rasche Integration Polens in die EU plädierten, möglichst ohne Vorbedingungen, das erschien ihm noch drängender als der Beitritt zur Nato. Er war es, der den polnischen Nachbarn in immer neuen Anläufen nahezulegen suchte, dass das deutsch-französische «Nein» zum Krieg gegen Hussein nicht die Bündnissolidarität aufkündige und auch keine «Gegengewichtspolitik» sei, sondern ein europäischer Beitrag zur Definition des «Westens» selber. Das könne nicht nur von Amerika kommen. Aber auch die Bundesrepublik habe lange gebraucht, bevor sie ihre bedingungslose Gefolgschaft aufgab und sich ein Stück weit emanzipierte.

Wie zur Beglaubigung eines langen Weges seit 1945 wurde Weizsäcker im Jahr 2009 eingeladen, eine Tagung von Polen, Russen und Deutschen in Warschau über die Ursachen des Zweiten Weltkriegs zu eröffnen: Der Infanterist vom 1. September, nun sollte er Brücken bauen. Dass er die Einladung gerne annahm, kann man verstehen.

Die Grundmelodie, was Amerika angeht, blieb stets die gleiche, nämlich die eines überzeugten Transatlantikers, eines Transatlantikers aus Vernunft. Kein Gegengewicht zu Amerika solle Europa bilden, wohl aber selbstbewusst darüber mitreden, was der Westen sei und politisch wolle; und nicht vergessen, dass für die USA Europa nicht mehr wie in Zeiten des Kalten Krieges im Zentrum des Interesses steht, sondern sich für Barack Obama die Schwerpunkte besonders nach Asien verlagert haben. Umso mehr Grund für die Europäer, sich mit einer Stimme Gehör zu verschaffen, in Washington nicht als Konkurrenten untereinander aufzutreten und womöglich dem US-Präsidenten – wenn er so vernünftig agiert wie der Nachfolger Bushs – helfend unter die Arme zu greifen. Nicht auftrumpfend, aber auch nicht selbstvergessen.

Januar 2009: Ein bemerkenswertes Quartett meldete sich in der *FAZ* in einem gemeinsamen Text zu Wort: «Für eine atomwaffenfreie Welt.» Die Autoren: Helmut Schmidt, Egon Bahr, Hans-Dietrich Genscher und Richard von Weizsäcker. Gedacht war der Aufruf, um eine entsprechende Initiative vier namhafter amerikanischer Ex-Politiker, Henry Kissinger, George Shultz, William Perry und Sam Nunn zu unterstützen mit dem Ziel, «die Vision einer Welt ohne nukleare Bedrohung, wie sie Reagan und Gorbatschow in Reykjavik entwickelt haben, wiederzubeleben». Einmischen wollten die vier sich ausdrücklich deshalb, weil keine europäische Regierung bis dahin den Aufruf unterstützt hatte. Vorangehen müssten zwar Amerika und Russland, hieß es darin, und zunächst die Zahl ihrer Atomwaffen drastisch verringern, um auch andere Staaten dafür gewinnen zu können und den Nichtverbreitungsvertrag zu stärken. Aber sie brauchten Hilfe. Das Prinzip der Zusammenarbeit habe sich über alle Grenzen hinweg bewährt und sei «ein Schlüsselwort unseres Jahrhunderts».

Und keineswegs handelte es sich bloß um Floskeln: Iran beispielsweise, davon waren die vier Autoren überzeugt, werde man nur dadurch zum Einlenken im Streit um eigene Nuklearwaffen-Produktion bewegen können, wenn die Großen selber mit neuen Abrüstungsschritten vorangehen. Sehr konkret drängten sie daher die Nato und Russland gleichermaßen, die immer noch gültige Doktrin zum Erstgebrauch von Atomwaffen aufzugeben und einen allgemeinen *Non-first-use*-Vertrag zu schließen, sie empfahlen, auf russische Überlegungen für eine neue gesamteuropäische Sicherheitsstruktur einzugehen, und schließlich widersetzten sie sich kategorisch den Plänen, am Ostrand der Nato in Polen und der Tschechischen Republik Abwehrraketen und ein neues Radarsystem zu installieren. Für sie käme das einem «Rückfall in die Zeiten der Konfrontation» gleich, hieß es.[7] Wenige Monate später kündigte US-Präsident Barack Obama den Verzicht auf das Raketenabwehrsystem an.

Zwar blieb Weizsäcker stets überparteilich, seinem Naturell kam das ohnedies entgegen. An politischen Positionierungen hat ihn das aber keineswegs gehindert, im Gegenteil, er argumentierte freier ohne Amt.

Ein Grundton von Zuversicht durch alle Krisen hinweg klang bei ihm vor allem durch, wie er «Europa» interpretierte. Als einer von «drei Weisen», neben dem Belgier Jean-Luc Dehaene und dem Briten Lord David Simon arbeitete er im Herbst des Jahres 1999 Reformvorschläge für die Europäische Union aus, die konsequent die Gemeinschaft institutionell vorbereiten wollten auf eine neue Größenordnung von bis zu dreißig Mitgliedern. Weitgehend wurde darin alles antizipiert, was wenige Jahre später einfloss in den Verfassungsentwurf für Europa. Eine «enorme Aufgabe» sei es, schrieben die drei, die sie von der EU verlangten, aber die Erweiterung sei nun einmal ein ambitioniertes Ziel und die Union sollte in diesem entscheidenden Moment ihrer Entwicklung «ihre Ansprüche nicht herunterschrauben».[8]

Vielleicht sogar noch stärker als für den Kanzler a. D. und gewiss mit anderer Priorität als bei Marion Dönhoff bildete für ihn «Europa» zunehmend den Kern seines «Vermächtnisses», und darin flossen sämtliche Lebensthemen für ihn auch zusammen.

Sein Buch «Der Weg zur Einheit» beendete Richard von Weizsäcker mit dem Bild dieses Kontinents, der «in seiner Mitte auseinandergebrochen war» und «von seiner Mitte her wieder zusammenwächst.[9] Er ging sogar so weit zu sagen: «Wir suchen die Nation in Europa.»[10] Einen solchen Satz würden nicht alle Freunde aus der Mittwochsgesellschaft über die Lippen bringen.

Erst die europäische Integration hat den «großen Krieg», den sein Vater vergeblich hatte verhindern wollen, unwahrscheinlich gemacht. Europa als realisierbare Utopie: In einer Rede verdichtete sich seine Überzeugung, die er 60 Jahre nach der legendären Europa-Rede Winston Churchills vom 26. September 1946 an der Universität Zürich hielt. Bei Lichte besehen, bilanzierte er, sei Churchill «der eigentliche Sieger des Zweiten Weltkrieges». Hitler war unterworfen, die Potsdamer Konferenz im Juli 1945 hatte bestätigt, dass nun Amerika und die Sowjetunion Europa beherrschten und dem Kontinent fast nur noch die Funktion einer Pufferzone blieb.

Churchill aber, den die europäische Tragödie umtrieb, habe den «Tumult unter den Siegern und die Verzweiflung bei den Verlierern» überwinden wollen. Deshalb rief er die Jugend dazu auf, eine «europäische Familie», ja die Vereinigten Staaten von Europa zu schaffen. Weit gekommen sei Europa zwar auf dem Weg dahin, den Churchill skizzierte, aber es werde auch noch die einzig mögliche Antwort auf die Globalisierung erlernen müssen – nämlich mit einer Stimme zu sprechen. Das war Weizsäckers Botschaft.

Von Churchills Utopie, den Vereinigten Staaten von Europa, das klang bei ihm durchaus an, wäre man damit so weit gar nicht mehr entfernt. Die Nation Europa, die mit einer Stimme spricht. Ja, diese Zuversicht wollte er weitergeben bei dem Jubiläum.

Die Idee zum großen Sprung nach vorn, von der wirtschaftlichen zur politischen Union, ist nicht von den Deutschen, sondern von einem Franzosen ausgegangen – Jacques Delors. So müsse man als Politiker agieren wie er, der große Europäer und französische Sozialist, fand er: Mit einer großen Idee im Kopf um Zustimmung werben, Hindernisse aus dem Weg räumen und sich an die Umsetzung wagen. Die Welt als Wille und Vorstellung, damit fängt alle Politik an.

Wenn jemand also einen Friedensnobelpreis wegen seines Beitrags zur Einheit Europas verdient hätte, davon war er schon lange fest überzeugt, dann war das für ihn zuallererst Delors. Als Geistesverwandten betrachtete er den Franzosen schließlich auch deshalb, weil er einen politischen Begriff von Europa hatte, mit dem er sympathisierte. Ja, die ‹Europäisierung Europas» ist demzufolge nicht mit Erfolgen nächtlicher Kommissionssitzungen über Milchquoten zu erreichen, sondern nur, wenn es sich in der multipolaren Welt als eigenen Pol begreift.

Eine Union, die sich darauf verständigt, hielte er geradezu für ein Modell. Aufgeben müssen sich die Nationalstaaten nicht, aber zugleich entstünde doch so etwas wie eine «postnationale Konstellation», um das Wort von Jürgen Habermas zu benutzen. Besonders überzeugen könnte dieses neue Europa, weil es an einer gewissen Sozialstaatlichkeit festhält, die im Meer der globalisierten Ökonomie ein Minimum an Sicherheit verspricht. In den 50er Jahren hatte er bei Mannesmann gesucht, wie sich das Privateigentum sozialverantwortlich rückbinden lasse. Auf einer höheren Ebene – in Europa – war es nun gefunden worden.

Danach gefragt, was denn, auf einen einzigen Nenner gebracht, zur Implosion der Sowjetunion und zur Revolution von «1989» geführt habe, bekam man von ihm eine Antwort, wie sie so entschieden wenige geben: Die Ostpolitik, Helsinki 1975, Solidarność, der polnische Papst, Michail Gorbatschow, der russisch-amerikanische Gipfel von Reykjavik, bei dem er so gerne hätte Mäuschen sein mögen, «weil dort Weltgeschichte geschrieben wurde», das sei alles gewiss nicht zu unterschätzen. Am Ende aber, raffte er zusammen, war es die Sogkraft dieses funktionierenden und florierenden Westeuropa, und dem hatte die Sowjetunion nichts mehr entgegenzusetzen.

Europa ist nicht Utopie, Europa ist in der Mache. Das betrachtet er auch als sein Projekt. Ganz jung, ganz engagiert ist Weizsäcker, wenn er darüber spricht. Dass ausgerechnet das Karlsruher Verfassungsgericht mit seinem Urteil zum Lissabon-Vertrag dieser «Europäisierung Europas» Grenzen setzt und unter Berufung auf die Rechte des Parlaments Erweiterungsschritte bremst, konterkariert den Grundgedanken. Wohlvertraut sind ihm die juristischen Argumente – vor allem, dass die europäische Rechtssprechung die deutsche relativiere. Das ist keine «schiefe Ebene» für die Nationalstaaten, das war so gewollt. Hinter dem höchsten deutschen Gericht können sich künftig 26 andere nationale Gerichtshöfe verstecken und darauf beharren, ihnen stünden ebensolche Einspruchsrechte zu. Wie oft hat er das Verfassungsgericht gelobt als feste Burg – obwohl nicht alle Urteile das verdient haben mögen –, Verlass war auf diese Instanz. Aber jetzt? Er hält es, wenn ich das richtig verstehe, für das erste ideologische Urteil aus Karlsruhe. Es läuft der Idee zuwider, dass die Nationalstaaten nicht verlieren, sie Mitspracherechte auf einer anderen Ebene hinzugewinnen. Seinen Satz, «wir suchen die Nation in Europa», unterschreiben die acht Richter ganz offensichtlich nicht.

Seinen Elan in der Frage legen wenige an den Tag. Ist Europa erschöpft? Oft wird er das in Gesprächen am Kupfergraben gefragt, meist voller Skepsis, ob das Projekt noch Zukunft habe. Meine Lieblingsantwort, die er gibt auf solche Fragen, lautet lapidar: Er sei doch «kein Oswald Spengler», Europa stehe am Ende einer langen Epoche und am Beginn eines ganz neuen Kapitels, und Deutschland sei «mittendrin».[11]

Aber auf die Gefahr hin, dass er sein Publikum mit solchen Predigten langweilt: Weizsäcker hat gelernt, dass Politiker ihre Botschaften einfach halten müssen, und dass sie sie nicht oft genug wiederholen können. Das Lernen braucht Zeit. Die Stimmlosigkeit Berlins in Europa, gerade auch die Unsichtbarkeit Angela Merkels, das sah er deshalb besonders kritisch. «Führen» können die Deutschen Europa gewiss nicht, aber müssten sie nicht einen Weg der Einflussnahme finden wie Helmut Schmidt, der seinem Freund Giscard d'Estaing stets den Vortritt ließ, und doch mit ihm zusammen die Integration vorantrieb?

Hatte er nicht ironisch angemerkt, anders als Helmut Schmidt habe er kein Vermächtnis? Wie immer man das nennt – ungeduldig macht ihn jedenfalls die Lethargie, mit der die Jüngeren das Projekt des vereinten Europa dahindümpeln lassen.

X. Alter Fritz, neue Welt

Erinnern muss man sich daran, woher Richard von Weizsäcker kam. In die Weimarer Jahre wuchs er hinein. Im Oktober 1923, die Republik auf wankendem Grund, französische Truppen besetzten das Ruhrgebiet, die Reparationszahlungen erdrückten, die Inflation war nicht zu bremsen, hielt der Vater in seinem Tagebuch fest, er glaube, dass Deutschland «nur als Ganzes und nicht in Pulverform seine Pflichten als Staat gegenüber der germanischen Rasse und deren Mission zu erhalten vermag». Der *Völkische Beobachter* sei zwar außenpolitisch gefährlich, aber innenpolitisch sei es eine «Erlösung», ihn so wacker schimpfen zu hören.[1]

1932 notierte Ernst von Weizsäcker, inzwischen zum Gesandten 1. Klasse in Oslo avanciert, in einem Brief an seine Mutter, die Demokratie sei am Ende, und eine Regierung, die von der öffentlichen Meinung lebe, sei impotent.[2] Der spätere Staatssekretär, berichtete Hans-Jürgen Döscher an Hand von Belegen, sei im Amt zu denjenigen gezählt worden, die jeden einzelnen «am Schlips der Ehre» packten und argumentierten, es sei «patriotische Pflicht», gerade jetzt mit letzter Hartnäckigkeit die Stellung der Beamtenschaft in der Wilhelmstraße zu verteidigen.[3]

Wie immer man das im Einzelnen beurteilt – Welten liegen zwischen Gestern und Heute.

Sagen wir so: Bürgertum und Demokratie waren sich fremd. Am eigenen Beispiel führte der Sohn, Richard von Weizsäcker, erfolgreich vor, wie beides zusammenwächst. Eskamotiert hat er deswegen nicht einfach das «Alte», das erste Leben hat er nicht amputiert. Weshalb hätte er sich denn beispielsweise, um darauf noch einmal zurückzukommen, seine Liebe zum «Alten Fritz» so ungeschmälert bewahrt? Ihm huldigte schon der Vater, und so hielt der Sohn es auch. Diese preußische Ecke, der Mythos von einer besonderen Haltung, erinnert an Marion Dönhoffs unendliche Wertschätzung für Carl Jacob Burckhardt. Niemandem hat sie in der neuen Welt, in der sie lebte, Einblick darüber gewährt, reservieren wollte sie ein Stück dieses Alten, Vergangenen nur für sich. Von der Welt von gestern versuchte sie etwas einzukapseln, und sei es in Briefen, als wäre es nur auf diese Weise unbeschädigt zu bewahren. Vielleicht war es ja auch so.

Auf den Alten Fritz also möchte ich hier noch einmal zurückkommen. Derart verborgen wie Marion Dönhoff hat Richard von Weizsäcker seine Vorlieben aus der Vergangenheit nicht. Der Preußenkönig besetzt vermutlich den Platz, den Burckhardt für Marion Dönhoff hatte. Bereitwillig allerdings gewährte er in dieses Faible stets Einblick.

Vergöttern dürfe man den Alten Fritz nicht, warnte Weizsäcker in einer Rede, die «Abgründe seines Wesens» lägen offen zutage, ohne sie hätte der Mythos erst gar nicht entstehen können. Geradezu faszinierend aber, das konnte man unschwer erkennen, fand er die Widersprüche, das Nebeneinander von «Treue und Verrat, Humanität und Grausamkeit, Pflichterfüllung und Leichtsinn». Vergällen ließ sich Weizsäcker seine Bewunderung nicht einmal dadurch, dass im Arbeitszimmer Hitlers und – worauf er selbst hinwies – sogar noch im Bunker unter der Reichskanzlei ein Portrait des Preußenkönigs hing.

Ein «Rätsel» sei er für die Zeitgenossen gewesen, hielt der Redner, damals noch Präsident, zum 200. Todestag Friedrichs des Großen im Schloss Charlottenburg am 16. August 1986 fest. Einen philosophischen Regenten sah er in ihm, der Glaubens- und Religionsfreiheit verfassungsrechtlich sicherte, vor allem aber «erster Diener seines Staates» gewesen sei. Ein «bisschen mehr Friedrichs Preußen» fände er gar nicht so schlecht, da heutzutage, wie er kulturkritisch anmerkte, jegliche Pflicht gegenüber dem Staat doch eher verneint werde.

Etwas Idealisierendes schwang dabei mit, Richard von Weizsäcker würde das wohl auch kaum bestreiten, ja eine Unbedingtheit verkörpert er für ihn, die er seufzend bewundert.

Natürlich fällt der «Alte Fritz» heraus aus der Zeit, er wäre blind, das nicht zu sehen. Aus der Zeit herausfallen, das wollte Richard von Weizsäcker gewiss nicht. Was aber macht dann die Differenz aus? Was unterscheidet seine Bewunderung für den Preußenkönig von jener, die ihm das Bürgertum im untergehenden Reich und in den Weimarer Jahren oder der Vater ihm entgegenbrachten?

Ja, der Alte Fritz steht in seiner eigenen Vorstellungswelt auf einem sehr hohen Sockel. Gepaart aber ist diese Verehrung bei Richard von Weizsäcker auf eigentümliche Weise mit einer Leidenschaft für Neues, Tabubrechendes, ja vielleicht sogar Utopisches, dem gleichfalls ein Denkmal gebührt.

Und hat dieses Denkmal Namen? Ja, viele. Die Opposition bei den Montagsdemonstrationen in Leipzig würde dorthin gehören, die couragierten Regimekritiker, auch die polnische Solidarność in Danzig mit Tadeusz Mazowiecki und Bronislaw Geremek und, nicht zuletzt, Vaclav Havel. Sie alle gehören auf das imaginäre Podest.

Nach Verdichtung und Deutlichkeit habe Weizsäcker stets gedrängt, urteilte einer der engen Freunde, Hartmut von Hentig, in seinen Memoiren. Dem habe die «Gabe der Differenzierung» gegenüber gestanden, die ebenso bewundernswert sei wie unübertragbar. «Welches Bedürfnis ihn dabei antrieb», fuhr Hentig fort, «konnte ich immerhin ahnen, als ich seinen Lieblingsroman, Stendhals ‹La Chartreuse de Parme›, las; da war ich wochenlang in seine Welt eingetaucht: hochkomplexe,

Hartmut von Hentig, einer der engsten Freunde aus Studienzeiten, geht nicht in die Politik: Als einer der führenden Pädagogen der Republik zählt er zu jenen, die sich von einer emanzipierten Bürgerlichkeit ein anderes Deutschland erhoffen.

Hellmut Becker ist Verteidiger des Vaters in Nürnberg. Auch er zählt
seitdem zum engen Freundeskreis Richard von Weizsäckers. Becker, der
in Berlin das Max-Planck-Institut für Bildungsforschung gründet, ent-
scheidet sich wie Hentig und die meisten Freunde gleichfalls gegen die
Politik. Zur Erziehung der Republik möchte er auf andere Weise beitragen. Nur einer aus diesem Freundeskreis geht in die Politik: Richard von
Weizsäcker.

changierende Beziehungen, nie eingelöstes Glück, immer wieder ‹alles ganz ganz anders›».[4]

    Hat er sich, unter dem Strich, «im Stillen selbst nach seiner
Verstrickung gefragt», wie er es 1985 in seiner Rede jedermann
riet? Hat er «der Wahrheit ins Auge» gesehen? Ich vermute, sein
Leben seit 1945 betrachtet er als solchen Findungsprozess. Den
kritischen Fragen wollte er sich stellen.

    Eine allgemeine Antwort hat er mit seiner Rede auf die

Frage gegeben, wie jeder sich verhalten solle. Für die Bundesrepublik hat sie viel bedeutet, und für die Wahrnehmung der Person Richard von Weizsäckers auch.

Wenig hat sich jedoch dadurch geändert für ihn im Hinblick auf ein spezifisches, persönliches Lebensthema – oder sollte man es Lebenswunde nennen? –, nämlich die Frage nach dem Vater im Amt und die andere nach seinem Infanterieregiment 9. Dass man 1933 und 1934 «alles hätte wissen sollen» von dem, was folgte, sei ja heute eine normale Haltung, pflegt er zu sagen, aber man wusste es nicht. Die Fragen ändern sich nicht, und auch die Antworten nicht.

Ich nicht, das ist klar, hätte er jedenfalls über seine Lebenserinnerungen nicht schreiben wollen. Das war ein Gebot der Ehrlichkeit, und so illuminiert man sich nicht! Er hat den Vater verteidigt, aber eine Ehrenerklärung abgeben für eine vergangene bürgerliche Welt, das wollte er nicht. Als er das «andere Deutschland» zu suchen begann, entdeckte er es zunächst ganz in der Nähe – bei Axel von dem Bussche und Freunden, die er bewunderte. Viele kamen später hinzu. Antje Vollmer im Westen, Jens Reich im Osten, um nur zwei für alle zu nennen.

Er wird dabei bleiben: Vor die Alternative gestellt, ob er aus Sohnesliebe oder aus Überzeugung den Vater verteidigte, wird er antworten, aus Überzeugung. Würde er sagen, aus Sohnesliebe, hieß es, er sei nicht überzeugt, und er lasse ihn fallen, lange nach dessen Tod. Kurzum, es ist eine Alternative, auf die man das Problem nicht reduzieren kann.

Was aber Hentigs Kriterien angeht, der bei seinem Freund Richard von Weizsäcker ein Bedürfnis nach Deutlichkeit und zugleich nach Differenzierung beobachtet hat: Mir scheint, das charakterisiere exakt die eigentümliche, ja unvergleichliche Mischung, mit der er sich seit 1969 öffentlich bewegte in der Arena der Politik.

Lange war er Lehrling, wie die Republik selber. Er wollte sich dem unterziehen. Mit dem 8. Mai 1985 wurde das anders. Und mit dem Satz, «die Nation sucht sich in Europa» ging der Neunundachtzigjährige vielen voran.

Richard von Weizsäckers Urteil über das, was die Bundesrepublik lernte: Die Regierungen sind mal machtvergessen, mal selbstbewusst, mal undeutlich – zu selten die Mischung «Schmidt». Das Land aber ist liberal und demokratisch geworden, die Ostdeutschen haben erheblichen Anteil daran.

Wie gerne würde er das Thomas Mann entgegnen können, der 1945 in der Library of Congress in Washington bilanzierte, eine Revolution habe Deutschland nie gehabt, in der es gelungen wäre, «den Begriff der Nation mit dem der Freiheit zu vereinen».[6] Keine wache Bürgergesellschaft? Ewige deutsche Innerlichkeit, an eine Freiheitsrevolution nicht zu denken?

So unpolitisch und rückwärtsgewandt wie der junge Thomas Mann selber, so sind die Deutschen nicht, nein, das Bürgertum ist nicht untergegangen auf ewig! Wie «maßlos beeindruckt von sich selbst» dieser Autor bloß war, sagt Richard Weizsäcker, nicht die Politik habe ihn interessiert, «nur sein Verhältnis zu ihr». Ganz anders der Bruder, Heinrich, ein wirklicher Citoyen!

Thomas Mann irrte!, möchte er am liebsten rufen. Nicht nur, dass die beiden Halbnationen 1989 wieder zusammenkamen, zu verdanken haben wir das auch dieser Bürgergesellschaft, die plötzlich zu sehen war auf den Straßen und in den Kirchen. Etwas davon erlebte der Westen 1968. Das verflocht sich, und dieses Bündel macht die Dimension von 1989 aus. Die «deutsche Frage» war beantwortet, es rundete sich aber auch eine Geschichte.

Den inneren Dialog über die politischen Lebensthemen, die auch Lebensthemen der Republik sind, setzt er heute noch fort, so wie man ihn 1969 kennenlernte. Europa, Europa, Europa, und die deutsche Stimme darin.

Am 1. September 1939 ging es um ein Europa, aus dem Polen wieder verschwinden sollte. Seit 1989 ging es darum, klar zu machen, dass Europa ohne Polen nicht zu denken sei. Dafür steht Weizsäcker heute.

Was er sagt, sagt er differenziert, und im Zweifel auch deutlich, in dieser Reihenfolge. Ernst von Weizsäcker in Nürnberg, das blieb nicht das letzte Wort. Man hört die Stimme des Sohnes heraus. Das gilt nicht nur für den 8. Mai 1985, es gilt generell. Nach der Hinwendung zu Frankeich, für die noch der «Weimarianer» Adenauer sorgte, ist es die konsequente, unbeirrbare Hinwendung zu Polen, die man neben Brandt und Bahr, Dönhoff und Schmidt insbesondere mit Richard von Weizsäcker verbindet.

Bei aller Lust an Kritik – das Land, findet er, hat gelernt. Gelernt habe mit dem Land aber auch er, würde der bald neunzigjährige «Zeitungsleser» nicht zögern hinzuzufügen, um dann neugierig zu blättern in der Morgenlektüre vom Tag.

† 31.1.2015

Anhang

Anmerkungen

I. Vorwort

1   *Der Spiegel* vom 8. 9. 1997.
2   Zu dieser Rede anlässlich des 40. Jahrestages des Kriegsendes, dem Tag der «Befreiung», einem entschiedenen Plädoyer wieder das Vergessen, siehe auch Kapitel VII Seite 185 f.
3   *Richard von Weizsäcker im Gespräch mit Jan Roß: Was für eine Welt wollen wir?*, Reinbek 2005, Seite 28.
4   Dazu: *Der lange Abschied vom Bürgertum. Joachim Fest und Wolf Jobst Siedler im Gespräch mit Frank A. Meyer*, Berlin 2005, Seite 16. Siedler setzte diesen Disput mit Frank A. Meyer mit der Bemerkung fort: «Die deutsche Demokratie ist an allem Möglichen gescheitert, aber nicht an der bürgerlichen Welt.»
5   Thomas Lau: *Die Weizsäckers*, in *Deutsche Familien. Historische Portraits von Bismarck bis Weizsäcker*, München 2005, Seite 307 f.
6   *Richard von Weizsäcker im Gespräch mit Jan Roß*, a. a. O., Seite 114.

II. Alte Schwaben, neue Preußen

1   Siehe dazu auch: *Richard von Weizsäcker im Gespräch mit Jan Roß*, a. a. O., Seite 47.
2   Richard von Weizsäcker im Gespräch mit der *Stuttgarter Zeitung*, 8. 9. 2008.

3   *Richard von Weizsäcker im Gespräch mit Jan Roß*, a.a.O., Seite 181.

4   Richard von Weizsäcker: *Vier Zeiten. Erinnerungen*, Berlin 1997, Seite 20 f.

5   Weizsäcker: *Vier Zeiten*, a. a. O., Seite 24.

6   Richard von Weizsäcker: *Vier Zeiten*, a. a. O., Seite 32.

7   Die Zahl der Untersuchungen, die sich speziell oder am Rande damit befassen, ist beträchtlich angeschwollen. Auch Richard von Weizsäcker selbst befasst sich genauer mit dem Vater in: *Vier Zeiten. Erinnerungen*, a.a.O., Seite 38 ff. Martin Wein: *Die Weizsäckers. Geschichte einer deutschen Familie*, Stuttgart 1988, Seite 204 ff. Werner Filmer/Heribert Schwan: *Richard von Weizsäcker*, Düsseldorf 1994, Seite 249 ff. Ulrich Völklein: *Die Weizsäckers*, München 2004, Seite 43 ff. Eine Kommission von Historikern mit Eckart Conze und Norbert Frei hat ihre Studie über Diplomaten im Auswärtigen Amt während der Hitler-Jahre beendet – bei Abschluss dieses Buches lag die Publikation noch nicht vor. Detaillierter beschäftigte sich damit Hans-Jürgen Döscher in seinem Buch über «SS und Auswärtiges Amt im Dritten Reich». Ernst von Weizsäcker war dabei nur einer der hohen Beamten, deren Karriereweg er nachzeichnete. Döscher beschäftigte vor allem die Frage, ob er den SS-Führerrang habe annehmen müssen, wenn er überhaupt seine leitende Position als Staatssekretär im Auswärtigen Amt antreten wollte. Unter dem Strich kam er zu einem Ergebnis, das dem anderer Quellenarbeiten entsprach: «Weizsäckers Bereitschaft, das Amt des Staatssekretärs mit dem – selbstgesteckten – Ziel außenpolitischer Obstruktion zu übernehmen, entsprang insgesamt einer Fehleinschätzung, nämlich einer Überschätzung der eigenen Kräfte und der Einflussmöglichkeiten des AA auf den außenpolitischen Entscheidungsprozess sowie einer Unterschätzung der Dynamik und Konsequenz Hitlerscher und Ribbentropscher Außenpolitik.» Hans-Jürgen Döscher: *SS und Auswärtiges Amt im Dritten Reich. Diplomatie im Schatten der Endlösung*, Frankfurt/M.-Berlin 1991, Seite 190.

8   Martin Wein: *Die Weizsäckers*, a. a. O., Seite 204 ff.

9   Martin Wein, a. a. O., Seite 231 f.

10   Dazu: Ulrich Raulff: *Kreis ohne Meister. Stefan Georges Nachleben*, München 2009, Seite 461.

11   Richard von Weizsäcker: *Vier Zeiten*, a. a. O., Seite 34.

12   Martin Wein, a. a. O., Seite 234 f.

13   Siehe dazu: Marion Gräfin Dönhoff und Carl Jacob Burckhardt: ‹*Mehr als ich Dir jemals werde erzählen können*›, *Ein Briefwechsel*, Hrsg. Ulrich Schlie, Hamburg 2008.

14   Zitiert nach Martin Wein, a. a. O., Seite 258.

15   Zitiert nach Martin Wein, ebd.

16   Martin Wein, a. a. O., Harald Steffahn, a. a. O., Blasius: a. a. O., Leonidas Hill, a. a. O.

17   Martin Wein, a. a. O., Seite 262 ff.

18   Richard von Weizsäcker: *Vier Zeiten*, a. a. O., Seite 72.

19   Sebastian Haffner: *Geschichte eines Deutschen. Die Erinnerungen 1914 bis 1933*, München 2000, Seite 104.

20   Sebastian Haffner, a. a. O., Seite 81 und 89.

21   Martin Wein, a. a. O., Seite 258 f.

22   Martin Wein, a. a. O., Seite 279.

23   Marion Gräfin Dönhoff: *Um der Ehre willen*, Berlin 1994, Seite 61.

25   Marion Gräfin Dönhoff, a. a. O., Seite 68.

26   Gustav Seibt: *Wege in der Gefahr*, *Süddeutsche Zeitung*, 11. 2. 2002.

27   *SZ* vom 20. 2. 2002.

28   Richard von Weizsäcker am 22. Juni 1986 vor dem 49. Internationalen PEN-Kongress.

29   *Nachdenken über Patriotismus*: Unter diese Überschrift stellte Richard von Weizsäcker am 6. November 1987 seinen Beitrag für ein Symposium der Universität Heidelberg zum 80. Geburtstag Dolf Sternbergers. Im Verzug, so Weizsäcker, waren die Deutschen mit der Bildung eines Nationalstaates, viel später hätten sie sich den demokratischen Verfassungsstaat angeeignet. Damit hätten sie sich die Grundlagen für einen «aufgeklärten Patriotismus» geschaffen. In: Richard von Weizsäcker: *Reden und Interviews*, Bd. 4, Seite 127. Das Wort Theodor Mommsens «ich wünschte ein Bürger zu sein», hatte Sternberger zum Titel und Thema eines Buches gemacht, das 1967 in Frankfurt/M. erschien. Sein Begriff vom «Bürger» korrespondierte bereits mit seinem Verständnis einer lebendigen Rechtsordnung, mit der man sich identifizieren könne (an Stelle «nationaler» Identitäts-Angebote).

III. *Extreme*

1   *Richard von Weizsäcker im Gespräch mit Jan Roß*, a. a. O., Seite 197.

2   Richard von Weizsäcker in *Polityka*, zitiert nach der deutschen Interviewfassung in *Die Welt* vom 3. 9. 2007.

3   Dazu näher S. 58 ff.

4   Hartmut Soell: *Helmut Schmidt. Vernunft und Leidenschaft*, Bd. I, München 2003, Seite 18 ff.

5   *Der Spiegel*, Nr. 35, 24. 8. 2009.

6   Mainhardt Graf von Nayhauß: *Zwischen Gehorsam und Gewissen. Richard von Weizsäcker und das Infanterieregiment 9*, Bergisch Gladbach 1994, Seite 146.

7   *Der Spiegel*, Nr. 35, 24. 8. 2009.

8   Zur Rolle des Infanterieregiments auch Martin Wein: *Die Weizsäckers. Geschichte einer deutschen Familie*, Stuttgart 1988, eine fundierte, keineswegs hagiographische Familienbiographie; Werner Filmer / Heribert Schwan: *Richard von Weizsäcker*, a. a. O.; Ulrich Völklein: *Die Weizsäckers*, München 2004; Meinhardt Graf von Nayhauß: *Zwischen Gehorsam und Gewissen.* a. a. O.

9   Abgedruckt in Hanna Krall: *Tanz auf fremder Hochzeit*, Frankfurt 1997, Seite 52 ff.

10 Über Schulenburg berichtet unter anderem: Marion Gräfin Dönhoff: ‹*Um der Ehre willen*›. *Erinnerungen an die Freunde vom 20. Juli*, a. a. O., Seite 80 ff.

11 Ihr erstes Memorandum verfasste sie unter dem Titel *In memoriam – den Freunden zum Gedächtnis*, im Jahr 1944, als Privatdruck in Hamburg 1945 erschienen. Dazu Haug von Kuenheim: *Marion Dönhoff*, Hamburg 1999, Seite 34 f. Sowie auch: *Marion Gräfin Dönhoff: Ein Leben in Briefen*, Hamburg 2009, Seite 95 f.

12 Richard von Weizsäcker: *Die deutsche Geschichte geht weiter*, Berlin 1983, Seite 30.

13 Richard von Weizsäcker, a. a. O., Seite 35 f.

14 Zitiert nach: Richard von Weizsäcker: *Die deutsche Geschichte geht weiter*, a. a. O., Seite 37 f.

15 Richard von Weizsäcker: *Vier Zeiten*, a. a. O., Seite 91.

16 Marion Gräfin Dönhoff, Helmut Schmidt und Richard von Weizsäcker: *Im Namen der Moral*, DIE ZEIT, Nr. 29, 15. 7. 1994.

17 Zitiert nach: Interview mit Richard von Weizsäcker. In: *Marion Gräfin Dönhoff. Wie Freunde und Weggefährten sie erlebten*, Hamburg 2006, Hrsg. Dieter Buhl, Seite 85.

18 Hartmut Soell: Helmut Schmidt. Vernunft und Leidenschaft, Bd. 1, a. a. O., Seite 145 ff.

IV. Nürnberg

1 Marion Gräfin Dönhoff: *Ein Leben in Briefen*, a. a. O., Seite 248. Und: Richard von Weizsäcker: *Vier Zeiten*, a. a. O., Seite 112.

2 Siehe dazu: Interview mit Richard von Weizsäcker. In: *Marion Gräfin Dönhoff*, a. a. O., Hamburg 2006, Seite 83 ff.

3 Dazu Manfred Görtemaker: *Geschichte der Bundesrepublik Deutschland*, München 1999, Seite 203.

4 Siehe dazu: Ulrich Raulff: *Kreis ohne Meister*, a. a. O., Seite 388.

5 Dazu auch Haug von Kuenheim: *Marion Dönhoff*, a. a. O., Seite 36.

6 Thomas Lau: *Die Weizsäckers*, in Volker Reinhardt: *Deutsche Familien*, a. a. O., Seite 326.

7 Carstens wurde 1979 zum Bundespräsidenten gewählt und schied 1984 aus dem Amt aus.

8 Carl Friedrich von Weizsäcker: *Der bedrohte Friede*, 1981, Seite 17 f. Zitiert nach Filmer/Schwan, a. a. O., Seite 278.

9 Dazu auch: Martin Wein: *Die Weizsäckers*, a. a. O., Seite 412.

10 *Hiroshima war ein tiefer Schock*: Carl Friedrich von Weizsäcker – Bernd W. Kubbig, ein schriftlich geführtes Interview. www.uni-muenster.de, 1995.

11 Gespräch mit Carl Friedrich von Weizsäcker und Michael Schaaf sowie Hartwig Spitzer am 7. März 1996 in Starnberg. Zitiert nach: *Physik in unserer Zeit*, 39. Jahrgang 2006.

12 Marion Gräfin Dönhoff: *Um der Ehre willen*, a. a. O., Seite 79.

13 Dazu Marion Gräfin Dönhoff: *Um der Ehre willen*, a. a. O., Seite 70 ff.

14 Siehe dazu: Ulrich Raulff: *Kreis ohne Meister*, a. a. O., Seite 420 ff.

15 Hermann Priebe: *Eine lebensentscheidende Begegnung*, in Filmer/ Schwan: *Richard von Weizsäcker*, Seite 47 ff.

16 Heinz Dieter Kittsteiner: *Adel, Ehre und Gehorsam. Die preußischen Tugenden und ihre Überwindung im Gewissen. Anmerkungen zum Silvesterbericht 1945 des Carl-Hans Graf von Hardenberg.* In: *Ein Traum, was sonst? Preußische Tugenden*, hrsg. von der Stiftung Schloss Neuhardenberg, Göttingen 2002, Seite 161 f.

17 Marion Dönhoff: *Verschwörer gegen das Unrecht*, DIE ZEIT Nr. 30, 20. 7. 1984.

18 Leszek Zyliński: *Marion Gräfin Dönhoff – eine grenzüberschreitende Biographie in Raum und Zeit*, in: *Grenzüberschreitende Biographien zwischen Ost- und Mitteleuropa. Wirkung – Interaktion – Rezeption.* Hrsg.: Tobias Weger, Oldenburg 2009, Seite 445–459.

19 Rudolf von Thadden in einem Vortrag in Kaliningrad/Königsberg vom 21. 4. 2008.

20 Richard von Weizsäcker: *Vier Zeiten. Erinnerungen*, a. a. O., Seite 114 f.

21 *Trials of War Criminals before the Nürnberg Military Tribunals*, Volume XII, Seite III/IV.

22 *Trials of War Criminals*, a. a. O., Seite 236.

23 Zitiert nach Rainer A. Blasius, in Filmer/Schwan: *Richard von Weizsäcker*, a. a. O., Seite 274.

24 *FAZ* vom 26. 11. 2004.

25 Ernst von Weizsäcker: *Erinnerungen*, a. a. O., Seite 50.

26 Ernst von Weizsäcker, a. a. O., Seite 126.

27 Ernst von Weizsäcker, a. a. O., Seite 172.

28 Ernst von Weizsäcker, a. a. O., Seite 96.

29 Ernst von Weizsäcker, a. a. O., Seite 115.

30 Robert W. Kempner: *Hauptankläger*, in Filmer/Schwan a. a. O., Seite 68 ff.

31 Zitiert nach Harald Steffahn: *Richard von Weizsäcker*, a. a. O., Seite 52; Richard von Weizsäcker: *Vier Zeiten. Erinnerungen*, a. a. O., Seite 119.

32 Richard von Weizsäcker: *Vier Zeiten. Erinnerungen*, a. a. O., Seite 62 f. und 64. Im Kontakt mit Diplomaten anderer Länder habe er mit seinen bescheidenen Mitteln versucht, zur Verhinde-

rung von Gewaltausbrüchen beizutragen. Das war, «juristisch gesprochen, an der Grenze des Landesverrats».

33 Martin Wein: *Die Weizsäckers*, a. a. O., Seite 305.

34 Richard von Weizsäcker: *Drei Mal Stunde Null? 1949 – 1969 – 1989*, Berlin 2001, Seite 22.

35 Richard von Weizsäcker: *Vier Zeiten. Erinnerungen*, a. a. O., Seite 118.

36 Zitiert nach *Richard von Weizsäcker*. Dargestellt von Harald Steffahn, Reinbek 1991, Seite 50.

37 *Der Spiegel*: *Der Krieg der Deutschen. 1939: Als ein Volk die Welt überfiel*, Nr. 35, 24. 8. 2009, Seite 72 f.

38 Hellmut Becker/Frithjof Hager: *Aufklärung als Beruf, Gespräche über Bildung und Politik*, München 1992, Seite 42.

39 Ulrich Raulff: *Kreis ohne Meister*, a. a. O., Seite 403. Dankbar muss man Raulff besonders für diese Hinweise auf Becker sein, von dem bisher eine gründliche Biographie seiner zwei Leben fehlt.

40 Richard von Weizsäcker: *Vier Zeiten. Erinnerungen*, a. a. O., Seite 56.

41 Richard von Weizsäcker: *Vier Zeiten. Erinnerungen*, a. a. O., Seite 91.

42 Marion Gräfin Dönhoff und Richard von Weizsäcker: *Wider die Selbstgerechtigkeit der Nachgeborenen. Wehrmachtsverbrechen und die Männer des 20. Juli*, DIE ZEIT Nr. 11, 8. 3. 1996.

43 Pronocierter als viele hat Heinrich Senfft im Jahr 2006 die Zweifel sowohl an der Integrität seines Infanterieregiments als auch an der Ehrlichkeit des Vaters über seine Kenntnisse von Naziverbrechen zugespitzt. Gedacht war das als Antwort auf das Gespräch der *FAZ* mit Weizsäcker über sein Leben vom März 2005, das bereits erwähnt worden ist. Am 25. 4. 2008 druckte der *Freitag* Senffts Text noch einmal nach. Der Autor, ein kenntnisreicher und glänzender Anwalt, der viel Erfahrung in Nazi-Verfahren gesammelt hat, bezog sich in seinem Text vor allem auf Ulrich Völkleins Buch über *Die Weizsäcker-Familie*. Dass Weizsäcker in irgendeiner Form direkt Kenntnis seiner Einheit erhalten habe, ist seinem Buch nicht zu entnehmen. Ulrich Völklein bestätigt das auch im Gespräch. Der *Stern* hatte 1991 eine Reportage bei Völklein über den Weg des Infanterieregiments 9 durch Polen und die Sowjetunion in Auftrag gege-

ben, die anlässlich des 50. Jahrestages des Kriegsendes veröffentlicht werden sollte. Damals druckte der *Stern* jedoch nur eine Bildreportage, der Text erschien später in der *Wochenpost* und in seinem Buch: *Die Weizsäckers. Macht und Moral – Porträt einer deutschen Familie*, München 2004.

V. Umwege

1 Carl Friedrich von Weizsäcker in Filmer/Schwan: *Richard von Weizsäcker*, a. a. O., Seite 228 f.

2 Carl Friedrich von Weizsäcker in: Filmer/Schwan, a. a. O., Seite 229.

3 Richard von Weizsäcker: *Vier Zeiten. Erinnerungen*, a. a. O., Seite 144.

4 Richard von Weizsäcker: *Vier Zeiten. Erinnerungen*, a. a. O., Seite 146.

5 Richard von Weizsäcker: *Vier Zeiten. Erinnerungen*, a. a. O., Seite 138.

6 Eine politische Belastung durch das «Dritte Reich» konnte der Grund nicht sein, die zuständige Spruchkammer habe ihm Unbedenklichkeit mit dem Vermerk bescheinigt, er sei vom Entnazifizierungsgesetz «nicht betroffen», vermutete Richard von Weizsäcker: *Vier Zeiten. Erinnerungen*, a. a. O., Seite 136 f.

7 Becker/Hager: *Aufklärung als Beruf*, a. a. O., Seite 26 f.

8 Richard von Weizsäcker: *Vier Zeiten. Erinnerungen*, a. a. O., Seite 149.

9 Richard von Weizsäcker: *Vier Zeiten. Erinnerungen*, a. a. O., Seite 147.

10 Richard von Weizsäcker: *Vier Zeiten. Erinnerungen*, a. a. O., Seite 165.

11 Dazu Manfred Görtemaker: *Geschichte der Bundesrepublik Deutschland*, München 1999, Seite 468 ff.

12 Manfred Görtemaker: a. a. O., Seite 346.

14 Zitiert nach: Marion Gräfin Dönhoff in einem *ZEIT*-Kommentar vom 18. April 1957, in: *DIE ZEIT. Geschichte der Bonner Republik 1949–1999*, Hamburg 1999, Seite 88.

15 *DIE ZEIT*, Nr. 31, 3. August 1962.

16 Zitiert nach Edgar Wolfrum: *Die geglückte Demokratie*, Stuttgart 2006, Seite 278.

17 Erst 1969 kam es mit der Gründung des Bundes der Evangelischen Kirche in der DDR zur endgültigen Trennung, acht Jahre nach dem Mauerbau.

VI. Ostverträge

1 Zitiert nach: *Deutscher Bundestag 1949 bis 1999*, BPA Berlin 1999, Seite 242.

2 Richard von Weizsäcker: Protokolle Deutscher Bundestag, 172. Sitzung, Donnerstag 24. Februar 1972.

3 Richard von Weizsäcker: *Vier Zeiten. Erinnerungen*, a. a. O., Seite 205.

4 Richard von Weizsäcker, *Vier Zeiten. Erinnerungen*, a. a. O., Seite 219.

5 Richard von Weizsäcker: *Vier Zeiten. Erinnerungen*, a. a. O., Seite 220.

6 Dazu auch: Manfred Görtemaker: *Geschichte der Bundesrepublik Deutschland*, a. a. O., Seite 550.

7 *Reden und Texte*, Bd. Nr. 5, Seite 161 ff. Herausgegeben vom Presse- und Informationsamt der Bundesregierung, Bonn 1989. Dazu auch Friedbert Pflüger: a. a. O., Seite 431 f.

8 Richard von Weizsäcker: *Vier Zeiten. Erinnerungen*, a. a. O., Seite 212.

9 Zitiert nach Edgar Wolfrum: *Die geglückte Demokratie*, a. a. O., Seite 290.

10 Peter Bender: *Deutsche Parallelen*, Berlin 1989, Seite 52.

11 Peter Bender: *Deutsche Parallelen*, a. a. O., Seite 53.

12 Mitschnitt der Buchpräsentation im DHM vom 20. 2. 2008.

13 Willy Brandt: *Verbrecher und andere Deutsche. Ein Bericht aus Deutschland 1946*, Willy-Brandt-Dokumente Bd. 1, Bonn 2008, Seite 165 f. Zu Ernst von Weizsäcker hat Brandt sich jedes genaueren Urteils enthalten. Der Diplomat taucht lediglich in seinen Memoiren kurz im Zusammenhang mit der Frage auf, weshalb Paris, London, Rom und Berlin letztlich einen Sieg Francos im Spanischen Bürgerkrieg hinnahmen oder gar wollten. Erstaunt, so Brandt, der

zeitweise gegen die Falange kämpfte, sei er über das Urteil Ernst von Weizsäckers im Jahr 1936 gewesen, Franco sei unfähig, aus eigenen Mitteln die Herrschaft über Spanien zu gewinnen. «Wie konnten die Verantwortlichen der Westmächte mit soviel Blindheit geschlagen sein?» In: Willy Brandt: *Links und frei. Mein Weg 1930–1950*, Hamburg 1982, Seite 224.

VII. 8. Mai 1985

1   Zuletzt dazu: Richard von Weizsäcker: *Der Weg zur Einheit*, a. a. O., Seite 67 ff.

2   Zitiert nach: Richard von Weizsäcker: *Die deutsche Geschichte geht weiter*, a. a. O., Seite 9.

3   Richard von Weizsäcker: *Die deutsche Geschichte geht weiter*, a. a. O., Seite 10.

4   «Korb I» befasste sich mit Sicherheitsfragen, «Korb III» mit den Menschenrechten. In: Richard von Weizsäcker: *Die deutsche Geschichte geht weiter*, a. a. O., Seite 13 f. Sowie auch: Richard von Weizsäcker: *Der Weg zur Einheit*, a. a. O., Seite 67 ff.

5   Richard von Weizsäcker: *Die Geschichte geht weiter*, a. a. O., Seite 13.

6   Helmut Kohl: *Erinnerungen 1930–1982*, München 2004, Seite 587 f.

7   Helmut Kohl: *Erinnerungen 1982–1990*, München 2005, Seite 250 ff.

8   Helmut Kohl: *Erinnerungen 1982–1990*, Seite 561 f. Er könne sich nicht erinnern, Weizsäcker habe nach dem Mauerfall auch nur einmal den Begriff Wiedervereinigung benutzt, seinen Gesprächspartnern aus der Kirche sei er einfach aufgesessen. Schließlich: Weizsäcker (und Genscher) habe auf einen Grenzvertrag gedrängt, der endlich am 14. November 1990 in Warschau von den Außenministern Krzystof Skubiszewski und Hans-Dietrich Genscher unterschrieben wurde. Ihm, so Kohl, habe jede Bereitschaft gefehlt, die Grenzanerkennung zu einem falschen Zeitpunkt zu vollziehen «und damit die Zukunftschancen der Union aufs Spiel zu setzen». Und dann: «Es gab Zeitgenossen wie beispielsweise Richard von Weizsäcker, die nur durch Wahlerfolge der Unionsparteien in Amt und Würden gelangten und damit auch von vielen Stimmen der Heimat-

vertriebenen profitierten, die sich aber keinen Deut um die Meinung der Unionswähler kümmerten. Einen solchen Patriotismus konnte und wollte ich mir nicht erlauben.»

9 *Richard von Weizsäcker im Gespräch mit Gunter Hofmann und Werner A. Perger*, Frankfurt 1992.

10 Helmut Kohl: *Erinnerungen 1990 bis 1994*, München 2007, Seite 492 f.

11 Richard von Weizsäcker über «Macht, Recht, Ehre» in der *FAZ* vom 28. 1. 2000.

12 Richard von Weizsäcker: *Vier Zeiten. Erinnerungen*, a. a. O., Seite 302.

13 Einen Moment lang sah es so aus, als stieße der Neue im Amt auf heftigen Gegenwind. Im Jahr seiner Wahl, 1984, sollte ihm nachgewiesen werden, das Chemie-Unternehmen C. H. Boehringer in Ingelheim habe zumindest in den Jahren 1962 bis 1965, während er dort arbeitete, Wirkstoffe und Verfahren zur Herstellung von *Agent Orange* an die US-Firma Dow Chemical geliefert. Die Firma habe also mit einem hochgiftigen Dschungel-Entlaubungsmittel am Vietnamkrieg viel Geld verdient. Ein Sprecher des Präsidenten wies das seinerzeit zurück, Weizsäcker wisse von dem Vorgang nichts und es sei auch nicht in seine Zuständigkeit gefallen. Im Jahr 1992, Weizsäcker war noch im Amt, griff der *Spiegel* diese Vorwürfe wegen der Dioxin-Produktion in Ingelheim erneut auf. Weizsäcker ließ wissen, detailliertere Kenntnisse über die Firmenprodukte und Geschäfte dieser Art habe er nicht gehabt. Die Sache war damit beendet. Außerhalb solcher Kritik stand er nicht, sie hat ihn gewiss auch umgetrieben, denn es ging ja letztlich um seine persönliche Glaubwürdigkeit. Angriffe darauf waren in der Regel gerne von rechts gekommen. Was Weizsäcker auf den Tisch bekam an Informationen über dubiose Geschäfte, wurde nicht belegt. Dass seine Interessen schon damals in eine ganz andere Richtung zielten, ist gleichwohl offenkundig: Schon bei Boehringer hatte er zur Bedingung gemacht, ein Drittel seiner Zeit frei zur Verfügung zu haben. Er wollte sich stärker engagieren beim Evangelischen Kirchentag. Sogar in seinem Vertrag ließ er sich das garantieren.

14 Helmut Dubiel: *Niemand ist frei von der Geschichte. Die national-*

sozialistische Herrschaft in den Debatten des Deutschen Bundestags, München 1999, Seite 207.

15 *Richard von Weizsäcker im Gespräch mit Jan Roß: Was für eine Welt wollen wir?*, Hamburg 2005, Seite 15 f.

16 Siehe dazu: Manfred Görtemaker: *Geschichte der Bundesrepublik Deutschland*, a. a. O., Seite 205 f.

17 Lediglich Zwangsarbeiter und Deserteure, damals wegen Wiedergutmachungsfragen noch ein heftiger Streitfall, führte er dabei nicht an.

18 Richard von Weizsäcker: *Vier Zeiten. Erinnerungen*, a. a. O., Seite 323.

19 Dazu auch Friedhelm Pflüger: *Richard von Weizsäcker*, a. a. O., Seite 369 ff. Man kann unschwer vermuten, dass gerade dieser Name zu einer Debatte bis hin zu der Frage geführt hätte, ob bei der Beförderung des Vaters vom politischen Direktor zum Staatssekretär im Hintergrund nicht auch Rudolf Heß zumindest indirekt eine Rolle gespielt habe. Diesen Aspekt erörterte später beiläufig Hans-Jürgen Döscher: *SS und Auswärtiges Amt im Dritten Reich*, a. a. O., Seite 184.

20 Helmut Dubiel: *Niemand ist frei von der Geschichte. Die nationalsozialistische Herrschaft in den Debatten des Deutschen Bundestags*, a. a. O., Seite 208 f.

21 Helmut Dubiel: a. a. O., Seite 211.

22 Zitiert nach *DIE ZEIT* vom 5. Dezember 1986, *Das lästige Leitbild*, von Gunter Hofmann.

23 Zitiert nach *Richard von Weizsäcker im Gespräch mit Gunter Hofmann und Werner A. Perger*, a. a. O. Seite 76.

24 *The Boston Globe*, 11. Juni 1987.

25 *Chicago Sun Times*, 21. Juni 1987.

26 *The Harvard Crimson: An undeserved Honor*, 6. 9. 1987.

27 Friedbert Pflüger: *Richard von Weizsäcker*, a. a. O., Seite 170.

28 Harald Steffahn: *Richard von Weizsäcker mit Selbstzeugnissen und Bilddokumenten*, Reinbek 1991, Seite 73 f.

29 A. a. O., Seite 76.

VIII. Einheit

1 Dazu Friedbert Pflüger: *Richard von Weizsäcker. Ein Portrait aus der Nähe*, Stuttgart 1990, Seite 223.

2 Friedbert Pflüger: *Richard von Weizsäcker*, a. a. O., Seite 225.

3 Hans Dietrich Genscher: *Erinnerungen*, Berlin 1995, Seite 581 ff. Auch Friedbert Pflüger: *Richard von Weizsäcker*, a. a. O., Seite 226 f.

4 Richard von Weizsäcker: *Vier Zeiten. Erinnerungen*, a. a. O., Seite 341.

5 Hartmut von Hentig in Filmer/Schwan: a. a. O., Seite 56 f.

6 Im *Rheinischen Merkur* vom 15. Juni 1985.

7 Zitiert nach Friedbert Pflüger: *Richard von Weizsäcker*, a. a. O., Seite 55.

8 Ebd.

9 Rainer A. Blasius: *Ein konservativer Patriot im Dienste Hitlers*, in Filmer/Schwan: *Richard von Weizsäcker*, a. a. O., Seite 255.

10 *Richard von Weizsäcker im Gespräch mit Gunter Hofmann und Werner A. Perger*, a. a. O., Seite 21.

11 Marion Dönhoff: DIE ZEIT, Nr. 27, 1. 7. 1994.

IX. «a. D.»

1 Richard von Weizsäcker in einem Interview mit DIE ZEIT, Nr. 45, 29. Oktober 2009.

2 Richard von Weizsäcker, DIE ZEIT Nr. 26, 23. 6. 1995.

3 DIE ZEIT, Nr. 45, 29. Oktober 2009.

4 Richard von Weizsäcker: DIE ZEIT, Nr. 11, 10. 3. 1995.

5 Adam Krzeminski in: *Marion Gräfin Dönhoff. Wie Freunde und Weggefährten sie erlebten*, Hamburg 2006, Seite 216 f.

6 *Auf eine Zigarette mit Helmut Schmidt*, DIE ZEIT Nr. 32, Seite 54.

7 FAZ vom 9. 1. 2009.

8 Der Wortlaut der Erklärung wurde am 20. 10. 1999 in der FAZ veröffentlicht.

9 Richard von Weizsäcker: *Der Weg zur Einheit*, München 2009, Seite 175.

10 Richard von Weizsäcker, a. a. O., Seite 193.

11 *Richard von Weizsäcker im Gespräch mit Jan Roß*: a. a. O.,
    Seite 80.

X. *Alter Fritz, neue Welt*

1   Leonidas Hill, a. a. O., Seite 360, Notiz vom 3. 10. 1923.
2   Leonidas Hill, a. a. O., Seite 436.
3   Hans-Jürgen Döscher: *SS und Auswärtiges Amt im Dritten Reich*,
    Frankfurt/Berlin 1991, Seit 68.
4   Hartmut von Hentig: *Mein Leben*, Bd. I, München 2007, Seite 265.
6   Siehe dazu auch: Richard von Weizsäcker: *Der Weg zur Einheit*,
    a. a. O., Seite 192.

Bildnachweis

J. H. Darchinger/Friedrich-Ebert-Stiftung, Bonn: S. 207
DGAP – Deutsche Gesellschaft für Auswärtige Politik e. V., Berlin: S. 234
    (Foto: Dirk Enters)
Frank Hönsch, Berlin: S. 236, 237
Helmut R. Schulze, Photography International, Heidelberg: S. 19, 28, 29,
    45, 55, 132, 143, 182, 199, 205, 213, 238, 247
ulstein bild, Berlin: S. 17, 87, 172 (Vario-Press), 252 (SIPA)
DIE ZEIT, Hamburg: S. 33 (Foto: Sina Preikschat für DIE ZEIT)

Die Abbildungen auf den Seiten 266, 267 wurden entnommen aus:
Richard von Weizsäcker: Vier Zeiten. Erinnerungen, Berlin 1999

Leider war es nicht in allen Fällen möglich, die Inhaber der Rechte zu er-
mitteln. Wir bitten deshalb gegebenenfalls um Mitteilung. Der Verlag ist
bereit, berechtigte Ansprüche abzugelten.

Personenregister

A

Adenauer, Konrad 75, 79,
111 ff., 117 f., 123 ff., 129 ff.,
134, 139, 141, 150, 158, 172,
181, 211, 217, 270
Acorno, Theodor W. 220, 250
Albrecht, Ernst 149, 163, 171,
174, 177
Attolico, Bernardo 21
Augstein, Rudolf 97

B

Bahr, Egon 11, 126 f., 129,
131 f., 135, 139, 150, 166 f.,
184, 209, 245, 257
Barth, Karl 114
Barzel, Rainer 137 f., 140 ff.,
144, 146 f., 159, 178
Bassermann, Familie 14
Beck, Ludwig 21, 63
Becker, Hellmut 61, 72 f., 88 f.,

101 f., 113 ff., 118 ff., 125,
180 f., 267
Beckmann, D. Joachim 125
Bender, Peter 151 f.
Bene, Edvard 229
Berggrav, Eivind 103
Biedenkopf, Kurt 175
Birthler, Marianne 243
Bismarck, Klaus von 122, 125,
139
Blair, Tony 235
Blüm, Norbert 146, 167
Blumenfeld, Erik 145
Boehringer, Ernst 23, 116
Boehringer, Robert 23, 116
Bohr, Niels 75
Bok, Derek 200
Bonhoeffer, Dietrich 63
Bosch, Robert 36
Boutros-Ghali, Boutros 248
Boveri, Margret 72
Brandt, Willy 8, 32, 51, 126 f.,
131 f., 135–139, 141 f., 144,